Schweizer Politfrauen

Schweizer
Politfrauen

21 Porträts, die inspirieren

Impressum

Ein Buch der Schweizer Illustrierten,
erschienen in der Beobachter-Edition,
Ringier Axel Springer Schweiz AG

Beobachter-Edition
© 2021 Ringier Axel Springer Schweiz AG, Zürich
Alle Rechte vorbehalten
www.schweizer-illustrierte.ch
www.beobachter.ch

Lektorat: Romana Küpfer, Rieden
Umschlaggestaltung, Konzept und Layout: fraufederer.ch
Herstellung: Bruno Bächtold
Bildnachweis Inhalt: Wenn nicht anders vermerkt, wurden die Bilder
aus den Privatarchiven der Politikerinnen und Autorinnen zur Verfügung gestellt.
Umschlagfoto: Paul Seewer
Gedruckt in der EU

ISBN 978-3-03875-384-1

Inhalt

Vorwort

«Ohne die Emanzipation der Frauen ist der Begriff der Demokratie nur Heuchelei und Lüge»

Emilie Gourd (1879 – 1946), Präsidentin
des Schweizerischen Verbands für Frauenstimmrecht

Am 18. April 2021 haben die Wahlberechtigten des Kantons Neuenburg die Geschichte der Schweizer Politik ein Stück fortgeschrieben. Sie haben an diesem Wahlsonntag entschieden, eine weibliche Mehrheit in den Grossen Rat einziehen zu lassen: 58 der 100 Grossratssitze gehen an Frauen – das hat es in einem kantonalen Parlament noch nie gegeben. Die lila Welle, die 2019 die eidgenössischen Wahlen erfasst hat, ist also noch nicht abgeebbt. Nach rund fünfzehn Jahren des Stillstands nimmt die Zahl der Frauen in den politischen Institutionen wieder stetig zu; seit 2019 sind sie mit 42 Prozent im Nationalrat vertreten, 20 Sitze haben sie dazugewonnen, damit ist ihr Anteil so hoch wie nie zuvor.

Erfreuliche Fortschritte – dennoch täuschen sie nicht über den wesentlichen Umstand hinweg, dass die Frauen in den Gefilden der politischen Macht nach wie vor erschreckend untervertreten sind. Mit ein paar Zahlen lässt sich das Problem veranschaulichen: Der Frauenanteil im Ständerat liegt bei knapp 26 Prozent, in den kantonalen Parlamenten bei 32 Prozent, in den kantonalen Exekutiven bei 26 Prozent – in den Regierungen von sieben Kantonen findet sich keine einzige Frau. 2021 jährt sich die Einführung des eidgenössischen Stimm- und Wahlrechts für Frauen zum fünfzigsten Mal, doch die Gleichstellung ist noch lange nicht erreicht.

Als Antwort auf diesen Umstand haben wir uns entschieden, Frauen zu Wort kommen zu lassen, die sich gegenwärtig in der Politik dieses Landes engagieren. 21 Frauen, auf nationaler, kantonaler oder kommunaler Ebene tätig, aus allen politischen Lagern und aus den drei grossen Sprachregionen der Schweiz. Junge und weniger junge Frauen, verheiratet oder nicht, berufstätig oder nicht, mit Kindern oder ohne. Politikerinnen, die sich alle – entsprechend ihren Überzeugungen – für die Lebensqualität ihrer Mitmenschen einsetzen. Ein Buch mit einem Ziel: Frauen zu inspirieren. Zu zeigen, wie spannend Politik ist und wie Frauen sie prägen können. Darum haben wir Schweizer Politfrauen gefragt, wie das Politisieren ihr Leben bereichert. Und wie sie es geschafft haben, die Hindernisse zu überwinden, die Frauen nach wie vor den Weg zur Macht versperren. Sie haben ihre persönlichen Fotoarchive geöffnet und dokumentieren mit den Bildern nicht nur Momente ihrer Politkarriere, sondern ermöglichen uns auch rare Einblicke in ihren Alltag und ihr Familienleben. Die in diesem Buch versammelten ungeschminkten Erfahrungsberichte sollen vielfältige, konkrete Beispiele und Denkanstösse für alle bieten, die sich engagieren wollen. In Politik, Beruf, Familie, Gesellschaft. Oder schlicht für alle, die sich fürs Politische interessieren.

Frauen müssen nach wie vor zahlreiche Widerstände überwinden. In erster Linie innere Widerstände: mangelndes Vertrauen in ihre eigenen Fähigkeiten, Angst, sich den Medien auszusetzen, die Befürchtung, dass ihre Stärken nicht anerkannt werden, und somit Vorbehalte, als Kandidatin bei einer Wahl anzutreten – eine leidige Erscheinung, von der Frauen häufiger betroffen sind als Männer.* Unter den 21 Frauen in diesem Werk haben mehrere nur deshalb ein erstes Mal kandidiert, weil ihre Parteien eine Lücke auf der Wahlliste füllen mussten und sie deshalb anfragten – von selbst wären sie nicht auf die Idee gekommen. Petra Gössi, Céline Amaudruz, Marianne Maret, Diana Gutjahr, Susan von Sury-Thomas oder Ada Marra hätten folglich die politische Bühne gar nie betreten, wenn die betreffenden Parteiverantwortlichen sie nicht angeworben hätten, um ihre Listen weiblicher zu machen.

Dann äussere Widerstände: machohaftes Gebaren in gewissen politischen Kreisen, Networking, das sich teilweise immer noch in rauchgeschwängerten Hinterzimmern abspielt, frauenfeindliche Vorurteile, gnadenlose Kommentare, denen Politikerinnen in den sozialen Medien ausgesetzt sind, Tagesrhythmen, die sich mit dem Familienleben nur schwer vereinbaren

* Fabrizio Gilardi, «The temporary importance of role models for women's political representation», American Journal of Political Science, 2015.

lassen. Dennoch: Unsere porträtierten Frauen finden immer wieder Lösungen, um diese Hürden zu nehmen. Als junge Mutter organisiert die grünliberale Corina Gredig Parteisitzungen eher zur Lunch- statt zur Apérozeit, damit sie die politische Tätigkeit und die Betreuung ihrer beiden Kinder besser in Einklang bringen kann. Viola Amherd, seinerzeit Präsidentin der Stadtgemeinde Brig-Glis und als Frau von Serviceclubs wie Rotary ausgeschlossen, ruft eine lokale Sektion von «Soroptimist» ins Leben, um ihr Netzwerk zu vergrössern. Die Tessinerin Greta Gysin, Politikerin der Grünen, prangert auf ihrer Facebook-Seite all jene Personen öffentlich an, die ihr während der vergangenen Wahlkampagne sexistische Beleidigungen geschickt haben – damit sie aufhören damit.

Nicht alle porträtierten Frauen sind Feministinnen, aber alle rütteln an den Grundfesten etablierter Strukturen. Als Frau im Jahr 2021 Politik zu machen, bedeutet auch heute noch, Pionierarbeit zu leisten: Viola Amherd ist die erste Bundesrätin, die das Verteidigungsdepartement führt, Johanna Gapany die erste Ständerätin des Kantons Freiburg, Manuela Weichelt die erste Nationalrätin des Kantons Zug. Sie alle werden getragen von einer tiefgreifenden gesellschaftlichen Bewegung. Bei den eidgenössischen Wahlen von 2019 hatten die Kandidatinnen erstmals bessere Chancen, gewählt zu werden, als ihre männlichen Mitstreiter; ihre Namen wurden nicht mehr gestrichen, vielmehr wurden sie mit grosser Zustimmung vom Volk gewählt. Ein für gewöhnlich linkes Phänomen, das sich nun auch bei der SVP und bei den Grünliberalen ausmachen lässt. Eine weitere Entwicklung zeichnet sich bei der Wählerschaft ab: Auch wenn Männer in aller Regel zahlreicher an die Urne gehen, zeigen die verfügbaren Daten zu den letzten Wahlen, dass die Wahlbeteiligung bei den jungen Frauen höher war als bei den jungen Männern.**

Schritt für Schritt gehen die Schweizerinnen und Schweizer also in Richtung Gleichstellung, und seit 2019 hat sich ihr Gang sogar beschleunigt. Zum Glück: Die Strecke bis dahin war lang, der weitere Weg ist es ebenso.

Nathalie Christen, Linda Bourget, Simona Cereghetti

** Pascal Sciarini und Nenad Stojanović, «Elections fédérales, les jeunes femmes se sont mobilisées», Le Temps, 2019.

Autorinnen

Nathalie Christen (*1970 in Zürich) berichtet für Fernsehen SRF aus dem Bundeshaus und ist gewählte Politikjournalistin des Jahres. Sie verfolgt die Schweizer Politik seit rund zwanzig Jahren aus nächster Nähe: zuerst als Bundeshauskorrespondentin des SonntagsBlick, später leitete sie die Bundeshausredaktion von Radio SRF und sie moderiert bis heute die gemeinsame Elefantenrunde von Radio und Fernsehen SRF an Abstimmungssonntagen. Sie produzierte – und moderierte gelegentlich auch – die Fernsehdiskussionssendung «Arena». Dabei erlebte sie immer wieder, wie viel schwieriger es ist, Politikerinnen als Gäste zu gewinnen als Politiker. Vor den eidgenössischen Wahlen hörte sie zudem regelmässig Parteiverantwortliche klagen über die vielen Absagen von Frauen, die sich eine Kandidatur nicht zutrauten. So entstand die Idee, in einem Mutmacherinnen-Buch Politikerinnen mit verschiedensten Hintergründen zu porträtieren. Beim Schreiben hatte sie ein Zitat von Wolf-Jakob Schmidt vor Augen: «Ohne einen Weg gegangen zu sein, werde ich nie erfahren, ob ihn zu gehen sich nicht doch gelohnt hätte.» Das Zitat hängt an Nathalie Christens Sekretär in Münsingen (BE). Sie lebt dort mit ihrem Mann und den zwei Teenagertöchtern.

Linda Bourget (*1980 in Lausanne) ist derzeit Produzentin und Moderatorin von «A bon entendeur», der Informations- und Recherchesendung des Westschweizer Fernsehens RTS rund um das Thema Konsum. Zuvor arbeitete sie sechs Jahre in Bern für die Nachrichtensendung von RTS, die letzten drei Jahre als Chefin des Fachbereichs Politik. Ihre ersten Berufserfahrungen sammelte sie als Wirtschaftsjournalistin in den Printmedien, unter anderem als Ressortleiterin bei der Tageszeitung «La Liberté» und beim Nachrichtenmagazin «L'Hebdo».

Im Jahr 2013 erweist sich das Buch «Lean In» von Sheryl Sandberg, der Nummer zwei von Facebook, als eine Art Offenbarung für sie: Sie erkennt, wie selten Frauen über die Mechanismen reden, die sie in ihrer Karriere behindern. Sie ist deshalb felsenfest überzeugt: Es ist ungemein wichtig, dass Frauen ihre Erfahrungen miteinander teilen, dass sie berufliche Beratung und Unterstützung einfordern, dass starke Frauen über ihre Lebenswege berichten und somit anderen als Vorbild dienen können. Linda Bourget lebt heute in Marly (FR) – mit ihrem Lebensgefährten und dem gemeinsamen dreijährigen Sohn.

Simona Cereghetti (*1975 in Lugano) ist Bundeshauskorrespondentin des Fernsehens der italienischsprachigen Schweiz, RSI. Neben der Produktion von Berichten und Liveübertragungen für die RSI-Tagesschau moderiert sie Debatten und Livesendungen bei den eidgenössischen Wahlen. Sie gehört zu den erfahrensten Politjournalistinnen von RSI. Sie arbeitete auch als TV-Korrespondentin in Zürich, als Moderatorin und Produzentin der täglichen Talksendung «Contesto» sowie als Journalistin und Moderatorin für die Tagesschau-Nebenausgabe.

Alma Bacciarini, die 1979 als erste Tessinerin in den Nationalrat gewählt wurde, sagte in einem Interview mit RSI aus dem Jahr 2001, dass sie und ihre Mitstreiterinnen, die an vorderster Front für die Annahme des Frauenstimmrechts gekämpft hatten, einen Tag nach dem Ja zum Stimmrecht den Eindruck hatten, den Himmel mit einem Finger berühren zu können. Aber sie realisierten sehr schnell, dass das Stimmrecht für die Frauen nur eine Etappe und das Ziel der gesellschaftlichen und politischen Gleichstellung noch weit entfernt war. Dieses Ziel ist auch heute noch immer nicht erreicht. Deshalb hat Simona Cereghetti beschlossen, an diesem Buch mitzuarbeiten. Sie lebt zurzeit in Bern.

«Politik ist, den Rahmen
des Denk- und Machbaren
zu verändern»

Mattea Meyer als Kind (l.), als Jungsozialistin bei der
bankenkritischen Aktion «Occupy Paradeplatz» (r.)
und bei ihrer Wahl in den Nationalrat mit Nationalrätin
Jacqueline Badran.

Mattea Meyer

Co-Präsidentin SP Schweiz, Zürich

«Mir geben Empörung und Hoffnung die Energie, morgens aufzustehen und Politik zu machen»

In Mattea Meyers Augen schimmern Tränen. Es sind Tränen der Wut. Das Augenwasser sammelt sich bei ihr auch noch Jahre nach der Begegnung mit jenem jungen afghanischen Asylsuchenden, dem sie als Freiwillige damals Deutsch beibrachte. Bei einem Tee erzählte er ihr, sein Asylantrag sei abgelehnt worden. Und fügte hinzu: «Du hast so viel Glück, dass du in der Schweiz geboren bist!» Das sieht sie ebenso. Der junge Mann durfte zwar dank eines Rekurses schliesslich in der Schweiz bleiben und eine Lehre machen. Doch die Erinnerung an seinen Satz wühlt Meyer trotzdem auf, wegen des Prinzips, wegen der Ungerechtigkeit. «Es darf doch nicht vom Geburtsglück abhängen, ob Menschen in Würde leben können!»

Dieses Aufbegehren gegen die Welt, wie sie heute ist, regte sich schon früh in ihr, als sie als Jugendliche bei den Grosseltern Zeitschriften wie «Der Beobachter» und «Geo» verschlang und dabei erfuhr, wie schlecht es anderen Menschen geht. Vor allem in anderen Weltregionen, besonders Frauen.

Mattea Meyer sitzt in ihrer Stube in einem Fünf-Zimmer-Arbeiter-Reihenhaus in Winterthur, vor sich eine Tasse Tee, den sie mit getrockneter Pfefferminze aus dem eigenen Garten aufgebrüht hat. Sie lässt sich vom Schicksal anderer berühren. Ihrer starken Gefühle schämt sie sich nicht. «Emotionen sind der Kern der Politik. Sie zeigen, dass es jemandem ernst ist», sagt sie. «Aber es darf nicht bei der Empörung bleiben, es braucht ebenso

die Hoffnung auf eine bessere Zukunft. Die Gefühle müssen dazu führen, sich für eine Verbesserung einzusetzen. Mir geben diese Emotionen die Energie, morgens aufzustehen und Politik zu machen.»

Seit Oktober 2020 tut sie dies an den Schalthebeln der zweitgrössten Schweizer Partei. Zusammen mit Cédric Wermuth führt sie die SP Schweiz. Mit gerade mal 33 Jahren. Sie ist die jüngste Frau, die je an der Spitze einer grossen Schweizer Partei stand.

Am Vorabend der Wahl, im Kongresszentrum der Messe Basel. Meyer und Wermuth sitzen auf den Stufen zur Bühne. Sie nehmen ein Video auf, das am digitalen Parteitag nach ihrer Wahl gezeigt werden soll. Der Regisseur gibt Cédric Wermuth Anweisungen für die nächste Aufnahme. «Und ich muss einfach daneben sitzen und nichts tun?», fragt Mattea Meyer. «Das ist sinnbildlich», frotzelt Wermuth. «Holen Sie Kaffee, Fräulein?» Die zwei kichern verschwörerisch.

Im Video kommen beide gleichermassen zu Wort und zur Geltung. Doch sie wissen, dass viele nur darauf warten, zu sehen, wie Wermuth dominiert – schliesslich war er bei den Jungsozialisten schon mal Präsident und sie die Nummer zwei. Meyer musste sich mehrfach gegen die Vermutung wehren, sie diene lediglich als feministisches Feigenblatt für Wermuth, der seine Wahlchancen durch eine Frau an seiner Seite vergrössern wolle. Wie wütend sie das machte! Als ob eine junge Frau nicht von sich aus einen Machtanspruch haben könnte! «Wir trugen uns schon länger mit dem Gedanken an ein Co-Präsidium», sagt sie, «so lange, dass ich nicht mehr weiss, wer die Idee zuerst aufbrachte. Als Christian Levrat dann seinen Rücktritt als SP-Präsident ankündigte, diskutierten wir zu viert darüber.» Zu viert heisst: mit Wermuths Frau und Meyers Lebenspartner. Das hundertprozentige Einverständnis der beiden war zentral. Denn mit ihrem Co-Präsidium wollen Meyer und Wermuth vorleben, dass sich ein politisches Spitzenamt und familiäre Verpflichtungen vereinbaren lassen. Eine einzelne Person an der Spitze, Tag und Nacht erreichbar und allein verantwortlich: ein Auslaufmodell in Politik und Wirtschaft, finden die beiden. «Heute heisst es, wer es bis 38 nicht in eine Führungsposition geschafft habe, könne es vergessen. Wenn Führung nur als Einzelperson möglich wäre, würde das bedeuten, dass 25- bis 45-Jährige, die daheim eingebunden sind, keine verantwortungsvolle Aufgabe übernehmen können», sagt Meyer. «Das darf doch nicht sein!»

Ist Verantwortung wirklich teilbar? Bürgerliche Parteipräsidenten bezweifeln es beim Amtsantritt des Duos. Gross sei die Gefahr, von den Medien und eigenen Parteimitgliedern gegeneinander ausgespielt zu werden. Oft müsse man zu schnell reagieren, als dass noch Zeit für Absprachen bliebe. Zu schlecht lesbar werde dadurch der Kurs einer Parteispitze. Meyer und Wermuth sind sich der Risiken bewusst. Als Chance sehen sie ihre langjährige politische und freundschaftliche Verbundenheit, aus der sie Vertrauen schöpfen, Vertrauen auch auf gegenseitige Loyalität. «Ein Co-Präsidium bedeutet auch, Kontrolle und Verantwortung abzugeben», sagt Meyer. «Wir probieren es jetzt einfach mal. Wir werden ja sehen, wie gut es klappt. Ich bin jedenfalls sehr zuversichtlich.»

Die Dreharbeiten sind beendet. Meyer und Wermuth fahren mit dem Tram durch die Nacht zur Basler Markthalle. Dort haben sich die führenden SP-Köpfe aus den Kantonal- und Stadtparteien zur Koordinationskonferenz versammelt und sitzen nun bei Häppchen aus aller Welt zusammen. Meyer holt sich vegetarische Frühlingsrollen und Empanadas, grüsst hier mit Vornamen, plaudert dort, erkundigt sich nach dem lokalen Wahl-kampf. Auch der Götti ihrer Tochter sitzt unter den Genossinnen und Genossen. Die SP ist für Meyer mehr als eine Partei. «Schleichend» ist sie ihr zur Familie geworden, seit sie als 17-Jährige der Juso beitrat – wenige Tage nachdem sie an der Jugendsession die Freude am Debattieren und Argumentieren entdeckt hatte. Auch ihr Partner Marco Kistler ist Teil dieser politischen Familie. Sie lernte ihn in der Juso kennen. Beide enga-gierten sich dort in der Geschäftsleitung. Er politisierte früher in Glarus, war Wahlkampf-Projektleiter in der SP Schweiz und ist unterdessen selb-ständig mit einem Kampagnenbüro. «Es vereinfacht das Leben, dass wir politisch keine grossen Differenzen haben. Ich fühle mich von ihm ver-standen», sagt Meyer. «Die Gefahr ist einzig, dass die Arbeit dominiert, wenn man sich so gern darüber austauscht.»

«Es kann mal knallen, aber ich habe dann auch kein Problem, dafür um Entschuldigung zu bitten»

Gerade weil die SP Teil von Meyers Identität geworden ist, schmerzen sie parteiinterne Konflikte besonders. Bricht einer gar mit der Polit-familie, können ihre Emotionen so überhandnehmen, dass sie sie nicht mehr zügeln kann. Ihm fehlten Anstand, Charakter und Überzeugung, schäumte Meyer öffentlich, als der Zürcher SP-Nationalrat Daniel Frei zur GLP wechselte. «Es kann mal knallen, aber ich habe dann auch kein Problem, dafür um Entschuldigung zu bitten», sagt Meyer. Zwei Jahre zuvor hatte Frei als Präsident der kantonalen SP aufgegeben. Zermürbt von parteiinternen Konflikten, warf er dem linken Parteiflügel um Meyer vor, «wie eine Sekte» zu funktionieren. «Dieser heftige Vorwurf hat wehgetan», erinnert sich Meyer. Pointiert links zeigte sie sich auch national, bei der Steuer-AHV-Reform STAF: Vergeblich kämpfte sie parteiintern dagegen an. Sie witterte neue Steuerschlupflöcher für Konzerne. Die Delegierten sagten nach heftigen

Diskussionen Ja dazu – weil die Reform auch neues Geld für die AHV brachte. «Die interne Auseinandersetzung ging mir sehr an die Substanz», sagt Meyer. «Wichtig ist, dass man danach zusammensitzt und wieder betont, wo man sich einig ist.» Was auch geschah.

Doch der Kurs von Meyer und Wermuth nährte bei einem Teil der Genossinnen und Genossen die Furcht, unter dem Duo könnte die parteiinterne Vielfalt leiden. Würde die SP zu extrem, zu wenig kompromissfähig? Würden die sozialliberalen Ansichten noch Gehör finden? Die Hälfte der SP-Männer und -Frauen im eidgenössischen Parlament unterschrieb einen Appell an Meyer und Wermuth. «Da waren keine Forderungen, die ich nicht auch hätte unterschreiben können», sagt Meyer. Nach zwei Treffen mit den Unterzeichnenden gaben sich alle versöhnlich. «Wir alle wollen die SP vorwärtsbringen», sagte Meyer danach. «Es tut gut, das zu spüren.» Die NZZ am Sonntag zitierte einen nicht namentlich genannten Beteiligten etwas weniger diplomatisch: «Sie wissen jetzt, dass sie aufpassen müssen, sonst gibt es bald Radau.»

Meyer ist am Morgen des Wahltages nervös. Sie hat weniger gut geschlafen als sonst. Dabei gibt es unterdessen keine ernstzunehmende Konkurrenz mehr: Das andere Duo – die Nationalratsmitglieder Priska Seiler Graf und Mathias Reynard – hat seine Kandidatur zurückgezogen, da Reynard lieber Walliser Staatsrat werden will. «Es ist nicht das Gleiche, sich fürs Präsidium zu bewerben oder ganz kurz davorzustehen, diese Verantwortung wirklich zu tragen», kommentiert Meyer. Sie steht im schwarzen, fast leeren Saal, von dem aus der virtuelle Parteitag in die Stuben der Genossinnen und Genossen ausgestrahlt wird. An Meyers Seite: Marianne

Steckbrief

Geboren
1987

Partei
SP

Aktuelles politisches Amt
Co-Präsidentin SP Schweiz, Nationalrätin ZH

Besonderes
Jung eine nationale Partei führen und sich gleichzeitig um sein kleines Kind kümmern: Dass sich dies vereinbaren lässt, will Meyer im Co-Präsidium mit Cédric Wermuth vorleben – er ist Vater zweier Töchter.

Erstes politisches Mandat
2010 als Gemeinderätin von Winterthur (Parlament)

Familie
in Partnerschaft mit Marco Kistler, eine Tochter (* 2017)

Ausbildung
Geografin

de Mestral, Präsidentin der Gruppe «SP60+». De Mestral begleitet Meyer seit ihren Juso-Anfängen politisch und freundschaftlich. «Mir war schnell klar, dass sie es einmal ganz nach oben schaffen wird», sagt de Mestral. Tatsächlich hat Meyer eine politische Blitzkarriere hingelegt: Mit 22 Jahren wurde sie Winterthurer SP-Parlamentarierin, mit 23 jüngste Zürcher Kantonsrätin, mit 28 Nationalrätin. Stets übernahm sie dabei auch Führungsverantwortung in den Parteigremien. Ist Meyer ehrgeizig? Sie überlegt. «Ich würde eher sagen hartnäckig», antwortet sie. «Wenn ich überzeugt bin von etwas, kann ich dafür brennen. Ich entscheide gerne mit, in welche Richtung wir gehen und welche Themen wir anpacken.» Ein paar Stunden später ist es so weit: Zusammen mit Cédric Wermuth erklimmt sie die höchste Sprosse der Parteihierarchie. Applaus, Blumen. Später steht sie etwas abseits, ihr Blick scheint nachdenklich ins Leere gerichtet. «Das braucht einen Moment, um zu sacken.»

Ihren Weg nach oben hat Mattea Meyer sich selbstbewusst gebahnt. Auch sie zweifelt an sich, ist selbstkritisch. Doch niemand musste sie überzeugen, sich für politische Ämter zu bewerben. Das ist auch in der SP – einer Partei mit meistens ausgewogenem Geschlechterverhältnis – nicht selbstverständlich. Freiwillige Männer fänden sich eigentlich immer genügend, sagt Meyer. Frauen jedoch unterschätzten sich häufig. Meyer ermutigt sie, indem sie deren Stärken hervorhebt, indem sie betont, dass sie nicht allein sein würden. Und indem sie ihre Ängste ernst nimmt und von ihren eigenen Erfahrungen erzählt. Von der Angst vor dem öffentlichen Auftritt zum Beispiel. Meyer rät: Sich gut vorbereiten, Hilfe holen, authentisch bleiben. Vor allem über Themen reden, die frau liegen. «Warum sollen wir wie so viele Männer den Mund auch dann öffnen, wenn wir wenig vom Thema verstehen?», fragt sie. «Ich finde, da sollten sich eher die Männer uns angleichen als umgekehrt.» An einen ihrer eigenen ersten Auftritte in der TV-Sendung Arena erinnert sie sich mit «Horror». Vor lauter Nervosität verlor sie das Gespür für die anderen Teilnehmenden, konnte nicht auf ihre Argumente eingehen, rutschte in eine Verteidigungshaltung. Mit der Übung komme auch mehr Gelassenheit, sagt sie. Sollte es jemandem jedoch schon schlecht werden vor einem Auftritt vor fünf Personen, sei das Parlament vielleicht wirklich nicht das Richtige. Dann wäre Vorstandsarbeit eine Möglichkeit. Hauptsache, die weibliche Sicht fliesst in die Politik ein. Meyer möchte aber auch mehr Migrantinnen und Migranten, Menschen ohne Studium und körperlich Beeinträchtigte in der Politik. Politik soll die Vielfalt der Bevölkerung widerspiegeln.

> «Bis heute ist es ein dauernder innerer Kampf, was es auf beiden Seiten erträgt, ohne dass ich in der Familie oder in der Politik zu sehr fehle»

Kleine Mädchenschuhe stehen beim Besuch in Winterthur ordentlich aufgereiht unter einer Kindergarderobe. Zwischen Küche und Stube wartet ein Spielherd aus Holz auf Meyers dreijährige Tochter. Das Mädchen kam zur Welt, als Meyer bereits Nationalrätin war. Während sechs Monaten fuhr sie nur für die wichtigsten Abstimmungen und Kommissionssitzungen nach Bern. Danach brachte ihr Partner Marco das Baby mal zum Stillen ins Bundeshaus, häufig fuhr sie aber auch heim für die Nacht. «Es war recht stressig. Bis heute ist es ein dauernder innerer Kampf, was es auf beiden Seiten erträgt, ohne dass ich in der Familie oder in der Politik zu sehr fehle.» Um das Kind sachte an die Kindertagesstätte zu gewöhnen, nahm Marco drei Wochen frei.

Die Grosseltern wohnen über die halbe Schweiz verstreut: Marcos Eltern im Glarnerland, Matteas Vater in Luzern, einzig ihre Mutter in Winterthur. Doch alle helfen aus, wenn es trotz ausgeklügeltem Kinderbetreuungssystem Engpässe gibt. Meyer und ihr Partner sind je einen Wochentag fix zuständig für die Tochter, einen weiteren Tag teilen sie flexibel untereinander auf, zwei Tage verbringt das Mädchen in der Kindertagesstätte. Meyer legt viel Wert darauf, auch als Co-Präsidentin für ihre Tochter als Mutter präsent zu sein. «Ich will keine Umkehrung der traditionellen Rollen und plötzlich meinen Partner nur noch unterstützen», sagt sie. «Ich will nicht nur den Zoo mit meiner Tochter geniessen, sondern auch im Alltag da sein, wenn es manchmal hart und aufreibend ist. Will sie auffangen, wenn sie traurig heimkommt nach einem Streit mit einem Gspänli.» Die grösste Herausforderung sieht Meyer im «Mental Load» – in der Menge all des Kleinen und Grossen, an das in einer Familie zu denken ist. Das führt in der Partnerschaft manchmal zu Reibereien, zu Diskussionen, wer was macht. Doch für das Paar war immer klar, dass sich beide gleichermassen um Familie und Haushalt kümmern würden.

Aufgewachsen ist Meyer in einer Familie mit klassischer Rollenteilung, wie damals üblich. Ihr Vater, ein Agraringenieur, war zwar auch zu Hause präsent, unterstützte Mattea und ihre zwei Geschwister ebenfalls bei den Hausaufgaben. Doch es war die Mutter, die ihre Arbeit als Kindergärtnerin zugunsten der Familie aufgegeben hatte und sich erst später zur Bibliothekarin weiterbildete. Sie hat heute deshalb eine schlechtere Altersvorsorge. «Ein wertschätzendes Daheim, wie ich es erleben durfte, ist so wichtig für Kinder, so unglaublich stärkend. Dass dies finanziell nicht abgegolten wird, sondern Nachteile mit sich zieht bis in die Altersvorsorge hinein, finde ich ungerecht. Das hat mich geprägt.» Mattea Meyer fordert: Eine gerechtere Aufteilung der unbezahlten Arbeit zwischen Mann und Frau! Kürzere Arbeitszeiten bei gleichem Lohn! Höhere Löhne für typische Frauenberufe! Mehr und günstigere Kinderbetreuungsangebote!

Meyer legt wie ihre Mutter Wert auf ein gemütliches Zuhause. Die geschmackvoll eingerichtete Stube – die Möbel ein Mix aus Holz und modern reduziertem Design – zeugt davon. «Das erwartet man von einer Sozialdemokratin vielleicht nicht so, eine schöne Einrichtung ist ja nicht gerade ein

Grundbedürfnis», sagt sie ungefragt und lacht. «Aber die eigenen vier Wände haben viel mit einem guten Lebensgefühl zu tun.» Hätte sie nicht den Weg in die Politik eingeschlagen, hätte sie Architektin werden wollen. Wie ihr Vater wühlt sie gerne in der Erde des eigenen kleinen Gartens, pflückt Beeren, erntet eigene Zucchetti. Als Kind steckte sie viel lieber die Nase in Bücher. Sie mochte tragische Geschichten, in denen die Hauptpersonen sich erheben. «Die Rote Zora» zum Beispiel, oder «Giuseppe und Maria». Als Erwachsene entdeckte sie dann Serien. «Ich schaue eigentlich alles», sagt sie und lacht. «Nur keine Science-Fiction.»

«Ich verteilte in der Juso lieber Flyer, als mich zu verkleiden»

Als politische Science-Fiction empfinden manche ihrer Kritikerinnen und Kritiker die politischen Visionen des Duos Meyer-Wermuth. Armee und Kapitalismus abschaffen. Pensionskassen durch eine Volkspension ablösen. Die Kosten für den Klimawandel von den Milliardärinnen und Milliardären bezahlen lassen. Teile von Pharmakonzernen verstaatlichen. «Wo, wenn nicht in der SP, sollen solche Ideen denn diskutiert werden? Politik ist, den Rahmen des Denk- und Machbaren zu verändern», hält Meyer entgegen. «Es ist doch offensichtlich, dass das heutige System die Reichen immer noch reicher macht auf Kosten der grossen Mehrheit. Wir brauchen mehr Solidarität!»

Provozieren und emotionalisieren, um politischen Druck aufzubauen: Auf dieser Klaviatur spielen die beiden schon seit ihren Jusozeiten. Vizepräsidentin Meyer lieferte dabei nicht die provokativsten Ideen – «ich verteilte auch lieber Flyer, als mich zu verkleiden» – war aber immer mit dabei. Beim Protestbräteln auf einem Dorfplatz gegen eine Sperrstunde für Jugendliche genauso wie vor Gericht: Der damalige Novartis-Boss Daniel Vasella hatte Meyer verklagt, weil die Juso ihn auf einem Abstimmungsplakat zur Begrenzung von Managerlöhnen in einer Fotomontage fast nackt gezeigt hatte. Das Bezirksgericht Winterthur erachtete sich als nicht zuständig und sagte den Prozess ab – doch die Juso hatte die gewünschte mediale Aufmerksamkeit.

Meyer kann aber nicht nur Provokation. Sie beherrscht auch das weniger spektakuläre politische Handwerk, das mithilfe von Kompromissen zu handfesten Resultaten führt. Auch wenn es manchmal nur kleine Verbesserungen sind. Überbrückungsleistungen für über 60-jährige Arbeitslose, zum Beispiel, von denen ein paar Tausend Menschen profitieren. Oder eine Verlängerung des Mutterschaftsurlaubs, wenn ein Kind zu früh zur Welt kommt, was jährlich etwas mehr als tausend Frauen hilft. «Mir gibt es ein gutes Gefühl, die Welt wenigstens ein bisschen besser zu machen», sagt Meyer. Ihren grössten Coup landete sie jedoch in der Coronakrise, während der zweiten Welle. «Yes, geschafft!», jubelte sie, als der Bundesrat die Hilfen für Selbständige nicht nur weiterlaufen liess, sondern sogar verbesserte – nachdem er sie nach der ersten Welle gestoppt hatte. Mit seiner Kehrtwende reagierte der Bundesrat auf den Druck, den Mattea Meyer übers Parlament aufgebaut hatte. In unzähligen Telefonaten und Videocalls mit Reisebüros, Eventorganisatorinnen, Babyschwimmen-Anbieterinnen und anderen Selbständigen hatte sie ergründet, was diese brauchen. In zahlreichen Gesprächen über die Parteigrenzen hinweg konnte sie danach eine Mehrheit des Parlaments hinter sich scharen. Nun kam ihr zugute, dass sie sich vorher als Finanzpolitikerin den Ruf einer seriösen Schafferin erarbeitet und ausserhalb ihrer Partei Kontakte gepflegt hatte. «Auch ein Mittagessen mit einem SVP-Mann kann interessant sein», sagt Meyer. «Es hilft, andere Denkweisen zu verstehen. Und eilt es, kommt man bei einem gemeinsamen Anliegen schneller voran.» Um die Coronahilfen auch im Ständerat durchzubringen, spannte die Nationalrätin mit Ständeratsmitgliedern aus der Mitte und der FDP zusammen. Weil ein Vorschlag aus deren Reihen zuweilen einfacher Mehrheiten findet als einer von links. «Wir hätten den Bundesrat aber nie zum Einlenken gebracht, wenn parallel zu unserer politischen Arbeit nicht auch Verbände und Betroffene Druck gemacht hätten», betont Meyer.

Genau so stellt sich Meyer die Zukunft ihrer Partei vor: Die SP als Teil einer grösseren Bewegung, als jene Partei, welche dem Volk die Tür ins Parlament öffnet und damit auch selber wieder attraktiver wird. Mehr als

Am Frauenstreik einheizen oder im Parlament die Fäden ziehen: Mattea Meyer kann beides.

einmal erwähnt Meyer die Mails von freisinnigen Selbständigen, die sich der SP zuwenden, weil ihre eigene Partei sie in der Not alleine liess. In den ersten paar Monaten des Co-Präsidiums gewann die SP netto 700 neue Mitglieder – rund 30 000 sind es insgesamt.

Zuwachs kann die SP brauchen. Bei den eidgenössischen Wahlen 2015 wählten gerade noch 16,8 Prozent sozialdemokratisch. Mattea Meyer und Cédric Wermuth übernahmen 2020 von Christian Levrat eine Partei in einem historischen Tief, im Zangengriff von Grünen und Grünliberalen, in historisch schwierigen Zeiten mit einer weltweiten Pandemie. «Wenn Menschen um ihre Stelle zittern, werden sie anfällig für Verschwörungstheorien und behaupten aus Existenzangst, Corona sei gar nicht so gefährlich», sagt Meyer. «Auch darum ist es so wichtig, die Wirtschaft zu stützen.»

«Berufspolitikerin zu sein, ist keine Schande»

W ie froh ist Mattea Meyer, dass sie damals vor dem Wahljahr 2015 voll auf die Politik gesetzt hat! Sie stand an einem Scheideweg: Zuerst eine berufliche Laufbahn einschlagen? Oder für den Nationalrat kandidieren, wo die Chancen dank mehrerer Rücktritte von bisherigen SP-Gewählten gut standen? Die 28-Jährige hatte Geografie studiert – «Architektur war zu zeitaufwändig, ich nahm leider den Weg des geringsten Widerstandes.» Daneben arbeitete sie Teilzeit. Zuerst als Assistentin in einer Anwaltskanzlei, danach als persönliche Mitarbeiterin von Wermuth und der Tessiner Politikerin Marina Carobbio, beide damals schon im Nationalrat. Sie entschied sich, die Chance zu packen und die Politik als Nationalrätin zum Beruf zu machen. «Berufspolitikerin zu sein, ist keine Schande», sagt sie. «Wir fällen wichtige Beschlüsse, bestimmen zum Beispiel über die Altersvorsorge. Da will ich drauskommen und nicht einfach am Feierabend noch ein bisschen in den Unterlagen blättern.» Von der Wählerschaft existenziell abhängig zu sein, nimmt sie dabei in Kauf. «Immerhin hat man vier Jahre Sicherheit, das ist mehr als in manch anderem Beruf. Für mich ist klar, dass es irgendwann auch ein Danach gibt und sich neue Wege auftun.»

Ihr heutiger Weg trägt ihr immer wieder Kritik ein. Keine Ahnung habe sie vom Leben, ätzte beispielsweise FDP-Ständerat Ruedi Noser. Die Wut, die er damit in Mattea Meyer entfachte, war so gross, dass sie sie sogar in ihrer Wahlrede thematisierte. Diese Abwertung habe System. «Stimmt, ich weiss nicht, wie es ist, in einem Verwaltungsrat zu sitzen und pro Sitzung mehrere Tausend Franken zu erhalten. Ich führe kein Unternehmen neben meinem Nationalratsamt», rief sie den Delegierten zu. «Aber ich weiss, was es von einem verlangt, an einem Tag von Sitzung zu Sitzung zu hetzen und am anderen Tag ab sieben Uhr morgens bis neun Uhr abends den Kopf frei zu haben für meine Tochter, die im Herbst barfuss draussen spielen will.» Und dann machte sie, was sie so häufig tut: Sie verwies vom Einzelnen auf den grösseren Zusammenhang. Noser sei nur ein Beispiel von Tausenden. Es gebe immer wieder Mächtige, die mit ihren Mitmenschen so umgingen, wenn sie ihre Privilegien und ihre Macht bedroht sähen. «Ich ertrage es nicht, wenn Menschen sich über andere stellen. Nur weil sie viel Geld haben, den richtigen Pass oder das richtige Geschlecht.»

«Auch mir als junger und kleiner Frau begegnet man auf Augenhöhe»

F alsches Geschlecht, falsches Alter, falsche Partei – junge Frau statt gesetzter Mann und erst noch links: Diese Minderheiten-Kennzeichen machten Meyer im Nationalrat anfänglich zu schaffen. Als sie sich in der Finanzkommission äusserte, beschied ihr ein Bürgerlicher, was sie sage, stimme nicht. Sie entgegnete, dann müsse die Botschaft des Bundesrates falsch sein. Daraus habe sie nämlich zitiert. Wo das denn stehe, erwiderte er ärgerlich mit rotem Kopf. Sie zeigte ihm die Stelle. «Ich wollte klarmachen: Auch mir als junger und kleiner Frau begegnet man auf Augenhöhe.» Doch manchmal war sie auch schlicht zu überrumpelt, um schlagfertig zu reagieren. Beispielsweise als ihr ein Nationalrat in der Wandelhalle gönnerhaft den Arm um die Schultern legte und zu Kollegen in der sächlichen Form über sie sagte: «Es ist ein Charmantes. Darum haben wir ihrem Antrag zugestimmt, aus Mitleid.» Meyer lief wortlos davon. Auch ausserhalb des Parlaments kennt Meyer Sexismus. Von subtilen Bemerkungen bis zu unverblümten Gewaltdrohungen. Ein Anrufer sagte ihr am Telefon, sie hätte eine Vergewaltigung verdient. Seinen Namen nannte er zwar nicht – aber die 079er-Nummer war für die Polizei leicht zurückzuverfolgen. Schon bald sass er Mattea Meyer bei einer Einzelrichterin in einer Vergleichsverhandlung gegenüber. «Ich hatte eine Strafanzeige eingereicht, um ihm zu zeigen: So geht man nicht mit Menschen um», sagt Meyer. «Solche Erfahrungen sind demütigend. Aber wie geht es wohl jenen Frauen, die in einer weniger mächtigen Position sind als ich?» Meyer fordert ein Umdenken in der Gesellschaft. Formulierungen wie jene, der Mann habe seine drei Kinder umgebracht, weil seine Frau ihn verlassen habe, bringen sie auf die Palme. «Als ob die Frau eine Mitschuld trüge! Damit muss Schluss sein!»

Einen Monat nach ihrer Wahl zur Co-Präsidentin sitzt Mattea Meyer an einem Tisch in einem Gang des Bundeshauses und isst in Eile Couscous-Salat aus einem Takeaway-Geschirr und ein Tomatenbrötchen. In einer halben Stunde trifft sie sich mit Fraktionschef Roger Nordmann und Co-Präsident Wermuth. Es ist Dienstag. Jener Wochentag, an dem beide zuständig sind. Meistens treffen sie sich dann in Bern, im Bundeshaus oder im Parteisekretariat. Die anderen Tage und die Wochenenden haben sie untereinander aufgeteilt. Versuche von Medienschaffenden oder SP-Mitgliedern, einen Keil zwischen die beiden zu treiben, gibt es kaum. Das wäre inhaltlich auch schwierig. «Zu neunzig Prozent sind wir einer Meinung», sagt Meyer. «Das lässt uns genügend Zeit, über die restlichen zehn Prozent ausgiebig zu diskutieren.» So ausgiebig, dass Wermuths kleine Tochter, als er ihr ein Foto von Meyer zeigte, fragte: «Ist das die vom Telefon?» Eine Co-Leitung sei die Führungsform der Zukunft, ist Meyer überzeugt. «Aber es hilft dabei schon sehr, wenn man sich wirklich gut kennt.»

Meyer wirkt beschwingt. Der erste Monat im Co-Präsidium sei nur so dahingerast. Sie und Wermuth gewöhnen sich erst langsam an ihre neue Rolle. «Jetzt kann ich nicht mehr sagen, warum macht die Partei da nichts. Jetzt muss ich selber handeln – und das macht mega Spass!» Sie schwärmt von der Equipe auf dem Sekretariat, freut sich darüber, dass sie nicht mehr alles alleine machen muss. Ihr Highlight bisher: ein spontaner Live-Chat auf Facebook während der Sondersession. Sie liess eine Pflegefachfrau und eine Selbständige mit einer Bookingagentur erzählen, was sie in der zweiten Coronawelle brauchen. Mitglieder vermehrt einbinden, auch projektweise, die technischen Möglichkeiten nutzen, das ist das erklärte Ziel. Parallel dazu tauschten sich Meyer und Wermuth in Videocalls mit den Kantonalparteien aus: Sie sollen in den Kantonsparlamenten für schnelle Härtefallhilfe sorgen. Corona fordert inhaltlich. Auf diesem Terrain fühlt sich Meyer nach ihrem Einsatz für Wirtschaftshilfen sicher. Corona leert auch die Agenda. Anlässe werden reihenweise abgesagt, einige durch virtuelle Treffen ersetzt. Das lässt abends und am Wochenende bis jetzt genug Zeit für die Familie. Die Tage jedoch sind «fast pausenlos». Meyer hat noch nicht intus, was alles von einer Co-Präsidentin erwartet wird. «Ich renne von Sitzung zu Sitzung und versuche dazwischen daran zu denken, was es wo braucht.»

Meyer ist auf der Hut. Schon einmal in ihrem Leben musste sie die Notbremse ziehen: nach dem Volksnein zur 1:12-Initiative, für die sie sich fast Tag und Nacht eingesetzt hatte. Sie kam zur Arbeit, begann in zehn Minuten zehn verschiedene Dinge, weil sie sich einfach nicht mehr konzentrieren konnte. Auch gesundheitlich war sie angeschlagen. «Da merkte ich, jetzt muss ich etwas ändern», erzählt Meyer. Seither versucht sie, einen Tag pro Woche politikfrei zu halten. Auf dem Handy empfängt sie keine Mails, um sich zu schützen – sie wäre sonst dauernd am Lesen. «Zum Glück habe ich das schon einmal erlebt. Ich weiss, dass ich Grenzen habe.»

Meyer spürt nach und nach, was es bedeutet, eine gewisse Macht zu haben. Schon vor ihrer Wahl kontaktierten die Botschafter einiger nordischer EU-Staaten sie und Wermuth. Thema: das Rahmenabkommen mit der EU. Der Deutsche Norbert Walter-Borjans, Co-Bundesvorsitzender der SPD, lud sie mit anderen zu einem Videogespräch über Steuerfragen ein. Und in der Schweiz hat nun mehr Gewicht, was sie sagt. Weil es nicht mehr nur die Meinung von Nationalrätin Meyer ist, sondern die Meinung der SP. «Ich wählte meine Worte zwar schon vorher sorgfältig», sagt Meyer. «Aber jetzt passe ich noch mehr auf.» Das neue Duo ist auch schon angerannt. Es wollte gemeinsam an die traditionellen Von-Wattenwyl-Gespräche gehen. Zu diesen Treffen laden Bundesratsmitglieder jeweils die Spitzen der grossen Parteien ein. Eine Zweierspitze ist nicht vorgesehen. Neue Regeln wollten die anderen Parteien nicht einführen. Schliesslich ging keiner der beiden. Meyer wäre vorgesehen gewesen, musste aber einen Coronatest abwarten und deshalb passen.

Wo alles begann: Mattea Meyer startete ihre politische Blitzkarriere in Winterthur.

Politisch hat das Duo in den ersten Monaten Erfolg. In der Pandemie wächst das Bedürfnis nach einem starken Staat, die Sozialdemokraten versuchen, staatliche Hilfen möglichst vielen zukommen zu lassen. «Die SP siegt im Wettbewerb der Parteien nach Punkten», schreibt die NZZ im Januar 2021 auf der Titelseite. Die zwei führten eine «überaus erfolgreiche Dauerkampagne für sozialdemokratische Anliegen». Die Ansprüche und Herausforderungen sind riesig, die Absturzgefahren auch. Meyer weiss zwar, wie es sich anfühlt, politisch in der Minderheit zu sein und mit Positionen nicht durchzudringen. Sie hat aber noch nie erfolglos kandidiert, ist nie abgewählt worden, hatte nie anhaltenden Misserfolg in einer Führungsposition – die junge Politikerin hat noch keine persönliche politische Niederlage erlitten. «Darum fürchte ich auch die erste», sagt sie, fast unhörbar, mehr zu sich selbst.

Als Co-Präsidentin sind ihr erst kleinere Missgeschicke unterlaufen. An diesem Morgen zum Beispiel ist Meyer an der virtuellen Mitgliederkonferenz von «SP60+» aufgetreten. Ihre langjährige Freundin Marianne de Mestral wurde als Präsidentin verabschiedet. Meyer sprach frei und packend. Aber ausschliesslich auf Deutsch. «Als Nationalrätin wäre das gegangen», sagt sie danach. «Von einer Co-Präsidentin jedoch dürfen die Romands erwarten, dass sie auch etwas auf Französisch sagt. Ich habe es schlicht vergessen.» Vielleicht hat der eine oder die andere das durchgehende Deutsch tatsächlich missbilligt. Vermutlich dürfte aber den meisten mehr geblieben sein, was sie gesagt hat. Meyer würdigte de Mestral in ihrer Ansprache mit den Worten: «Du hast dir deine Ungeduld und Leidenschaft für die Politik über die Jahre hinweg erhalten. Mir haben schon manche angedroht, ich würde dann schon noch pragmatischer und ruhiger. Du hast mir vorgelebt: Das muss nicht sein.» Für ihre Kritiker sind das düstere Aussichten. Für ihre Anhängerschaft ist es ein Versprechen.

«Ich will mir jeden Tag
im Spiegel in die Augen
schauen können.
Also tue ich, was ich für
richtig erachte»

Manuela Weichelt nach der Wahl zur
Frau Landammann (r.) und beim
«Chriesisturm», einem Zuger Lauf zu
Beginn der Kirschensaison.

Manuela Weichelt

Nationalrätin und ehemalige Zuger Regierungsrätin

«Durch das Attentat wurde ich wohl noch ein Stück eigenständiger, auch politisch»

Als sie im Zuger Kantonsratssaal am Boden lag, unter einem der Fenster, die Richtung See gehen, und sich die Gewehrkugeln nur wenige Zentimeter über ihrem Körper in die Wand bohrten, da verspürte Manuela Weichelt zu ihrer eigenen Überraschung keine Angst. Attentäter Friedrich Leibacher ging im Saal herum, fluchte, stieg auf Ratspulte, um noch gezielter auf Parlaments- und Regierungsmitglieder schiessen zu können. Die Fraktionschefin der «Alternative – die Grünen Zug» erwartete am 27. September 2001 ihren Tod. Ruhig und mit tiefem Bedauern. «Ich fand es gemein, dass mein Leben ausgerechnet jetzt enden sollte. Jetzt, kurz nachdem ich die Liebe meines Lebens kennengelernt hatte», erinnert sich Manuela Weichelt.

Die Nationalrätin sitzt im Zuger Ratssaal, der ihr Leben prägte. In diesem Saal, der nach dem Drama renoviert worden ist und in all seiner Würde doch düster wirkt mit seinen blassgrünen Wänden und dem grossen sterbenden Christus am Kreuz. Auf dem gleichen Platz sass Weichelt damals als Kantonsrätin. Vom Attentat erzählt sie so sachlich, als ob sie es lediglich aus der Zeitung kennen würde. Jenes Attentat, das Zug, ja die ganze Schweiz in Schockstarre versetzte.

Elf ihrer Kantonsratskolleginnen und -kollegen und drei Regierungsratsmitglieder hatte der Lagerist Leibacher in seinem Hass auf den Staat erschossen. Achtzehn weitere Ratsmitglieder und einige Medienleute verletzte er, teilweise sehr schwer. Der blindwütige Angriff habe insgesamt 2 Minuten und 34 Sekunden gedauert, stand später im untersuchungsrichterlichen Schlussbericht. Leibacher erschoss sich mit einer Pistole. Vorher hatte der Mann, der eine selbst gefertigte Polizeiuniform trug, noch einen Brandsatz gezündet.

«Es brennt, alle raus!», hörte Manuela Weichelt. Sie erhob sich vom Boden, suchte instinktiv ihre Mappe und ihren Hausschlüssel und verliess das Gebäude. Doch als sie draussen bemerkte, dass noch kein medizinisches Personal da war, deponierte sie ihre Tasche hinter einem Hydranten und ging wieder hinein. Die diplomierte Pflegefachfrau handelte wie automatisch. Sie überprüfte, ob der Attentäter wirklich tot sei. Dann half sie einem FDP-Kantonsrat auf einen Stuhl. Sein Gesicht war zerschossen. Die unterdessen eingetroffene Feuerwehr wollte den Mann nicht ohne Arzt ins Spital fahren. Manuela Weichelt übernahm die Verantwortung. Sie legte dem Schwerverletzten ein Tuch übers Gesicht, um ihn vor den Kameras zu schützen, und begleitete ihn im Feuerwehrauto ins Spital. Dort verlangte sie Spritzen und Morphium, und dann kehrte sie nochmals zurück. Nun waren Ärzte vor Ort. Sie übergab ihnen die Schmerzmittel, ging mit von Mensch zu Mensch. Auch zu ihrem Parteikollegen, Regierungsrat Hanspeter Uster. Er lehnte das Morphium anfänglich ab – als Justizdirektor dürfe er doch kein Rauschmittel bekommen. Weichelt insistierte. Seine Lunge war durchschossen.

Manuela Weichelt funktionierte stundenlang scheinbar unbeeindruckt. Als wären Körper und Gefühle voneinander getrennt. Nachdem alle Verletzten mit dem Krankenwagen oder dem Helikopter abgeholt waren, ging sie nach Hause und rief ihren Liebsten Arnim Picard in Deutschland im Büro an, um ihm zu sagen, dass sie noch lebe. «Logisch», antwortete der Maschineningenieur, der vom Attentat noch nichts gehört hatte und die Tragweite nicht sofort erfasste. Er müsse nun arbeiten. Als sie abends noch einmal anrief, war sein Chef am Telefon. Arnim sei bereits unterwegs zu ihr.

Ab Mitternacht ging dann für längere Zeit gar nichts mehr. Sie konnte keinen Satz mehr vollständig sagen, nichts mehr fehlerfrei schreiben. Sie nahm die Butter aus dem Kühlschrank, um zu frühstücken, ging stattdessen duschen und hatte nachher keine Ahnung mehr, warum die Butter auf dem Tisch stand. Sie war völlig desorientiert. Das Trauma zu verarbeiten, dauerte lange. Auch mit Therapie.

Arnim blieb mehrere Wochen in der Schweiz, um ihr beizustehen. Drei Monate nach dem Attentat heirateten die beiden. «Ich fand eigentlich, der Staat habe in unserer Beziehung nichts zu suchen», sagt sie. «Doch Arnim wollte Sicherheit, da er in Deutschland alles zurückliess, Freundeskreis, Arbeit, Haus. Das konnte ich verstehen.» Als Familiennamen wählten sie Weichelt. «Aus Gleichstellungssicht sehe ich nicht ein, warum Kinder einfach den Namen des Ehemannes bekommen sollen», erklärt sie. «Zudem werden fünfzig Prozent der Ehen geschieden, meistens sorgen danach die Frauen für die Kinder. Also war für mich klar, dass die Kinder Weichelt heissen sollen.»

Vorerst aber musste Manuela Weichelt sich im Berufs- und Politalltag wieder zurechtfinden. Sie kehrte nach vier Wochen mit einem halben Pensum an ihre Arbeit als Projektleiterin beim kantonalen Gesundheitsamt Graubünden zurück. Doch sie überforderte sich damit, es ging nicht. Wegen der posttraumatischen Belastungsstörung wurde sie erneut voll krankgeschrieben. «Ich musste einsehen, dass ich starke psychische Verletzungen hatte und die Heilung Zeit brauchte. Mein Arbeitgeber unterstützte mich die ganze Zeit unglaublich toll.» Nach neun Monaten konnte sie wieder voll arbeiten. Parallel dazu lief die Politik weiter. Zwar gingen die Politikerinnen und Politiker aller politischen Lager nach dem Attentat eine Weile rücksichtsvoller miteinander um, hörten einander aufmerksamer zu, griffen einander seltener persönlich an. Doch so viel war zu bewältigen: An all den Abschiedsritualen teilnehmen, die Fraktion zusammenhalten, sich immer wieder fragen, warum sie selber unverletzt blieb, während andere starben oder nun querschnittgelähmt im Rollstuhl sassen. «Das alles war so belastend, dass ich eine Pause brauchte, für mich selber.» Nach einem Jahr endete die Legislatur, und Manuela Weichelt kandidierte nicht mehr. Acht Jahre zuvor war sie mit 27 Jahren als damals jüngste Kantonsrätin gewählt worden. Nun verabschiedete sie sich aus der Politik.

«Ich lasse mich weder erpressen noch kaufen»

S ie pendelte von Zug in den Kanton Graubünden zur Arbeit, bekam die erste Tochter, fühlte während des sechsmonatigen Mutterschaftsurlaubs, wie ihr die Decke auf den Kopf fiel. Und vermisste die Politik. «Ich ärgerte mich darüber, was dort beschlossen wurde», sagt Manuela Weichelt. «Es war für mich einfacher gewesen, als ich selbst dabei war.» Sie wusste, dass die Alternative-Partei sie als mögliche Nachfolgerin von Regierungsrat Hanspeter Uster sah. Ihr war aber auch klar, dass sie bekannter werden musste, um eine Wahl zu schaffen. Als die grünen und alternativen Ortsparteien sich zusammenschlossen, stellte sie sich als erste kantonale Parteipräsidentin zur Verfügung. «Das ist ein sehr undankbarer Job: Man wird nicht bezahlt, hat viel zu tun, und man ist der Tubel vom Dienst», bemerkt Weichelt nüchtern. «Noch um Mitternacht bekommt man Anrufe mit Forderungen, was man alles machen solle. Ich staune, wie Petra Gössi das als nationale FDP-Präsidentin schafft.»

Doch Weichelts Einsatz lohnte sich. 2006 wählten die Zuger Stimmberechtigten sie in den Regierungsrat. Nach vier Jahren verblieb sie dort als einzige Linke, die ganzen zwölf Jahre als einzige Frau. Ihre Mittel in diesem stetigen Kampf aus der Minderheitsposition heraus: Fleiss, Beharrlichkeit und ein Mix aus Provokation und politischer Einbindung. Nun kam ihr zugute, was ihr schon immer wichtig gewesen war, sich mit dem Attentat von Zug aber noch verstärkt hatte. «Ich wurde wohl noch ein Stück eigenständiger, auch politisch», sagt sie nach längerem Nachdenken. «Das Attentat hat mir die Angst vor dem Tod genommen. Sterben muss ich allein. Ich will mir jeden Tag im Spiegel in die Augen schauen können. Also tue ich, was ich für richtig erachte. Und lasse mich weder erpressen noch kaufen.» Entsprechende Versuche gab es: So stellte ihr eine lokale Behörde in Aussicht, sie würde vor den nächsten Wahlen für Weichelt einen Auftritt organisieren, wenn diese dafür den Bau einer Waldhütte bewillige, am Gesetz vorbei. «Das sind Korruptionsversuche auf Gemeindeebene», bemerkt Weichelt trocken. «Für einige sind vor dem Gesetz nicht alle gleich.»

Nicht alle ihre Unterstellten verstanden, warum sie generell immer alles so genau nahm, genau wissen wollte. Viele empfanden sie als fordernd. Sie aber war überzeugt: Als Frau und Linke konnte sie sich keine Wissenslücke und schon gar keine Fehler leisten. Zumal der Zuger Korrespondent der Regionalzeitung mit Vorliebe gegen Linke anschrieb – er stoppte erst, als Weichelt nach zehn Jahren an den Ombudsmann gelangte. Und so wälzte Weichelt als Regierungsrätin Akten bis tief in die Nacht hinein. «Ich kenne keine linke Frau in

Steckbrief

Geboren
1967

Partei
Die Grünen

Aktuelles politisches Amt
Nationalrätin ZG

Besonderes
Sie überlebte das Attentat von Zug, gebar als Regierungsrätin eine Tochter und war als linke Frau in der bürgerlichen Regierung meistens in der Minderheit.

Erstes politisches Mandat
1994 als Kantonsrätin der linken Ortspartei «Frische Brise»

Familie
verheiratet, zwei Töchter: Rezia (* 2003) und Lina (* 2008)

Ausbildung
Pflegefachfrau, diplomierte Sozialarbeiterin, Master of Public Health

Die Familie: Beim zweiten Kind reduzierte Ehemann Arnim Picard Weichelt sein Pensum anfänglich auf 30 Prozent.
Foto: Fabrice Bouverat

einer solchen Position, die es ohne diesen Aufwand geschafft hätte», sagt sie, als sie das Parlamentsgebäude verlässt und hügelaufwärts zu ihrem Haus spaziert. Sie sagt es leise, nachdenklich. Der Fleiss hatte seinen Preis. Ihre Prioritäten standen für sie immer fest: «Zuerst die Arbeit, dann die Kinder, dann mein Mann. Dann ich. Für mich blieb in dieser Zeit nichts.» Kein Halbmarathon mehr, keine Sauna, keine Musse. War sie über längere Zeit wegen ihrer vielen Abendtermine daheim nicht präsent, kroch die kleine Tochter nachts zu ihr ins Bett, legte sich neben sie – und hielt ihr Ohr fest.

Energie schöpfte Weichelt aus der Arbeit. Wenn es ihr wieder mal gelungen war, ihren bürgerlichen Kollegen ein Schnippchen zu schlagen und gleichzeitig etwas für Minderheiten zu bewirken, konnte sie sich diebisch freuen. So lehnten ihre Regierungskollegen einen stattlichen Beitrag ans Anna Göldi Museum im Kanton Glarus ab. Weichelt wollte das Museum über die letzte legal hingerichtete «Hexe» jedoch unbedingt unterstützen.

Sie sprach in Eigenregie 10000 Franken – genau so viel, wie sie ohne Regierungsratsbeschluss aus dem Lotteriefonds ausgeben durfte. Als sie später Regierungspräsidentin wurde, konnte sie es sich nicht verkneifen, beim Besuch der Glarner Regierung einen Ausflug in dieses Museum zu organisieren. Und die Kollegen auf die Spendentafel hinzuweisen, auf welcher der Kanton Zug aufgeführt ist.

«Wenn ich von einem Entscheid
überzeugt bin, fälle ich ihn –
auch wenn er als Provokation
ankommen kann»

Noch grösser war der öffentliche Sturm der Entrüstung, als sie kurzfristig vorübergehend eine neue Leitung brauchte für die Betreuung der Asylsuchenden. Und damit ausgerechnet einen Pater betraute, der früher Asylsuchende versteckt hatte. «Wenn ich von einem Entscheid überzeugt bin, fälle ich ihn – auch wenn ich weiss, dass er als Provokation ankommen kann und ich die Folgen davon nicht immer mag», sagt sie. «Ich ertrage viel. Solange ich kann, vertrete ich Gruppen, welche die Energie und den Mut dafür nicht selber haben.»

Sie kann sogar provozieren, wenn sie politische Gegner einbindet. Einen Gründervater der Zuger SVP bat sie vor einer Wahl um ein Testimonial. Darin liess er sich zitieren, er habe zwar das Heu nicht auf der gleichen Bühne wie Manuela, aber er wähle sie. In seiner Partei sorgte dies für so viel Ärger, dass sogar diskutiert wurde, ihn auszuschliessen. Noch heute nennt man ihn in Walchwil spasseshalber «Herr Weichelt». Die beiden treffen sich einmal jährlich zum Essen und amüsieren sich königlich über ihren gemeinsamen Coup.

Der Weg zur Familie Weichelt führt an einer Fachmittelschule vorbei. Ein Mann, der den Platz wischt, ruft Manuela Weichelt einen Gruss zu. Sie duzen einander. Die beiden kennen sich von der traditionellen «Rötelprobe», einem

Essen, zu dem sie als Vorsteherin der Direktion des Inneren – als «oberste Fischerin» – jährlich einladen durfte, um den Rötellaichfischfang freizugeben. Statt Politiker und andere Einflussreiche lud sie Hauswarte, Sozialhilfebeziehende und Personen mit körperlichen Einschränkungen ein. Menschen, die nicht oft eingeladen werden, selten ein Dankeschön hören oder eher auf der Schattenseite des Lebens stehen.

Diese kleinen Triumphe genoss sie umso mehr, als grössere Siege im Regierungsrat selten waren, nur schon wegen der politischen Mehrheitsverhältnisse. Sie schaffte es zwar, den Frauenanteil in den Kaderpositionen ihres Departements von 0 auf 50 Prozent zu steigern. Als Weichelt jedoch den Posten ihrer Generalsekretärin im Jobsharing besetzen wollte, widersetzten sich ihr ihre Regierungskollegen. Sie forderten von ihr, über Ostern ein Argumentarium und ein Konzept zu schreiben. Erst danach, und nach viel Überzeugungsarbeit, stimmten sie dem Arbeitsmodell für ihre engsten Mitarbeitenden zu. Kaum Erfolg hatte sie damit, Männer in ihrem Departement zu Teilzeitarbeit zu motivieren. Die meisten waren schlicht nicht interessiert. Und das Gleichstellungsgesetz, das sie mit viel Engagement ausgearbeitet hatte, scheiterte knapp im Parlament. «Nicht mal alle Frauen waren dafür», ärgert sie sich noch heute. «Nach aussen blieb ich ruhig. Aber im Innern brodelte es.» Ein SVP-Mitglied beschrieb sie in einem Leserbrief in ihrer Rolle als Regierungsmitglied zwar bei anderer Gelegenheit als «alternatives doppelköpfiges Raubtier, das die gestandenen bürgerlichen Männer zu Stubentigern und Lämmchen degradiert.» Doch darüber kann sie nur lachen. Sie fühlte sich vom Gremium oft selber degradiert.

Das Haus, das Familie Weichelt bewohnt, liegt am Hang in einem ruhigen Zuger Quartier. Im Eingangsbereich hängt an der altrosa gestrichenen Wand eine Metalltafel mit dem Schriftzug «Alle sagten: Das geht nicht. Dann kam einer, der wusste das nicht, und hats einfach gemacht.» Darauf angesprochen, lacht Weichelt. «Das ging mir am Anfang als Regierungsrätin häufig so. Auf meine Anweisungen hin hiess es oft, man habe das aber immer anders gemacht. Ich antwortete: Und ich will es jetzt so. Meistens klappte es dann auch.»

Im oberen Stock steht eine Harfe in der Stube. Die eine Tochter spielt auf ihr, die andere bevorzugt Wald- und Alphorn. Durchs Fenster sieht man in der Ferne ein Stück Zugersee glitzern. Das Haus gehört den Eltern von

Freunden. «Ich musste mich zuerst daran gewöhnen, nicht mehr im pulsierenden Zentrum der Stadt zu wohnen», kommentiert Weichelt. Sie hatte sich in der Altstadt, in einer kleinräumigen Fünfzimmerwohnung, sehr wohlgefühlt. Doch das Gebäude, zu dem ihre ehemalige Mietwohnung gehörte, wurde luxussaniert, während des Umbaus zogen alle aus. Kaufen konnte die Familie nichts. Unter zwei Millionen Franken sei in Zug kein Haus zu finden gewesen.

In der Altstadtwohnung hatte Manuela Weichelt die zweite Tochter zur Welt gebracht. Und dies als amtierende Regierungsrätin. Eine Premiere für Zug, ein äusserst seltenes Ereignis für die Schweiz. Diesmal war von Anfang an klar: Nicht sie würde in Mutterschaftsurlaub gehen, sondern Arnim würde sechs Monate unbezahlt frei nehmen. «Wir waren privilegiert und konnten uns das leisten. Eigentlich sollte das aber für alle möglich sein», sagt sie. Nach drei Tagen war sie erstmals wieder im Büro. «Ich wollte nicht, dass die Bürgerlichen meine Geschäfte behandeln.» Sitzungen mit ihrem Team fanden die ersten zwei Wochen bei ihr in der Wohnung statt, in nächster Nähe zum Regierungsgebäude. Danach war sie wieder voll an Bord. Nur auf Abendveranstaltungen verzichtete sie während vierzehn Wochen.

Dass sie ihre Arbeit ausgerechnet in der Sommerzeit wiederaufnehmen konnte, dann, wenn es auch für Regierungsmitglieder eher ruhig und erholsam zu- und hergeht, war kein Zufall: Sie hatte den Zeitpunkt der zweiten Schwangerschaft, wie so vieles anderes auch, genau geplant. Und die Natur hatte mitgespielt.

Papa Arnim trug das Bébé wenn nötig stundenlang im Tuch durch die Stadt. Was ihm Anerkennung eintrug und manche Einladung zum Mittagessen. Alle drei Stunden brachte er das Töchterchen zu Mama Manuela zum Stillen. Auch dann, wenn diese gerade an einer Regierungssitzung teilnahm. «Dann passierte Wundersames mit den Alphamännchen im Saal», erzählte der Zuger Stadtpräsident später in einer Rede – er schien sehr genau informiert zu sein über die Geschehnisse im Regierungsrat. «Schreiber Tino begann sich leicht verschämt von Mutter Manuela abzuwenden, und die Herren Kollegen starrten gebannt auf ihre Akten und wagten kaum mehr zu atmen – bis Manuela fragte: ‹Tino, was hesch, han ich denn so ne hässlichi Tochter?› Das löste den Bann.»

Regierungsrätin Manuela Weichelt 2008 mit Bébé Lina im Büro. Sie stillte auch während Regierungssitzungen.
Foto: Zuger Zeitung / Werner Schelbert

«Mir wurde bewusst, wie schnell es vorbei sein kann»

Manuela Weichelt gab dazu auch Interviews. Sie wollte darauf hinweisen, dass berufstätige Mütter ein Anrecht darauf haben, ihr Kind zu stillen. Und vorleben, wie eine Frau mit Kindern Karriere machen kann. «Die wichtigste Voraussetzung dafür ist allerdings ein Mann, der dies auch mitträgt», sagt Weichelt. Sie und Arnim hatten sich früh darauf geeinigt, dass hauptsächlich er zuständig sein würde, wenn die Kinder noch klein sind. Und sie, wenn sie zu Teenagern würden. Für Manuela Weichelt war nach dem Attentat noch klarer geworden, dass ihre Kinder immer mehrere Bezugspersonen haben sollten. «Mir wurde bewusst, wie schnell es vorbei sein kann. Die Kinder wären dann völlig verloren, wären sie allein auf mich fixiert.»

Die Anfangsphase mit dem zweiten Kind war eine Herausforderung für die Beziehung. Mit Szenen, die viele übernächtigte junge Eltern kennen, klassischerweise jedoch mit anderer Rollenverteilung: Sie kommt heim, er schnauzt sie an, sie solle mit Wickeln weitermachen. Sie beginnt zu wickeln, er kritisiert, das gehe anders. Dann verschwindet er in der Küche, um bald darauf zu rufen, sie solle endlich kommen. Das Essen werde kalt.

Ähnlich die Situation bei den Arbeitspensen: Sie war voll erwerbstätig, er begann nach der Geburt der zweiten Tochter mit einem 30-Prozent-Pensum und steigerte es über die Jahre auf 80 Prozent. Die Kinder besuchten tageweise die Kindertagesstätte und später die Tagesschule.

Von einer traditionellen Rollenverteilung mit umgekehrten Vorzeichen will Manuela Weichelt trotz alledem nichts wissen. Mit Vehemenz betont sie, wie sie Kinderarzttermine wahrgenommen, Geburtstage vorbereitet, Gspänli organisiert, den Christbaum geschmückt und Adventssäckli gefüllt habe. «Ich kenne keinen Mann mit klassischer Rollenteilung, der sich um all diese Dinge kümmern würde!» Sie habe die Freiheiten einer Regierungsrätin auch dazu genutzt, Sitzungen so zu legen, dass sie nicht mit Schulterminen kollidierten. «Das ist ganz generell ein riesiges Privileg in einer solchen Position. Niemand schreibt vor, wie und wann man etwas zu machen habe.»

Auf dem Esstisch hat Manuela Weichelt Zeitungsartikel über sich und über das Attentat ausgelegt, Wahlmaterial und andere Unterlagen. Darin könne die Autorin stöbern, während sie selbst einen Journalisten zurückrufe. Im Lauf ihrer Karriere habe sie im Umgang mit den Medien gelernt: nicht zu viel sagen, sich auf das konzentrieren, was einem wirklich wichtig ist. Und hat man das gefragte Thema nicht gerade präsent, fragen, ob man in einer Stunde zurückrufen könne. So verschaffe man sich Zeit, sich zu informieren.

Bereits mit dem Telefon in der Hand, serviert sie Panettone. Und einen Kaffee. Die Milch darin flockt. Sie entschuldigt sich, drückt nochmals auf den Knopf der Kaffeemaschine und lacht herzlich. «Ich bin eben keine Hausfrau! Fürs Kochen ist bei uns Arnim zuständig.»

Wie anders hatte doch ihre Mutter gelebt. Diese hatte als fünftes Kind der Familie den Wunschberuf Handarbeitslehrerin nicht erlernen dürfen – sie würde ja sowieso heiraten. Eine Verkäuferinnenlehre sollte genügen. Als sie dann ihren Mann ehelichte – einen Angestellten der Eidgenössischen Zollverwaltung – wollte dieser nicht, dass seine Frau ausser Haus arbeitet. Auch ein eigenes Konto besass sie nicht. Sie lenkte ihren ganzen Ehrgeiz in

«Wenn wir keine Quoten festlegen, werden wir erst in 50 oder 60 Jahren Fortschritte erzielen. So lange können die Frauen nicht warten»

Offizieller Auftritt als Staatsrätin in Genf.

Nathalie Fontanet in der Strasse des Genfer Rathauses (r.).

Nathalie Fontanet

Staatsrätin Genf

«Es gibt kompetente Frauen, wir müssen uns nur die Mühe machen, sie zu finden»

Genf, Montag, 2. November 2020. Die Stimmung ist gedrückt und traurig, trotz der strahlenden Sonne. Um 19 Uhr wird der Kanton als erster in der Schweiz erneut in einen Teil-Lockdown gehen. Die zweite Welle der Covid-19-Pandemie hat Genf erfasst. Schliessung von Läden, die nicht für den täglichen Bedarf zuständig sind, von Bars und Restaurants. Wer kann, soll zurück ins Homeoffice. Die Hôpitaux Universitaires de Genève sind am Anschlag, die Regierung des Kantons befürchtet eine Katastrophe. «Es ist brutal. Äusserst brutal», sagt Nathalie Fontanet, Staatsrätin und Vorsteherin des Finanz- und Personaldepartements der Genfer Regierung.

Damit nicht genug – seit zwei Jahren befindet sich die Kantonsregierung genau wie Nathalie Fontanets Partei, die FDP, in einer Dauerkrise. Auslöser dieser Krise, die die Stimmung im ganzen Kanton vergiftet, ist der skandalumwitterte ehemalige Wunderknabe der Genfer Politik, Pierre Maudet. Es geht um eine Luxusreise in die Vereinigten Arabischen Emirate auf Kosten der Regierung in Abu Dhabi und um eine zweifelhafte Finanzierung einer Politumfrage. Auch nach seinem Ausschluss aus der FDP klammert sich Maudet blind für jegliche Realität an sein Amt. Fünf Tage vor diesem Gespräch hat die Krise ihren Höhepunkt erreicht. Maudet wurde wegen seines Führungsstils angeprangert, der Entzug des Departements für Wirtschaftsförderung war die Folge. Am nächsten Tag wird er seinen Rücktritt bekanntgeben, mit der Ankündigung, dass er bei der Nachfolgewahl erneut kandidieren und bis dahin im Amt bleiben werde. Ein Staatsrat ohne Ressort, in

Opposition zur gesamten übrigen Regierung, und das für ganze vier Monate. Nathalie Fontanet muss einspringen und Maudets Departement von einem Tag auf den anderen übernehmen. Die Schwere seiner Taten macht ihren ehemaligen Parteifreund untragbar. Ausserdem kritisiert er die Entscheidungen des Gremiums, dem er nach wie vor angehört. «Er ist auf dem Kriegspfad», seufzt die Politikerin.

Auch auf der Strasse herrscht Unmut. Es ist erst vier Tage her, dass über 4000 Angehörige des öffentlichen Dienstes gegen Fontanets Budgetvorschlag demonstriert haben. Der Grund für ihre Wut: eine lineare Lohnkürzung um ein Prozent, verteilt auf vier Jahre. Die Genfer Staatskasse ist gähnend leer, zudem soll diese Geste einen Solidaritätsbeweis für den von der Pandemie gebeutelten Privatsektor darstellen. Dieses Argument kann allerdings nicht überzeugen. Vor allem die vom Kampf gegen das Coronavirus erschöpften Pflegerinnen und Pfleger empören sich über die geplanten Lohnkürzungen. Nathalie Fontanet ist nur schwer zu erschüttern, aber allmählich wirkt sich der Druck auch auf sie aus. «Grundsätzlich kann ich einiges aushalten, aber so langsam spüre ich die Anspannung … Na ja, es ist, wie es ist, also weiter im Text.»

Die Sitzung, die an jenem Montag, 2. November, um 11.15 Uhr ansteht, ist also eine Krisensitzung. Nathalie Fontanet berät sich mit dem Kommunikationsteam und dem Generalsekretär ihres Amts. Einmal mehr weist sie darauf hin, dass alle Kantonsangestellten ihre Arbeit nach Möglichkeit im Homeoffice zu erbringen haben. Dies darf die Leistungsfähigkeit des Staates aber nicht beeinträchtigen. «Wir müssen auch überlegen, wie wir uns hier am besten organisieren. Ich bin darauf angewiesen, dass der Laden läuft, denn ich werde wesentlich mehr zu tun haben als im ersten Teil-Lockdown.» Zuoberst auf der Agenda: eine Sitzung mit dem frisch übernommenen Wirtschaftsdepartement, denn Nathalie Fontanet soll sich am nächsten Tag mit den Vertretern der Arbeitgeber treffen. In diesen Kreisen herrscht grosse Unzufriedenheit über die staatlich verordneten Schliessungen. Es geht darum, alle an einen Tisch zu bringen, den Ärger zu besänftigen und in Brainstormings Ideen zur Unterstützung der betroffenen Sektoren zu finden. Einmalhilfen für alle Ladenbetreiber? Konsumgutscheine? À-fonds-perdu-Hilfen? Alles muss in Betracht gezogen werden. Und dann ist die Kommunikation an der Reihe: Sie muss klarstellen, dass die aktuellen Turbulenzen in der Exekutive den Geschäftsgang nicht berühren.

Seit 2018 im Amt: Staatsrätin Nathalie Fontanet zeigt als Vorsteherin des Finanz- und Personaldepartements von Anbeginn Führungsstärke.

Ihre Stabschefin meldet sich von ausserhalb, per Telefonkonferenz: «Wir brauchen eine Vision, ein Projekt.» Sie ist zwar im Mutterschaftsurlaub, es liegt ihr aber daran, sich in dieser ausserordentlichen Lage mit einzubringen. In einer Randbemerkung erwähnt Nathalie Fontanet, dass die junge Frau sie schon im Bewerbungsverfahren über ihr Babyprojekt informiert hatte. «Rein persönlich kam mir das natürlich ungelegen. Eine Person in einer Schlüsselfunktion für meine Arbeit plant fünf Monate Mutterschaftsurlaub? Aber ich sagte mir: Wofür stehe ich eigentlich? Geht es nicht darum, dass Frauen ebenso Karriere machen können wie Männer? Ganz genau. Wie kann ich dann bei anderen, zum Beispiel privaten Unternehmen, die berufliche Gleichstellung einfordern und mich in meinem Amt nicht an diesen Anspruch halten? Sie entsprach allen Anforderungen, also habe ich sie eingestellt. So ist das Leben …»

Nach der Sitzung eilt sie nach Hause. Sie muss Zahlungen machen, und ihre Bankkarten liegen noch im Schlafzimmer. «Ich hatte sie herausgenommen, um eine Gemüsekiste zu bestellen, und dann vergessen... In all dem Durcheinander habe ich es am Samstag nämlich nicht auf den Markt geschafft.» Sie lacht: «Und es geht einfach nicht, dass ich in diesem Teil-Lockdown nur Guetzli esse!» Zeitnot in stürmischen Zeiten: Gewöhnlich verbringt Nathalie Fontanet jeden Montagmittag mit Alexis, ihrem vierjährigen Enkel. Es liegt ihr viel daran, ihn regelmässig zu sehen. Aber an diesem Montag ist die Familienzeit gestrichen: Eine Krisensitzung jagt die andere. Für 14.15 Uhr hat sie eine Lagebesprechung mit ihrem Generalsekretariat angeordnet. «In der Teeküche steht Schokolade für alle», so eröffnet sie die Sitzung mit ihren zwölf Mitarbeitenden. Hinter der Maske lässt sich ihr breites Lächeln erahnen. Ein Moment der Ruhe vor dem Sturm: «Ganz ehrlich, dieses Mal wird es brutal. Ich bin auf Sie und alle anderen angewiesen.» Speditiv und bestimmt lotst sie durch die Dossiers:

«Soll das ein Witz sein? Wer hat das entschieden? Ich brauche sechs Zeilen zum Pro und Kontra für dieses Projekt.» – «Die Gewerkschaften? Wir treffen uns dreimal mit ihnen: Beim ersten Mal hören wir zu, beim zweiten Mal bringen wir Vorschläge ein, beim dritten Mal wird entschieden.» – «Was sind das für Zahlen? Ich muss das Dossier im Grossen Rat verteidigen. Ohne zuverlässige Zahlen geht das nicht.»

Nach dreissig Minuten ist alles besprochen. Sie führt straff und trifft zugleich immer den richtigen Ton. Eindeutig eine Frau mit Führungsqualitäten.

Der kleinen Nathalie Ugols, die 1965 als Tochter französischer Eltern mit russisch-polnischem Hintergrund zur Welt kam, war eine solche Aufgabe jedoch nicht vorherbestimmt. Solange sie denken kann, hatte sie nur einen Wunsch: Als Mutter einer Grossfamilie zu leben, ganz anders als in ihrer Herkunftsfamilie. Ihr Vater, ein Geschäftsmann, der im Kunststein- und Seifenhandel tätig war, war grösstenteils auf Reisen. Ihre Mutter war zwar zu Hause, kümmerte sich aber wenig um ihre beiden Kinder – dafür war das Au-pair-Mädchen da. In diesem bürgerlichen Genfer Milieu hegten ihre Eltern kaum Ambitionen für sie. «Meine jüngere Schwester galt als gescheit. Und dann gab es da noch mich, die verheiratet werden musste und Kinder haben würde. Das waren so ungefähr die Schubladen, in die man uns gesteckt hat.» Und so kam es auch. An den Maturprüfungen war sie knapp zwanzig –

und schwanger. Ihr zukünftiger Ehemann und sie waren sich einig: Sie würde sich der Familie widmen. Trotz Immatrikulation würde sie nicht Jura studieren. Zumindest nicht sofort.

Nach der Geburt von Mélanie folgen Stéphanie und Aurélie. «Ich liebe Kinder, sie sind das Schönste der Welt. Ich habe mich vierzehn Jahre lang ausschliesslich um meine Töchter gekümmert. Nur um sie und um meinen Mann. Es war ein Traum, den ich mir erfüllt habe. Wenn sie glücklich waren, war ich es auch.» Mit den Jahren wächst in ihr aber der Wunsch, sich eine Existenz ausserhalb des häuslichen Umfelds aufzubauen. Nach der Geburt ihres zweiten Kindes überlegt sie, ob sie sich noch einmal für Jura immatrikulieren soll. «Mein Mann und ich haben die Frage durchgesprochen. Wir kamen zum Schluss, dass seine Arbeit ihn sehr beanspruchte und dass es uns zugleich wichtig war, dass einer von uns zu Hause präsent ist.» So bleibt sie zu Hause als Gattin eines prominenten Genfer Anwalts und als Hausfrau; eine andere Möglichkeit gibt es in diesem traditionellen Modell nicht. Aber als Nathalie Fontanet 34 ist, zerbricht das Lebensmodell in tausend Stücke: Das Paar lässt sich scheiden. Zu erleben, wie sich der eigene Lebensplan auflöst – eine äusserst schmerzhafte Erfahrung. Und dann die alles entscheidende Frage «Wie weiter?». «In diesem Moment wurde mir wirklich bewusst, dass ich keinen Beruf, keine Ausbildung und keine zweite Säule hatte. Ich fragte mich: Soll ich sofort eine Stelle suchen? Suche ich einen neuen Ehemann, der mir ein Auskommen bietet? Mache ich eine Ausbildung, um unabhängiger zu werden?»

Steckbrief

Geboren
1965

Partei
FDP

Aktuelles politisches Amt
Staatsrätin GE

Besonderes
Vierzehn Jahre lang war sie Hausfrau, bevor sie Jura studierte und sich in der Politik engagierte.

Erstes politisches Mandat
2003 als Gemeinderätin (Legislative) in der Stadt Genf

Familie
geschieden, drei Kinder: Mélanie (*1985), Stéphanie (*1988), Aurélie (*1991)

Ausbildung
Rechtsanwältin

«Ich muss nicht gescheit oder brillant sein. Es reicht, wenn ich hart arbeite»

Was auch immer geschieht, Nathalie Fontanet lässt sich nicht so schnell entmutigen. Der Kummer vergeht, der Wunsch, sich weiterzuentwickeln, setzt sich durch: Sie verhandelt mit ihrem Ex-Mann und erhält Unterhalt für acht Jahre. Jetzt kann sie endlich Jura studieren. Nun muss sie «nur» noch ihre abgrundtiefen Zweifel an ihren Fähigkeiten und ihr «Hochstaplersyndrom» überwinden, das Gefühl, ihren Platz zu Unrecht einzunehmen. Ihr inzwischen verstorbener Ex-Schwiegervater, ebenfalls Anwalt, findet die Worte, die ihr Halt geben: Manche Studierende sind Genies, manche arbeiten hart. Arbeite hart, und du wirst Erfolg haben. «Er hat mir eine tonnenschwere Last von den Schultern genommen, denn ich konnte mir sagen: Ich muss nicht gescheit oder brillant sein. Es reicht, wenn ich hart arbeite.»

Ihr fehlen die Worte, um ihren nächsten Lebensabschnitt richtig zu beschreiben: «Einzigartig, unglaublich, absolut genial.» Ihre Mitstudierenden sprechen sie zunächst mit «Madame» an, aber sie schliesst rasch Freundschaften. Abends lernen sie gemeinsam bei ihr zu Hause, da sie für ihre Töchter sorgen muss, die vierzehn, zehn und acht Jahre alt sind. Die Mutter und nun auch Studentin kocht für die ganze Lerngruppe: «Ich habe immer grosse Apfelwähen gebacken, die Mädchen haben mit uns gegessen, es war ganz toll.» Ihre Eltern unterstützen sie: Sie bringen die Mädchen zur Schule oder zum Arzt. Auch ihre grosse Tochter hilft mit, kümmert sich um die beiden kleineren. An den Wochenenden geht Nathalie Fontanet mit ihrer jüngsten Tochter und deren Freundinnen in den Park. Sie setzt sich mit ihren Ordnern und Post-its auf eine Bank, während die Mädchen um sie herumrennen. «Meine Töchter hatten es nicht leicht, als ich von einer immer verfügbaren Vollzeitmutter zu einer vielbeschäftigten Studentin und Mutter wurde. Aber wir stehen uns sehr nahe und sie haben mich sehr ermutigt. Nie wieder wohnte ein Mann bei uns, und so sind wir eine eingeschweisste ‹Frauen-Viererbande› geblieben.»

Vier Jahre lang vertieft sie sich, kaum dass die Mädchen in der Schule oder im Bett sind oder am Wochenende, in ihre Bücher und lernt mit Begeisterung. Sie erzielt brillante Noten. In den Semesterferien arbeitet sie, um die «vierzehnjährige Lücke» in ihrem Lebenslauf zu füllen. Bei der Stellensuche aktiviert sie ihr Netzwerk: erst eine Bekannte im Bankwesen, dann eine Nachbarin, die sie beim Spaziergang mit ihrem Hund trifft. Sie erklärt ihre Lage, gibt an, was sie interessiert, und öffnet sich Türen. «Ich hatte nur die Erfahrungen, die man als Teenager so macht: Babysitten, Sommerjobs in Kaufhäusern. Wenn Sie sich vierzehn Jahre lang um Ihre Kinder gekümmert haben, schreibt Ihnen niemand eine Referenz, dass Sie zuverlässig sind. Und ohne ein einziges Arbeitszeugnis konnte ich mir eine Stellensuche schlicht und einfach nicht vorstellen.» Auch bei der Suche nach einem zweijährigen Anwaltspraktikum kommt das Netzwerk zum Zug: Der Vater eines Mitstudenten stellt sie ein. Unvorstellbare Arbeitszeiten, gnadenlose Deadlines, spannende Arbeit: Sie liebt es, gibt 200 Prozent, besteht die Anwaltsprüfung im ersten Anlauf. Karriere macht sie aber nicht als Anwältin, sondern in der Rechtsabteilung einer örtlichen Grossbank. «Ich wäre unheimlich gerne Anwältin geworden, aber am Anfang muss man hart kämpfen, und ich hatte gerade begonnen, mich politisch zu engagieren. Meine Kinder, die Politik und eine Position als Anwältin – das wäre effektiv zu viel gewesen. Bei der Bank gibt es einigermassen feste Arbeitszeiten, da muss man nicht jedes Wochenende im Einsatz stehen. Und ich fand es wichtig, trotz allem für meine Kinder da zu sein.»

Wenn also Nathalie Fontanet über die fehlende Gleichstellung spricht, so ist dies mitten aus dem Leben gegriffen. Ihr Lebenslauf hat sie zu einer Feministin aus dem rechten Parteienspektrum gemacht – kämpferisch und durchsetzungsfähig. Eine FDP-Frau am Frauenstreik 2019, eine FDP-Frau, die sich für Elternzeit und für verbindliche Frauenquoten ausspricht. «Männer berufen Männer, das ist ein echtes Problem: Zu oft sind es immer noch die am besten vernetzten Männer, die ihre Kollegen berufen. Die Aussage, die mich am meisten entsetzt: Quoten sorgen angeblich dafür, dass kompetente Männer durch inkompetente Frauen ersetzt werden. Das ist fürchterlich, denn heutzutage beträgt der Frauenanteil in den Verwaltungsräten von Schweizer Firmen ganze 17 Prozent. Aber es gibt kompetente Frauen! Wir müssen uns nur die Mühe machen, sie zu finden, und sie bereits am Anfang ihrer Karriere vorbereiten. Zunächst auf Führungspositionen, dann auf Positionen in der Geschäftsleitung. Sowohl in den staatlichen Institutionen als auch in der Privatwirtschaft müssen wir wissen,

wann sich Frauen innerlich ausklinken und weshalb sie in den Organi-
grammen keine oberen Positionen bekleiden. Wenn wir keine Quoten
festlegen, werden wir erst in fünfzig oder sechzig Jahren Fortschritte erzielen. So lange können die Frauen nicht warten.» Immer wenn Nathalie
Fontanet in ihrem Amt Führungskräfte aus der Wirtschaft trifft, wiederholt
sie diese Ansage mit Nachdruck. Frauenquoten sind auch der Inhalt eines
Gesetzesentwurfs zur paritätischen Besetzung der leitenden kantonalen
Organe. Derzeit beträgt der Frauenanteil in den 23 Verwaltungs- und Stif-
tungsräten der öffentlich-rechtlichen Institutionen nicht einmal 33 Prozent.
In den 112 offiziellen Kommissionen des Kantons – die sich zum Beispiel mit
der Spitalplanung, Steuerfragen oder der Raumplanung befassen – beträgt
der Frauenanteil 35 Prozent.

Die Tatsache, dass Nathalie Fontanet eine Frau ist, hat auch ihre politische Laufbahn geprägt. Ihr Ex-Mann ist der ehemalige Präsident der Genfer
CVP (heute Die Mitte) und ihr verstorbener früherer Schwiegervater war

Staatsrat für diese Partei. Als sie sich in die Politik wagt – «um anderen zu helfen und nicht nur zu motzen» – wendet sie sich ebenfalls an die CVP. Zwar sind die Beziehungen zwischen ihr und ihrem früheren Ehemann ausgezeichnet, dennoch nimmt die Partei ihr Interesse mit Unbehagen zur Kenntnis. Die tonangebenden Parteimitglieder machen ihr klar, dass ihr Name in Kombination mit der Scheidungsgeschichte nicht recht zur CVP passe. Damit treiben sie sie der FDP in die Arme, wo ihr bester Freund, der heutige Generalstaatsanwalt des Kantons Genf, sie auf die Liste für die Gemeinderatswahlen setzen will. Einerseits sucht die Partei nach Frauen, andererseits überzeugen die liberalen Werte Nathalie Fontanet. Sie träumt von einer strafferen Schule, einem effizienteren Staat, einer sichereren Stadt mit weniger Schulden – und versteht sich dabei als humanistische Liberale. «Ich habe mir gesagt: Perfekt, dies entspricht genau dem, was ich will!» Die Familie ihres Ex-Mannes stärkt ihr den Rücken, sie kandidiert und wird auf Anhieb in den Gemeinderat gewählt. Ihr Name hat zweifellos ein wenig zu ihrem Erfolg beigetragen, genauso wie ihr Lebenslauf und ihre Persönlichkeit. Der Genferin fällt es leicht, Kontakte zu knüpfen, sie lacht gerne und liebt den Wahlkampf «bi de Lüüt», sie mag es, mit Argumenten zu überzeugen und unterhält sich auch ganz einfach gerne. Ihre Aussagen sind klar, sie kennt ihre Überzeugungskraft.

Einmal in der politischen Arena angekommen, geht sie nicht auf Konfrontationskurs, sondern sucht Lösungen, wie es ihrem Naturell entspricht. Sie will über die rein parteipolitische Logik hinausdenken und Kompromisse finden. Konkrete Projekte vertreten, nicht abstrakte Ideen. Auf den Gemeinderat folgen der Grosse Rat und die Position der FDP-Fraktionsvorsitzenden. Hier legt sie die Karten auf den Tisch: «Ich wollte diese Position, weil sie Verhandlungen mit anderen Parteien mit sich bringt und ich das unheimlich interessant finde. Wir machen einen kleinen Schritt über die parteipolitischen Dogmen hinaus. Das Gemeinwohl steht im Zentrum. Was zählt für eine bestimmte Fraktion, was zählt für meine Fraktion? Wie finden wir einen Weg, bei dem sich alle einbringen können? Diese Herangehensweise, diese Ansätze sind absolut fantastisch.»

Im Jahr 2012 hat Nathalie Fontanet erstmals ernsthafte Chancen auf ein Amt in der Exekutive. Ein Parteikollege wird wegen einer schmutzigen Schlägerei in einem Nachtclub untragbar. Gelyncht von den Medien, tritt Mark Muller aus dem Staatsrat zurück und wird durch den aufstrebenden

Neuling Pierre Maudet ersetzt. Maudets Sitz in der Exekutive der Stadt Genf ist daher vakant. Die Frau, die vor fünf Jahren ohne grosse Erfolgsaussichten ihre Kandidatur angemeldet hatte, befindet sich nun auf der Überholspur. Und doch will sie nicht antreten. «Die Wut der Medien auf Mark Muller fand ich abscheulich. Ich hatte das Gefühl, dass sie ihn effektiv aus dem Amt drängen wollten, und so sagte ich mir, dass ich kein Amt in der Exekutive anstreben wolle, um nicht derart exponiert zu sein. Die menschliche Seite wird meiner Meinung nach ausser Acht gelassen, und das ist für mich sehr schmerzhaft.» Die Zeit entkräftet ihre Vorbehalte allerdings, und allmählich liebäugelt sie mit dem Staatsrat. «Der Gedanke, eine Vision umzusetzen, parteiübergreifend für das Gemeinwohl zu arbeiten, das hat mich fasziniert. In einer Exekutive ist der Freiraum grösser als in einem Parlament. Eine aussergewöhnliche Chance, da man das vorantreiben kann, was einen im Innersten bewegt.» Im Jahr 2018 kandidiert Nathalie Fontanet zum ersten Mal für den Staatsrat: mit Erfolg – sie wird zur Vorsteherin des Finanz- und Personaldepartements ernannt. Eigentlich träumte sie von anderen Departementen, aber immerhin beansprucht sie die Gleichstellungsstelle, eines ihrer Herzensanliegen, mit Erfolg.

«Der Gedanke, eine Vision umzusetzen, parteiübergreifend für das Gemeinwohl zu arbeiten, das hat mich fasziniert»

An diesem 2. November findet sie übrigens Zeit, um zusammen mit der Leiterin der Fachstelle eine Medienkonferenz zum Thema «Häusliche Gewalt» abzuhalten. In einem der stuckverzierten Räume des Rathauses sitzt sie auf einem rehbraunen, mit Bronzenägeln beschlagenen Ledersessel und legt die Fakten auf den Tisch: Anstieg bei den «Wegweisungen wegen häuslicher Gewalt» um 8 Prozent, bei der Hälfte der verübten Gewalttaten im Kanton Genf handelt es sich um häusliche Gewalt,

Zeugen von Vorfällen aller Art sollen die Polizei rufen, es handelt sich um ein dringliches Problem. Frauenfragen stehen in ihrer Agenda ganz oben; sie will dieses Thema keinesfalls der Linken überlassen. «Hier bin ich mit dem Herzen dabei: als rechtsgerichtete Politikerin vertrete ich Projekte für Lohngleichheit, Schutz oder Repräsentation der Frauen. Dieser Kampf muss über die Parteibüchlein hinausgehen, es handelt sich um eine gesellschaftliche Frage, nicht um eine Frage des politischen Bekenntnisses.» Unter den gewählten bürgerlichen Politikerinnen gibt es einige, die sich schwertun, zum grossen Frauenstreik von 2019 Stellung zu beziehen. Anders Nathalie Fontanet: «Er hat mir sehr geholfen, wir haben gesehen, dass Männer und Frauen auf die Strasse gehen, er hat die Öffentlichkeit sensibilisiert. Das habe ich auch in meiner Partei gespürt.»

Im Grunde genommen hat sie diesen Kampf auf persönlicher Ebene schon einmal geführt. Selbstzweifel und mangelndes Selbstvertrauen überwinden, die finanzielle Abhängigkeit hinter sich lassen. Dann verlagerte sich der Kampf auf die gesamtgesellschaftliche Ebene. Ihre beiden zentralen Botschaften: Frau soll sich nie von einem Mann abhängig machen und keinesfalls an den eigenen Fähigkeiten zweifeln. Natürlich profitierten ihre Töchter als Erste von Nathalie Fontanets Engagement. Eine Unternehmerin, eine Anwältin, eine Ärztin. «Stark und ultrafeministisch», sagt ihre Mutter lachend und ihre Augen funkeln vor Stolz. Ja, Kinder sind definitiv «das Schönste der Welt» … Und Kinder grosszuziehen hindert einen nicht daran, eine (politische) Karriere zu machen.

«Wenn der Einsatz fehlt, habe ich kein Verständnis»

Diana Gutjahr ordnet dem Ziel alles unter: früher im Tennis, heute als Unternehmerin und Politikerin.

Diana Gutjahr

Nationalrätin Thurgau und Unternehmerin

«Wagt mal etwas,
was zu gross erscheint –
aber in das ihr
hineinwachsen könnt!»

An der Heckscheibe des grauen Nissan Kombi prangt noch das lächelnde Gesicht von Diana Gutjahr: auf einem Werbeaufkleber aus der Wahlkampagne 2019. «Diana lassen wir dort, bis was Neues kommt», sagt die Frau mit dem graumelierten Haar, die neben dem Auto steht, ein Jahr später. Sie chauffiert die Autorin vom Bahnhof Romanshorn zur Chefin, Diana Gutjahr. Die 36-Jährige ist Thurgauer SVP-Nationalrätin. In erster Linie aber Unternehmerin. Sie führt die Stahl- und Metallbaufirma Ernst Fischer AG zusammen mit ihrem Mann. Den Betrieb hat sie von ihrem Vater übernommen, dem Hauptaktionär. Das Unternehmen ist ein Familienbetrieb, in mehrerlei Hinsicht. Die Fahrerin ist 72 Jahre alt. Ihren Namen will sie nicht in einem Buch lesen. Aber es ist in Ordnung zu erwähnen, dass sie seit ihrer Pensionierung als Chefsekretärin immer noch ein paar Tage pro Woche ins Büro arbeiten kommt. «Weil es Freude macht. Und weil ich nicht muss.» Unternehmen, Familie, Politik: Bei Diana Gutjahr verschwimmen die Grenzen.

«Kommt nicht infrage!», hatte Diana Gutjahr wie aus der Pistole geschossen geantwortet, als ihr Vater sie 2012 das erste Mal sachte fragte, ob sie sich vorstellen könnte, in die Politik einzusteigen. Der Vater war zwar selbst nicht politisch tätig, doch ein ehemaliger Nachbar war Ortspräsident der SVP und hatte ihn gebeten, bei Diana zu sondieren. Man könne auf der Liste fürs Kantonsparlament eine junge Frau aus der Wirtschaft brauchen.

neu zu verhandeln, bringe nichts Besseres, das wisse sie als Unternehmerin. Ihre Haltung hatte sie der Parteispitze gegenüber angekündigt. «Das war nicht einfach, aber das muss man aushalten können. Wir besprachen, wie wir vorgehen, so wie man es auch in einer Firma tun würde.» Sie enthielt sich schliesslich der Stimme. «Weil ich die Personenfreizügigkeit zwar behalten will, den Grundgedanken aber teile, dass wir die Einwanderung begrenzen müssen.» Die Schweiz könnte die Zuwanderung schon heute stärker steuern, findet Gutjahr. Wenn die Kantone und Unternehmen dies denn wollten. Doch viele Kantone seien zu grosszügig in ihrer Bewilligungspraxis, und die Firmen würden es zu selten melden, wenn sich jemand nicht korrekt verhalte. Eine weitere Vertiefung der Beziehung zur EU – ein Rahmenabkommen zum Beispiel – kommt für sie nicht infrage. «Das ist ein Grund, warum ich nicht bei der FDP bin. Sie passt sich zu sehr an. Und sie redet ganz allgemein zu wenig Klartext.»

Ihr Widerstand gegen die Begrenzungsinitiative kostete Gutjahr indirekt vielleicht sogar das Präsidium des Schweizer Gewerbeverbandes. Sie wollte an dessen Spitze, ebenso wie der 58-jährige CVP-Nationalrat Fabio Regazzi. Die Themen, die den Gewerbeverband interessieren, werden hauptsächlich in der Wirtschaftskommission vorgespurt. Regazzi sitzt in dieser Kommission. Gutjahr nicht. Der Gewerbeverband wollte dem Gewerbekongress nur eine einzige Person zur Wahl vorschlagen. Und entschied mit 31 zu 26 Stimmen, Regazzi zu nominieren. Wie entscheidend bei Gutjahrs Niederlage war, dass sie nicht in der wichtigen Wirtschaftskommission sitzt, ist unklar. Auch Parteizugehörigkeit, Erfahrung oder Mängel in Gutjahrs Französischkenntnissen könnten eine Rolle gespielt haben. Sie verzichtete vor dem entscheidenden Gewerbekongress auf eine wilde Kandidatur. «Ich will nichts durchdrücken», sagt sie. «Ich bin erst 36, ich habe noch Zeit. Persönlich nehme ich das nicht.» Sie wurde schliesslich in den Vorstand des Gewerbeverbandes gewählt.

Statt um Steuerfragen kümmert sich Gutjahr im Nationalrat nun also zum Beispiel um Bildungsthemen. Die interessieren sie, auch als Arbeitgeberin von zehn Lernenden. Zu ihren Kommissionsthemen gehört aber auch «das Geschlechterzeugs». Gleichstellungsthemen. Richtwerte für Frauenanteile in Verwaltungsräten und Geschäftsleitungen, Lohnanalyse-Vorschriften, Prävention von sexueller Belästigung in Betrieben zum Beispiel. Von externen Meldestellen, an die sich Opfer von sexueller Belästigung wenden können, hält sie nichts. «Das muss man doch in der Firma lösen. Belästigung akzeptiere ich nicht. Aber die Sachlage ist oft ziemlich komplex. Als Chefin kann ich

Steckbrief

Geboren
1984

Partei
SVP

Aktuelles politisches Amt
Nationalrätin TG

Besonderes
Diana Gutjahr ist eine der wenigen Unternehmerinnen, die national politisieren. Auch beruflich fällt sie auf: In der Metallbaubranche sind Frauen selten, in Leitungsfunktionen erst recht.

Erstes politisches Mandat
2012 als Grossrätin im Kanton Thurgau

Familie
verheiratet

Ausbildung/Beruf
Betriebsökonomin FH, Unternehmerin

mir viel besser ein Bild davon machen, als Externe dies können», sagt Gutjahr, gesteht aber ein: «Vielleicht würde ich das anders sehen, wäre ich eine Angestellte.» Sie ist es leid, «dauernd über Gleichstellung zu reden». Wichtig sei, dass Frauen mitwirken könnten. Das sei heute auch möglich. Wollten sie sich lieber um die Familie kümmern, sei das ein privater Entscheid. Genauso gut könne auch der Mann die Kinder betreuen, findet Gutjahr. Sie und ihr Mann haben sich nie bewusst gegen eine eigene Familie entschieden. «Ich könnte aber auch darauf verzichten», sagt sie. «Und sollten wir eines Tages ein Baby haben, sind alle Betreuungsvarianten denkbar. Auch dass mein Mann sich um die Kinder kümmert. Jedenfalls käme das Kind an erster Stelle.» Diana Gutjahr lebt emanzipiert, weil sie das so einfordert – und weil sie in Umständen lebt, die ihr das ermöglichen. Dasselbe erwartet sie von allen Frauen. Auch gleichgeschlechtliche Paare sollen heiraten können mit allen Rechten und Pflichten: Der Staat, so findet sie, hat sich möglichst wenig einzumischen.

«Frauen denken oft etwas ganzheitlicher. Das würde der Politik guttun»

Diana Gutjahr wünscht sich durchaus mehr weibliche Impulse in Polit- und Wirtschaftsgremien. «Es wäre das bessere Abbild der Gesellschaft», sagt sie. «Frauen denken oft etwas ganzheitlicher. Das würde der Politik guttun. Umgekehrt könnten die Frauen von den Männern lernen, auch mal zu entscheiden, bevor etwas schon hundertprozentig klar ist.» Doch einen höheren Frauenanteil will Gutjahr keinesfalls durch Vorschriften erzwingen. «Das muss von unten kommen. Auch wenn es langsamer geht. Dafür ist es dann gefestigt.» Junge Frauen sind unterdessen im Durchschnitt besser gebildet als junge Männer. Gutjahr setzt darauf, dass dies auch mehr Frauen in Führungspositionen bringen wird. Zusätzlich ermutigt sie Frauen: «Wagt mal etwas, was zu gross erscheint – aber in das ihr hineinwachsen könnt! Dann muss man aber auch Zeit investieren.» Gutjahr wirkt als Botschafterin des Frauennetzwerkes «Leaderinnen

Führen die Firma und den Wahlkampf gemeinsam: Diana Gutjahr mit Vater Roland (l.) und Ehemann Severin in Arbon.

Ostschweiz». Als Vizepräsidentin der Ortspartei Amriswil und des kantonalen Gewerbeverbandes besteht sie darauf, mehr Frauen für Ämter anzufragen. Sagen sie ab, ruft sie sie persönlich an und bietet Unterstützung an. Oft machen sie dann doch mit. So wie Gutjahr damals auch.

Vater Gutjahr streckt den Kopf zur Tür herein. Sagt hallo und geht wieder. Kurz später erscheint auch Severin Gutjahr, Dianas Ehemann. Er hat ihren Namen bei der Heirat angenommen. «Severin fand das nicht mal eine Diskussion wert», erzählt sie. «Sein ursprünglicher Nachname lebt dank seiner vier Geschwister sowieso weiter. Meiner nicht, ich bin ein Einzelkind. Und fürs Unternehmen ist es auch einfacher.» Severin fragt nach, ob sie an diesem Tag wie vorbesprochen nicht zum Mittagessen komme. Sie bestätigt – sie hat noch einen Termin im Kanton Bern. Sonst hätte auch sie sich dazugesellt, zum täglichen Mittagessen im Familienkreis mit Mann und Eltern, von der Mutter zubereitet.

Den Schwiegersohn ins Unternehmen geholt hat der Vater. Severin studierte wie Diana Gutjahr Betriebswirtschaft an der Fachhochschule St. Gallen. Sprachen Diana und ihr Vater übers Unternehmen, diskutierte Severin interessiert mit. Schliesslich fügte er noch ein Studium als Schweissingenieur an. Heute leitet er den technischen Bereich der Firma. Diana ist für Finanzen und Personal zuständig. «Wir wären wohl nicht mehr zusammen, wenn wir nicht beide im Betrieb arbeiten würden», sagt sie. «So teilen wir viele Interessen und haben einen ähnlichen Rhythmus, auch wenn wir beide sehr beschäftigt sind.»

Bis halb acht Uhr abends sind die beiden meistens in der Firma. Steht noch ein Politanlass an, wird es zehn oder elf. Um halb sechs stehen sie wieder auf. Severin ist nach Dianas Politeinstieg ebenfalls der SVP beigetreten und ist Mitglied der Schulbehörde. Den Haushalt haben die beiden aufgeteilt: Er ist fürs Kochen und fürs Freundeeinladen zuständig, sie für Sauberkeit und Einrichtung. «Ich will keine Putzfrau», sagt Diana Gutjahr. «Wenn ich am Samstag putze, höre ich mit Kopfhörern Musik und mache mir dazu gezielt Gedanken über das, was ansteht.» Auf dem Tisch liegt dann ein Block, damit sie sich sofort Notizen machen kann. Die besten Ideen aber, sagt sie, kommen ihr beim Joggen am Sonntag. Um besser abschalten zu können, hat sie mit ihrem Mann vereinbart, am Abend das Handy ausserhalb der Stube zu lagern. Will man es benutzen, muss man extra aufstehen. Das diszipliniert.

Hat sich Gutjahr ein Ziel gesetzt, dann ordnet sie diesem alles unter. Dann gibt sie alles und übt auch Verzicht. «Das hat mir mein Vater mitgegeben», sagt sie. «Und das habe ich beim Spitzensport verinnerlicht.»

Gutjahr wollte einst Tennisprofi werden. Ihre kaufmännische Lehre absolvierte sie darum im elterlichen Betrieb. Da durfte sie am Mittwochnachmittag ins Konditionstraining statt ins Büro und abends etwas früher auf den Tennisplatz. Sie trainierte dreimal wöchentlich und spielte am Wochenende an internationalen Tennisturnieren. Nach ein paar Aufenthalten an einer Tennisakademie in den USA gestand sie sich aber ein: Es reicht nicht. «Ich war zu klein, zu schwer und, ja, auch zu wenig talentiert», erzählt sie, und wirkt dabei ebenso fröhlich wie bei anderen Themen. «Ich habe in dieser Zeit viel gelernt. Mir macht es zum Beispiel nichts aus, bei 30 Grad im Haus zu sitzen, um ein Referat vorzubereiten. Schönes Wetter kommt wieder.»

«Es stärkt die Persönlichkeit und das Selbstvertrauen, wenn man hinsteht und auch Unpopuläres vertritt»

Öffentlich aufzutreten, fällt ihr nicht schwer. Das war früher anders. In der Schule gehörte sie zu den schwächeren Kindern, sie stand nicht gerne vorne. Mit ihrem Einstieg in die Politik musste sie das Auftreten lernen. «Am besten geht man in kleinen Schritten vorwärts. Zuerst Tele Diessenhofen, erst danach SRF», rät sie. So lehnte sie anfänglich eine Einladung, an einer nationalen Medienkonferenz zu reden, ab. Erst als sie sich im Kleinen sicher fühlte, trat sie auch vor grossem Publikum auf. Top vorbereitet natürlich. Unterdessen scheut sie keine nationale Kontroverse mehr. «Es stärkt die Persönlichkeit und das Selbstvertrauen, wenn man hinsteht und auch Unpopuläres vertritt», sagt sie. «Es ist eine gute Übung, nicht davonlaufen zu können, sondern Kritik aushalten zu müssen. Bei Angriffen sage ich mir: Das Gegenüber meint nicht mich, sondern mein Argument.» Gutjahr bemüht sich, selber möglichst sachlich zu argumentieren. Auch auf Twitter, Instagram und Facebook. «Das hilft, nicht in einen Shitstorm zu geraten.»

«Lohndiebe» liegt aber noch drin, findet sie, als Bezeichnung für jene, die einen Vaterschaftsurlaub wollen. Zwei Wochen, über Lohnabzüge finanziert. Gutjahr ärgerte sich so sehr über diesen Parlamentsbeschluss, dass sie das Referendum dagegen ergriff, zusammen mit der Zürcher SVP-Gemeinderätin Susanne Brunner. Wieder ein neues Sozialwerk! Für einen Luxus, den man sich durchaus selber ermöglichen könnte! Gutjahr, für die ein ausgebauter Sozialstaat das unwichtigste der acht klassischen Politikfelder ist, konnte kaum glauben, dass sie mit ihrer Empörung fast alleine dastand. «Vor den Mikrofonen wettern die Verbände jeweils gegen mehr Bürokratie und fordern weniger Staat. Doch wird es konkret mit einem Vaterschaftsurlaub, lösen sie sich in Luft auf», nervt sich Gutjahr. Es ist einer der seltenen Momente, in dem ihr frisches Lachen einem düsteren Gesichtsausdruck weicht. Stundenlang telefonierten die Frauen auf der Suche nach Hilfe, standen sich die Beine in den Bauch beim Unterschriftensammeln. Gewannen die Unterstützung

Interviewtipps und Geld:
Unternehmer Peter Spuhler unterstützte Gutjahrs Wahlkampf.

der SVP, äusserst knapp auch der FDP. Und verloren schliesslich an der
Urne: Gut 60 Prozent stimmten für einen Vaterschaftsurlaub. «Immerhin
ist er nun demokratisch legitimiert, niemand kann mehr sagen, die in Bern
würden sowieso machen, was sie wollen. Ich werde jedenfalls auch weitere
Versuche, den Sozialstaat auszubauen, bekämpfen», sagt Diana Gutjahr trocken. Das hat sie ebenfalls vom Tennis gelernt: Wer alles gegeben hat und
trotzdem verliert, muss sich keine Vorwürfe machen. Und bereitet sich auf
den nächsten Match vor.

Diese Haltung half ihr auch nach ihrer ersten Wahlniederlage 2015. SVP-
Unternehmer Peter Spuhler hatte sie als Nationalratskandidatin vorgeschlagen und stellte sich als Co-Präsident ihres Komitees zur Verfügung. Er fand
eine Vertretung der Wirtschaft in Bern wichtig, hatte schon 2013 davon gesprochen, die SVP solle Gutjahr fördern. Das «Team Gutjahr» gab alles: Es
stellte eine Wahlkampagne auf die Beine in einer Dimension, wie sie für den

Thurgau selten ist. «Die Nebenstrasse, auf der sich ihren Plakaten ausweichen liesse, gibt es im Thurgau nicht», schrieb die Sonntagszeitung der Ostschweiz. Gutjahr hatte ein eigenes Wahlmobil, Bilder ihres Gesichts liess sie gross auf die Geschäftswagen kleben, womit diese zu fahrenden Werbeträgern wurden. Sie stand wieder stundenlang an Bahnhöfen und vor Grossverteilern, verschenkte Apfelringe, organisierte Alphornkonzerte. «Einen höheren fünfstelligen Betrag» habe sie investiert, sagt Gutjahr – also nahezu 100 000 Franken. Dazu kamen Zuwendungen des Thurgauer Gewerbeverbandes. Auch Spuhler unterstützte sie 2015 finanziell und stand ihr mit seinem Rat zur Seite.

Trotz allem: Es reichte nicht für eine Wahl. In den Nationalrat zog sie zwei Jahre später allerdings trotzdem ein: SVP-Nationalrat Hansjörg Walter trat 2017 während der Legislatur zurück. Gutjahr konnte vom ersten Ersatzplatz aus nachrücken. Der ehemalige Präsident des Schweizerischen Bauernverbandes hatte ihr gegenüber frühzeitig Andeutungen über seinen Rückzug gemacht. So hatte sie sich im Geschäft Entlastung organisieren können: Gutjahrs ehemalige Oberstiftin erledigt seither für sie das Routine-Tagesgeschäft, bucht Rechnungen, schreibt Verträge. Jährlich dreizehn Wochen Session in Bern, dazu Kommissions- und Fraktionssitzungen: Das erledigt sich nicht einfach so nebenbei. Auf Peter Spuhler kann Gutjahr bis heute zählen. «Am Anfang fragte ich ihn regelmässig um Rat, zum Beispiel im Umgang mit Medien», sagt sie. «Heute tue ich das nur selten. Mir gefällt an ihm, dass er von dem redet, was er aus der Praxis kennt: die Wirtschaft. Ich halte das auch so.»

Gutjahr führt durch die hohen, lang gestreckten Werkhallen. Komplettanlagen herzustellen, braucht Platz. Ganze Tankstellenshops samt Toiletten entstehen hier beispielsweise. Auch den Stahlbau fürs Eishockeystadion des ZSC liefert die Firma. Diana Gutjahr zeigt auf einen Schweissroboter: «Diese Maschine hätten wir nie kaufen können, wenn wir dafür einen Kredit hätten beantragen müssen. Wir hätten belegen müssen, wie viel wir damit einsparen.» Die Familie Gutjahr vertraut auf den langfristigen Nutzen und investierte selber. So wie immer. «Wenn wir uns täuschen, verlieren wir Geld», sagt Gutjahr und fügt an: «Verantwortung hat keinen Punkt, sondern ein Komma. Denn Verantwortung bedeutet, im Fall einer Fehlentscheidung persönlich die Konsequenzen tragen zu müssen. Das ist in der Politik anders. Entscheide ich falsch, passiert mir als Einzelperson nichts.» Verpflichtet fühlt sie sich als Politikerin aber durchaus – der Thurgauer Wählerschaft gegenüber, die sie 2019 mit dem besten Resultat aller Kandidierenden in den Nationalrat geschickt hat. «Dieses Vertrauen empfinde ich als riesiges Privileg», sagt Gutjahr. Im Gegensatz zum Unternehmen kann sie in der Politik aber nicht im kleinsten Kreis entscheiden. Hier muss sie parteiübergreifend eine Mehrheit überzeugen, um Anliegen durchbringen zu können. Dafür hat sie nach ihrer Wahl eine parlamentarische Gruppe von Arbeitgebern gegründet. Das Ziel: Schritt für Schritt Regulierung abbauen. Allerdings, so Gutjahr: «Corona hat uns gebremst, wir sind noch nicht sehr weit.»

«Unten handeln, oben auf Regeln verzichten»

Die Werkhallen wirken verlassen. Die meisten der 80 Mitarbeitenden und zehn Lernenden sind in der Mittagspause. Gutjahr kennt jeden von ihnen – knapp die Hälfte hat einen ausländischen Pass – mit Namen. «Damit das auch so bleibt, habe ich die Firma lieber etwas kleiner als etwas grösser», sagt Gutjahr. Denn sie ist überzeugt: «Ein Unternehmen funktioniert nur gut, wenn sich die Mitarbeiter aufgehoben fühlen. Sie sind nur produktiv, wenn sie sorglos kommen.» Deshalb versucht Gutjahr, ihnen Sorgen abzunehmen, wo sie kann. Sie hilft, wenn jemand Probleme hat mit der Steuererklärung, mit der Schuldensanierung oder mit Alimentenzahlungen. Stets geht es um Hilfe zur Selbsthilfe. Kann einer nicht mit Geld umgehen, muss er ihr einen Teil des Lohns in einem Couvert bringen. Daraus begleichen sie dann gemeinsam die Rechnungen. Gutjahr stellt auch Flüchtlinge ein. Wer jedoch beim Deutschunterricht plötzlich fehlt, bekommt es mit der Chefin zu tun. «Wenn der Einsatz fehlt, habe ich kein Verständnis.» Ähnlich bei den Lernenden: Kann sie drei einstellen, wählt sie mindestens einen aus mit Schwierigkeiten. Mit abgebrochener Lehre zum Beispiel oder mit Problemen daheim. «Das sind später oft die loyalsten Mitarbeiter», stellt Gutjahr fest. «Zudem sehe ich so ins System hinein. Was funktioniert und was nicht.» Sosehr Gutjahr den Sozialstaat kleinhalten

«Mitarbeiter sind nur produktiv, wenn sie sorglos kommen.» Gutjahr in ihrer Werkhalle.

will, so sehr setzt sie sich im Einzelfall ein. Getreu ihrem Grundsatz: unten handeln, oben auf Regeln verzichten. Die soziale Ader, so sagt sie, habe sie von ihrer Mutter geerbt – einer umtriebigen Innendekorateurin, die sich nach Dianas Geburt ganz in den Dienst der Familie stellte. Sie betreute familieneigene Liegenschaften, hielt dem Mann den Rücken frei.

Die pensionierte Sekretärin bringt Diana Gutjahr zum Bahnhof. Die junge Unternehmerin soll bei der Siegerehrung der besten Metallbauer in Aarberg im Kanton Bern eine Rede halten – wegen Corona findet die Berufsmeisterschaft SwissSkills in einer reduzierten Form statt, ohne Publikum. Gutjahr ist Präsidentin der Dachorganisation «metal.suisse»: Der Dachverband vertritt den Stahl-, Metall- und Fassadenbau sowie andere Unternehmen, die mit dem Werkstoff Metall zu tun haben. Im grossen Berufsbildungszentrum fällt sie als Frau sofort auf. Die Teilnehmer sind alle männlich, die Organisatoren grösstenteils auch. Gutjahr ist sich das

«In einer Männerdomäne eine Frau zu sein, ist eher ein Vorteil.» Siegerehrung der Metallbauer.

vom eigenen Betrieb gewohnt – 90 Prozent ihrer Angestellten sind Männer. Geht es ums Entscheiden, muss sie sich mit ihrem Mann einig werden, letztlich aber auch mit dem Hauptaktionär, ihrem Vater. «Manchmal chlöpft und tätscht es», erzählt sie amüsiert. «Aber ich habe gelernt, zu argumentieren. Mit einer Streitkultur kann man in einer schwierigen Situation nur gewinnen. Unterdessen akzeptiert mein Vater auch, wenn ich anders entscheide.»

Einer der Verantwortlichen führt Gutjahr durchs Berufsbildungszentrum. Er wirkt beflissen und leicht nervös. Obwohl Gutjahr wenig fragt und sagt. Oder genau deshalb. «In einer Männerdomäne eine Frau zu sein, ist eher ein Vorteil», sagt Gutjahr. «Die Männer sind oft höflicher, wenn eine Frau dabei ist.» Sie schätzt die «sachliche Art» der Männer, will diese aber nicht kopieren. «Ich verstecke das Weibliche nicht, das etwas Weichere, etwas Sozialere.» So lehnt sie einen Terminvorschlag gelegentlich mit der ehrlichen Begründung ab, wieder einmal daheim sein zu wollen. Oder streift bei einem Netzwerkapéro auch mal ein nicht berufliches Thema, fragt einen Hundebesitzer zum Beispiel nach seinem Tier. Das komme gut an, sagt sie, mancher Mann empfinde das als befreiend. Sie warnt aber davor, mit Persönlichem zu übertreiben: «Frauen tendieren dazu, bei solchen Apéros ausschliesslich über Privates zu reden. Berufliches oder Politisches zu thematisieren, ist wichtig.»

Die Siegerehrung der besten Metallbauer beginnt. In Coronadistanz zueinander sitzen sechzehn junge Männer in schwarzen SwissSkills-T-Shirts in gespannter Erwartung auf ihren Stühlen. Es riecht nach körperlicher Anstrengung und Metall, gebündelte Energie und Nervosität lassen die Luft vibrieren. In der vordersten Reihe sitzt Diana Gutjahr. Sie sticht heraus mit ihrem blonden Pferdeschwanz und der grünen Bluse, die unter dem schwarzen Blazer hervorblitzt. Aber wie sie auf die Bühne tritt, die Männer für ihr Engagement lobt und ihnen eindringlich rät, ihren Berufsstolz auf ihrem Lebensweg nie zu verlieren, da wird spürbar: Sich ein Ziel setzen, mit Feuereifer alles geben und schliesslich aufs Resultat hinfiebern – dieser Wettkampfgeist erfüllt nicht nur die jungen Männer im Raum. Er prägt auch Diana Gutjahrs Leben.

«Wer sich auf einen Wahlkampf einlässt, muss alle Hebel in Bewegung setzen, um zu gewinnen»

Menschenrechtsaktivistin Lisa Mazzone vor dem Palais des Nations in Genf (l.) und als kleines Mädchen. Immer kämpferisch.

Lisa Mazzone

Ständerätin Genf

«Die Leute wollen anscheinend umgängliche Politikerinnen, aber das ist nicht unser Job»

Sie sitzt auf der Couch und wärmt beide Hände an ihrer Teetasse. Schwarze Strumpfhose, hellbraune Stiefel, grünes Kleid – was sonst? In der eleganten Genfer Wohnung mit den hohen Decken haftet der Blick ihrer smaragdgrünen Augen gebannt am Computerbildschirm. Die Journalisten des Lokalfernsehens halten die Spannung hoch: Noch einige Minuten, dann liegen die Ergebnisse der zweiten Runde der Ständeratswahlen vor. Noch einige Minuten, bis Lisa Mazzone weiss, ob sie die Wahl gewonnen hat.

Die Zeit will und will nicht vergehen, kaum jemand sagt ein Wort. Sie haben sich in der Wohnung einer Freundin ihres Mitkandidaten, des Sozialdemokraten Carlo Sommaruga, versammelt. Ihre beiden Familien und ihre engsten Vertrauten fiebern mit – acht Personen insgesamt. Die beiden Kandidaten plaudern ein wenig: «Däumelt er?», fragt Carlo Sommaruga und zeigt auf Lisa Mazzones Sohn Béla. Béla sitzt auf dem Arm seines Vaters und hält einen Quetschbeutel mit Fruchtpüree in der Hand. Sie lächelt: «Ja, er nimmt den Daumen... Er hat letzte Nacht nicht sehr gut geschlafen, vielleicht zahnt er, zwei Zähne hat er schon.» Schweigen.

Vor den Bücherregalen mit den ledergebundenen Bänden tippen alle Anwesenden wie wild auf ihren Handys herum. Auf keinen Fall wollen sie den Moment verpassen, der zeigt, ob ihre monatelange Kampagne für das Zweierteam erfolgreich war: Zwei Sitze gilt es in der Bastion der Linken zu verteidigen, und dies, obwohl 46 Prozent der Genferinnen und Genfer bürgerlich wählen. Sogar Béla, ein kleines rothaariges Engelchen, bleibt ganz still.

Die lächelnde Gewinnerin beim Interviewmarathon am Tag ihrer Wahl in den Ständerat.

Lisa Mazzone schiebt das Thema beiseite, sie versteckt ihre Gefühle nicht, aber sie schützt ihr Privatleben. Von ihrem Sohn kennt man in der Öffentlichkeit nur den Vornamen. Homestories in der Regenbogenpresse kommen nicht infrage. «Das Privatleben ist ein Bereich, der Wärme und Schutz bieten soll. Dies müssen wir uns bewahren. In der Öffentlichkeit zu stehen, kann sehr heftig sein, die Konfrontation mit den Medien hat etwas Kriegerisches.»

Zur Frage, wie sie ihren Alltag organisiert, gibt sie allerdings gerne Auskunft. Für sie ist es nicht nur eine Frage der Zeit, sondern auch des Ortes: Sie ist in Genf gewählt, die Sessionen finden aber im zwei Zugstunden entfernten Bern statt. An beiden Orten hat sie Verpflichtungen, die sich nicht aufschieben oder absagen lassen. Nachdem sie das Thema hin und her gewälzt hatten, entschied sich das Paar für zwei Wohnungen, eine in Genf und eine in Bern. Der Kleine ist von Montag bis Mittwoch in der Krippe in Bern, das Wochenende verbringt die Familie in Genf. Pendeln gehört für alle Familienmitglieder zum Alltag. «In den ersten Jahren möchten wir möglichst viel Zeit mit unserem Sohn verbringen, deshalb ist dies die beste Lösung.» Die Eltern führen eine gemeinsame Agenda und setzen sich jede Woche zusammen, um abzusprechen, wer sich wann um den Kleinen kümmert. Lisa Mazzones Partner arbeitet mit einem 80-Prozent-Pensum, und auch sie zwingt sich, einen Tag pro Woche freizunehmen: «Ich muss Béla ein paar Stunden um mich haben, sonst fehlt mir etwas.»

In den US-Medien werden erfolgreiche Frauen gerne mit dem Schlagwort «She's got it all!» charakterisiert. Liebe, Familie, Erfolg, Charme, Jugend, Macht. Ein schöner Titel für ein Porträt von Lisa Mazzone. Und dennoch muss auch sie manchmal verzichten. Als die Bernerin Regula Rytz ihren Rücktritt als Präsidentin der Grünen ankündigt, wird Lisa Mazzone früh als Nachfolgerin ins Spiel gebracht. Aber sie lehnt umgehend ab. Schon im Vorfeld hatten sie und ihr Partner beschlossen, dass sie nicht kandidieren würde, solange er als Journalist für den Tages-Anzeiger in Bern tätig ist. «Für ihn wäre es das Ende seiner Karriere», sagt sie. «Und ja, es macht mir etwas aus, denn dies ist das erste Mal, dass ich auf eine spannende Chance verzichte. Aber ich tue es bewusst.» Mit erst 31 Jahren hat sie ja auch noch Zeit.

Kurz nach dem Interview gibt sie übrigens bekannt, dass sie von ihrem Amt als Vizepräsidentin der Grünen zurücktreten will, um sich auf ihre Rolle im Ständerat zu konzentrieren. Eine Last weniger – in der französischsprachigen Schweiz ruht nicht länger eine ganze Partei auf ihren Schultern. Ganz einfach ist es allerdings nicht,

Steckbrief

Geboren
1988

Partei
Die Grünen

Aktuelles politisches Amt
Ständerätin GE

Besonderes
Ehemalige Vizepräsidentin der Grünen, machte mit einem wenige Monate alten Baby Wahlkampf für den Ständerat.

Erstes politisches Mandat
2011 als Gemeinderätin (Legislative) der Gemeinde Le Grand-Saconnex

Familie
in einer Partnerschaft, zwei Kinder: (* 2019) und (* 2021)

Ausbildung
Bachelor in französischer und lateinischer Sprache und Literatur

das Rampenlicht anderen zu überlassen. «Dies hat mich gelehrt, mich zurückzunehmen, und ich habe mich in Bezug auf die Rolle, die man einnehmen kann, und die Gründe, warum man sich engagiert, neu ausgerichtet.»

Auch ihre Funktionen im Ständerat sind mit Fragestellungen verbunden. In diesem geschlossenen Kreis seinen Platz zu finden, gleicht einem versteckten Kampf. Im Nationalrat herrschen eindeutige Machtverhältnisse, im Ständerat gelten ungeschriebene Verhaltensregeln. Die drei neu gewählten jungen Vertreterinnen der Grünen erschüttern die Gesetztheit im Ständerat, wo man bis dahin unter seinesgleichen war. Lisa Mazzone bekommt dies zu spüren: Ihre Wortmeldungen sind angeblich zu lang oder zu häufig, in den Kommissionen findet sie nur mit Mühe Gehör. Diese Spannungen entladen sich bei der Debatte über die Pestizid-Initiative, als die drei Neuen vehement die Aufmerksamkeit des Plenums fordern … und von Olivier Français, FDP, zur Ordnung gerufen werden. «Ihr aggressiver Ton missfällt mir», so der Waadtländer zu den Frauen. Die Genferin empört sich: «Die Leute wollen anscheinend umgängliche Politikerinnen, aber das ist nicht unser Job!» Eine neue Konstellation, die sie nicht kaltlässt: «In den Ferien hatte ich Bauchweh bei dem Gedanken, im Herbst wieder im Ständerat zu sitzen. Im Moment arbeite ich an Strategien, die mir den Rücken stärken. Solche Geschichten dürfen mich nicht so heftig treffen, sonst leidet die Qualität meiner Arbeit.»

«Wer einer kleinen Partei angehört, kann in Diskussionen und Kompromissen den grössten Einfluss ausüben»

Zweifelsohne wird es ihr gelingen, sich rasch im Ständerat zu etablieren. Bis anhin ging nämlich alles sehr schnell. Ein bisschen Glück war dabei, aber vor allem verfügt sie über viel Talent und feste Überzeugungen … und ausserdem kennt sie kein Pardon. Als sie sich 2015 für die Nationalratswahlen aufstellen liess, war die Zukunft der Grünen ungewiss. In Genf wackelte der zweite Sitz, nur die Bisherige Anne Mahrer stellte sich zur Wiederwahl. Die 27-jährige Lisa Mazzone trat bei der Parteiversammlung gegen erfahrene Kolleginnen und Kollegen aus dem Grossen Rat an und lag knapp hinter Anne Mahrer an der Spitze der Liste – eine starke Position. «Die Delegiertenversammlung hat diesen Beschluss gefällt. Aber wer sich auf einen Wahlkampf einlässt, muss alle Hebel in Bewegung setzen, um zu gewinnen.» Ihre Rechnung ging auf: Die junge Frau konnte den einzigen Sitz für sich beanspruchen, den die Grünen hielten. Als Nationalrätin war sie im Übrigen die jüngste gewählte Parlamentarierin – was ihr die Aufmerksamkeit der Medien in der ganzen Schweiz einbrachte.

Wie sollte es jetzt weitergehen? Wie kann frau unter 246 Parlamentsmitgliedern Einfluss gewinnen und ihre Anliegen vorwärtsbringen? Sie setzt sich voll und ganz für ihre Sache, die Umwelt, ein: In ihrer Jugend hat sie nie ein Flugzeug genommen, die Familie lebte ohne Auto, als Teenager gab es Ärger, wenn sie zu lange duschte – all das hat sie geprägt: Umweltschutz ist ihr oberstes Ziel. Es gilt, keine Zeit zu verlieren, wenn der Planet gerettet werden soll: Lisa Mazzone muss sich zu einem politischen Schwergewicht entwickeln, wenn sie ihre Ideen durchsetzen will.

Seit ihrer ersten Parlamentssitzung ergreift sie regelmässig das Wort, akzeptiert fast alle Medienanfragen und arbeitet wie wild, um alle Dossiers miteinander zu vereinbaren. Bald schon ist sie Vizepräsidentin einer Partei, die eine massive Wahlniederlage zu verkraften hat und auf der französischsprachigen Seite des Röstigrabens eine neue Wortführerin sucht. In dieser Funktion steigt sie in den Ring und setzt sich in Kampagnen für komplexe Themen ein. In der Westschweiz ist sie es, die den Kampf gegen den NAF, den Nationalstrassen- und Agglomerationsverkehrs-Fonds von Doris Leuthard, anführt und sich der Bundesrätin in einer grossen Debatte stellt. Sie führt auch den Kampf gegen das Nachrichtendienstgesetz an, das den Schweizer Spionen mehr Möglichkeiten zur Überwachung geben soll. Und Lisa Mazzone kämpft auch für die BGE-Utopie – das bedingungslose Grundeinkommen für alle Bürgerinnen und Bürger. Weniger Strassen, mehr Schutz der Privatsphäre, mehr soziale Gerechtigkeit: drei Kernpunkte von Lisa Mazzones Politik. Doch diese Abstimmungen sind von vornherein aussichtslos und die Genferin steht nach eigenem Empfinden allein auf weiter Flur. «Unsere Verbündeten in der SP haben sich jedes einzelne Mal gedrückt. Es war sehr hart, weil ich das Gefühl hatte, dass ich in der Romandie als Einzige die Kampagne führte, vor allem bei sehr kontroversen

Themen.» Ein grosser Aufwand, der sich offensichtlich gelohnt hat: Lisa Mazzone etabliert sich als Spitzenpolitikerin bei den Wählerinnen und Wählern der Westschweiz und verdient sich den Respekt ihrer Gegner. Aber dies reicht ihr bei Weitem nicht: «Am schwierigsten ist es, sich aus diesem politischen Randgebiet, das die Westschweiz ist, herauszubewegen, die Sprachbarriere zu überwinden und sich landesweit Gehör zu verschaffen.» Erst nach mehreren Sprachaufenthalten in Deutschland und dank ihres beharrlichen Einsatzes konnte Lisa Mazzone sich Zugang zu den informellen Gesprächen verschaffen, in denen die Grundlagen für die Kompromisse der Bundespolitik gelegt werden: hinter den Kulissen, zusammen mit den deutschsprachigen Politikerinnen und Politikern. Für eine Vertreterin der Grünen mit einem gewissen Machtanspruch ist dieser Zugang unverzichtbar. «Wer einer kleinen Partei angehört, kann in Diskussionen und Kompromissen den grössten Einfluss ausüben.»

«Jeder Fortschritt ist eine unglaublich tolle Erfahrung!»

Siege sind in diesem Umfeld selten und unspektakulär. Am meisten liegt Lisa Mazzone eine Forderung am Herzen, die im Rahmen der «Ehe für alle» homosexuellen Frauen den Zugang zu Samenspenden ermöglichen soll. «Anfangs gab es fast keine Unterstützung in der Kommission. Nach Ansicht der Bundesverwaltung wäre eine Verfassungsänderung erforderlich gewesen, was eine nur schwer zu gewinnende Abstimmung bedeutet hätte.» Sie arbeitet mit dem Dachverband Regenbogenfamilien zusammen, der ein Rechtsgutachten zu dieser Frage erstellt, das aufzeigt, dass keine Verfassungsänderung erforderlich ist. Ohne politische Unterstützung von rechts hätte das Projekt allerdings keine Chance: Mithilfe der beteiligten Verbände bildet sie ein Bündnis mit einer FDP-Parlamentarierin, die sich verpflichtet, auf Grundlage dieses Rechtsgutachtens eine entsprechende Vorlage einzubringen. Ein bescheidener Sieg – und eine grosse Genugtuung. «Jeder Fortschritt ist eine unglaublich tolle Erfahrung! Es geht um

die Gleichstellung, und für die betroffenen Frauen ist es sehr wichtig.» Die Kammern verabschieden den Vorschlag Ende 2020. Als Nächstes geht es darum, das Volk zu überzeugen, die per Referendum angefochtene Änderung anzunehmen.

Für Lisa Mazzone und ihre Partei gehört die Gleichstellung zu den Grundwerten – natürlich gilt dies auch für die Gleichstellung von Frau und Mann. Zu diesem Zweck haben die Grünen entsprechende Mechanismen eingeführt: in erster Linie ein Quotensystem für Führungspositionen, aber auch weniger traditionelle Instrumente. Ende 2019 sorgte der grüne Genfer Regierungsrat Antonio Hodgers für eine Kontroverse: Eine ihm gegenüber kritische Journalistin verglich er mit einem Groupie von Justin Bieber. «In unserer Genfer Sektion gibt es eine Gruppe, die sexistische Bemerkungen von Parteimitgliedern erfasst und meldet», sagt Lisa Mazzone. «Diese Gruppe hat nach der Entgleisung von Antonio Hodgers ein Schreiben an ihn aufgesetzt. Indem wir dies offen tun, übernehmen wir die Verantwortung.» Ein Kampf, der ein Zeichen gegen Ungleichheit und Unterdrückung jeglicher Art setzt, auch wenn ihre eigene Erfahrung zeigt, dass es nicht ganz einfach ist, diesen Kampf auf sich zu nehmen.

Im Jahr 2017, als das «MeToo-Phänomen» die Welt erschüttert, muss die Schweiz die dunkle Seite eines gewissen Yannick Buttet zur Kenntnis nehmen. Der Vizepräsident der CVP soll mehrere Parlamentarierinnen sexuell belästigt haben. Der Skandal ist so gross, dass Buttet schliesslich zurücktreten muss, aber die Affäre wirft ein grelles Licht darauf, wie sehr die Schweizer Volksvertreterinnen noch immer männlicher Vorherrschaft ausgesetzt sind. Doch nach dem ersten Schock zeigt sich langsam das Bedürfnis, darüber zu reden. Auch Lisa Mazzone erklärt, dass ein gewählter Volksvertreter sich ihr gegenüber übergriffig verhalten habe: «Er benahm sich auf eine Art, die wirklich, wirklich, wirklich, wirklich nicht angemessen war. Schon fast ein versuchter sexueller Übergriff.» Die Fakten sind gravierend. Trotzdem gibt sie dem Druck der Medien und der Politik nicht nach und behält den Namen der betreffenden Person für sich. Sie erstattet auch keine Anzeige. «In meiner Position landet jede Anzeige unweigerlich in der Öffentlichkeit. Bei einer Anzeige müssen alle Details auf den Tisch gelegt werden. Die Leute hätten dann meine Angaben unter die Lupe genommen und sich möglicherweise gefragt, ob ich es nicht auf einen Übergriff angelegt hätte.» Unter solchen Umständen ist es sehr schwierig, die allen Opfern bekannten Ängste zu überwinden.

Eine brutale Affäre mit einem kleinen Nutzeffekt – der im Bundeshaus übliche Sexismus hält sich etwas mehr in Schranken. «Seit dieser Geschichte werde ich weniger begafft. Ich höre auch weniger schmutzige Witze und weniger anzügliche Vorschläge.» Lisa Mazzone fordert einen wesentlich tiefer greifenden Kulturwandel, damit Politikerinnen nicht einfach Politik nach männlichem Vorbild treiben: etwas mehr Raum für menschliche Schwäche und Zweifel, ein bisschen weniger Versuche, den Gegner in die Enge zu treiben, mehr Wohlwollen in den Machtverhältnissen. «Mit einem Frauenanteil von 42 Prozent im Nationalrat sollte dies allmählich zur Realität werden», merkt sie lächelnd an, bevor sie zum hohen Stellenwert der Organisation in der politischen Arbeit übergeht. Zunächst sollte die Planung der Sessionen und Kommissionssitzungen überdacht werden: Nur zu oft sind die Zeiten nicht vereinbar mit den elterlichen – das heisst in erster Linie noch den mütterlichen – Pflichten. Als Linke fordert sie zudem eine professionelle Unterstützung der Mandatsträger und -trägerinnen. Bei der Erarbeitung der Unterlagen haben sie derzeit nur sehr wenig Rückenstärkung. Als Parlamentarierin verbringt sie allzu viele schlaflose Nächte über ihren Akten.

Auch so sieht eine Vollblutpolitikerin im Jahr 2021 aus: Eine Frau mit Schwächen, Zweifeln und einer Familie, für die sie Zeit haben möchte. Mit einem Bedürfnis, sich für eine bessere Welt einzusetzen, das ihrem Leben einen Sinn gibt. Einem Bedürfnis, das sich mit einem gewissen Ehrgeiz paart, wie ihre Erkenntnis aus dem Ständerat beweist: «Dies kann nicht das Ende der Fahnenstange sein, dafür bin ich noch zu jung.» Eine Bundesratskandidatur ist demnach nicht ausgeschlossen. Auch wenn ihre Prioritäten heute anderenorts liegen. An der politischen Front wurde ihr für 2025 das Ständeratspräsidium in Aussicht gestellt. Und was ihre private Lebensplanung angeht, erwarten sie und ihr Partner in einigen Monaten ihr zweites Kind.

«Ich bin Gemeindepräsidentin geworden, um auch schwierige Situationen zu bewältigen»

Anna Giacometti als Kind am Strand von Lignano Sabbiadoro in Italien (l.).

Als Gemeindepräsidentin vor den Medienschaffenden nach dem tragischen Bergsturz von Bondo (r.) und im Bundeshaus. Dank ihr ist die FDP Graubünden wieder in Bern vertreten.

Anna Giacometti

Nationalrätin Graubünden und
ehemalige Gemeindepräsidentin von Bregaglia

«Frauen müssen lernen,
für sich selbst einzustehen»

Am 23. August 2017 überkam Anna Giacometti eine Ruhe, wie sie sie noch nie zuvor verspürt hatte. Und so verlor sie sogar angesichts der gewaltigen Naturkatastrophe und menschlichen Tragödie die Kontrolle nicht. Im Gegenteil: Sie machte sich sofort an die Arbeit – fast ohne Pause. Sie hatte nicht gesehen, wie die über drei Millionen Kubikmeter Gestein vom Piz Cengalo abbrachen, sehr wohl aber sah sie die Murgänge, die die Häuser und Ställe von Bondo und den nahegelegenen Weilern Spino und Sottoponte unter sich begruben.

Anna Giacometti war damals Gemeindepräsidentin der Gemeinde Bregaglia. Und trotz der enormen Verantwortung, des Stresses und des Drucks der Medien konnte sie diese Ruhe bewahren. Weil sie die Gewissheit hatte, dass sie nicht alleine war. Da war die Nachbarin, die ihr Suppe brachte, die Freundin, die ihr einen Kuchen backte, ihr Blumen schenkte. Und da waren auch die Kolleginnen und Kollegen des erweiterten Gemeindeführungsstabs mit Vertretern der kantonalen Ämter, des Zivilschutzes, der Polizei und der Armee. «Manchmal sah ich, dass jemand müde war und sagte, dass er oder sie zwei Stunden nach Hause gehen, etwas essen und sich ausruhen solle.» Und dasselbe taten ihre Kolleginnen und Kollegen auch für sie.

Drei Wochen nach der Tragödie übergab ihr der Stabschef die Leitung des Krisenstabs. «Die Männer taten sich schwer. Sie dachten, ich sei nicht fähig, diese Rolle zu übernehmen.» Aber Anna Giacometti wollte es ihnen beweisen. Sie hatte ihren Vorgänger bei der Arbeit beobachtet und von ihm gelernt. Sie war bereit. Und machte keinen Rückzieher. Nach der ersten Sitzung wurde allen klar, dass ihr Führungsstil anders war, «leichter, weniger militärisch», aber genauso effektiv. In diesen Tagen wiederholte sie oft den folgenden Satz: «Ich bin nicht Gemeindepräsidentin geworden, um nur zu ‹apérölen›, sondern, um auch schwierige Situationen zu bewältigen.»

Dutzende von Journalistinnen und Journalisten strömten in die kleine Gemeinde Bregaglia, die von der Tragödie verwüstet worden war. Alle suchten nach Anna Giacometti, alle wollten sie interviewen. Ein Interesse, das laut Giacometti auch mit der Tatsache zu tun hatte, dass sie eine Frau ist. «Man erwartet keine Frau, wenn es um das Militär, den Zivilschutz und die Feuerwehr geht.» Unterdessen jedoch hat die Schweiz mit Bundesrätin Viola Amherd eine Frau an der Spitze des Departements, das das Militär führt. In Anna Giacomettis Augen ist sie eine toughe Ministerin. Eines ihrer Vorbilder, wie auch zwei andere Politikerinnen aus dem Kanton Graubünden: alt Bundesrätin Eveline Widmer-Schlumpf und alt Regierungsrätin Barbara Janom Steiner.

Anna Giacometti strotzt nur so vor Tatendrang. Die Autorin trifft sie zum Mittagessen im Restaurant «Café Fédéral» in Bern nach einer Sitzung der Aussenpolitischen Kommission des Nationalrats. Eine ihrer ersten Sitzungen, seit sie im Oktober 2019 in den Nationalrat gewählt worden ist. Mit ihr hat die Freisinnig-Demokratische Partei Graubünden nach achtjähriger Abwesenheit wieder einen Sitz erobert. Ein grosser Erfolg für die Partei und vor allem für sie persönlich. Ein Erfolg, der vielleicht auch ihrer Bekanntheit und dem Medienecho in Zusammenhang mit dem Bergsturz am Piz Cengalo zu verdanken ist. Anna Giacometti bestreitet dies nicht, aber sie möchte nachdrücklich darauf hinweisen, dass «die Leute meinen Namen vielleicht auch auf den Wahlzettel geschrieben haben, weil sie erkannt haben, dass ich gute Arbeit geleistet habe». Und nicht nur, weil sie sie im Fernsehen gesehen hätten.

Als sie für das Amt kandidierte, glaubte sie allerdings selbst nicht, dass sie eine Chance haben würde. Sie war davon überzeugt, dass die andere FDP-Kandidatin, Vera Stiffler, mit der sie sich während des Wahlkampfs gewissermassen verbündet hatte, gewählt werden würde. Ein paar Tage vor der Wahl erinnerte Anna Giacometti sie noch daran, einen Termin beim Friseur zu machen, um beim Beantworten der Fragen der Journalistinnen und Journalisten vor den Kameras gut auszusehen. Ein Ratschlag, der sich als unnötig erwies. Denn schliesslich war es Anna Giacometti, die ungläubig und aufgeregt vor den Kameras stand und eine Unzahl Fragen beantworten musste.

Dezember 2019: Anna Giacometti froh und voller Begeisterung am ersten Tag ihrer ersten Session in Bern.

Sie ist gewillt, Entscheidungen zu treffen, anstatt stundenlang zu diskutieren

Anna Giacometti fehlt es nicht an Aufrichtigkeit oder am Willen, gute Arbeit zu leisten. Ihre direkte Art ist beeindruckend. Sie scheut sich nicht, Schwierigkeiten einzugestehen, angesichts komplizierter Dossiers, die es noch zu studieren gilt, und sie ist gewillt, Entscheidungen zu treffen, anstatt stundenlang zu diskutieren. Dieser Tatendrang zeichnet sie seit dem Beginn ihrer politischen Laufbahn, die sie praktisch dem Zufall verdankt, aus.

Ende der 1980er-Jahre, noch keine dreissig Jahre alt, beschloss Anna Giacometti, nach einer langen Zeit als Mitarbeiterin der konsularischen Dienste in Lissabon und Mailand, ins Bergell zurückzukehren. Sie wollte ein

Sommer 2018: Anna Giacometti mit ihrem Lebenspartner Rodolfo am Silsersee.

Nach der Bergsturz-Tragödie sah sich Anna Giacometti mit einer persönlichen Prüfung konfrontiert: 2019 wurde sie von ihrem Bruder Marco bei den Gemeindewahlen herausgefordert. Und dieser gab nach dem ersten Wahlgang nicht auf, obwohl sie nur wenige Stimmen von der Wiederwahl entfernt war. «Ich habe immer zu meinem älteren Bruder aufgeschaut.» Etwa eineinhalb Jahre vor dem Bergsturz war er von einer persönlichen Tragödie getroffen worden, dem Verlust seiner einzigen Tochter, die damals erst elf Jahre alt war. Sie sei am Mittwoch krank geworden und am Sonntag an den Folgen einer schweren Grippe gestorben. Vielleicht hätte ein Antibiotikum sie retten können. Aber sie erhielt keines. Eine unerklärliche und vor allem schmerzhafte Geschichte. Anna Giacometti blieb an der Seite ihres Bruders. Doch dann kam der Bergsturz. Und ihre Verpflichtungen zwangen sie dazu, sich zu 100 Prozent auf die Naturkatastrophe zu konzentrieren, die die Gemeinde getroffen hatte. Im zweiten Wahlgang besiegte Anna Giacometti ihren Bruder und blieb Gemeindepräsidentin von Bregaglia.

Der tragische Tod ihrer Nichte hat bei ihr tiefe Wunden hinterlassen. Wunden, die immer wieder aufreissen würden, wenn sie mit dem Leid anderer konfrontiert werde. Wie dem der Familien der acht Wanderer, die von dem Bergsturz mitgerissen worden waren. «Ich habe mich um die Schweizer Familien gekümmert, aber ich konnte dann nicht mehr. Da ist meine langjährige Freundin und Gemeinderätin Rosita Fasciati eingesprungen.» Sie war diejenige, die sich den Angehörigen der österreichischen und deutschen Opfer annahm.

Die Mittagspause ist beinahe zu Ende. Schon fast beim Kaffee angelangt, wechselt Anna Giacometti das Thema und erzählt von ihrem Enkel Diego. Denn als Grossmutter möchte sie gerne mehr Zeit für das Kind ihres Sohnes haben, der in Zürich lebt. Da sie unterdessen viel Zeit in Bern verbringt, hatte sie gehofft, Diego häufiger besuchen zu können, «aber es ist einfach unmöglich, ich habe zu viel zu tun». Auch aus diesem Grund hat sie sich überlegt, das Amt als Gemeindepräsidentin niederzulegen. Der Gedanke, dass ihr Enkel sie vielleicht eines Tages nicht mehr erkennen wird, weil sie nicht genug Zeit mit ihm verbringen konnte, schmerzt sie. Aber zuerst möchte sie einige Dossiers in Zusammenhang mit dem Bergsturz abschliessen, zum Beispiel die Genehmigung des Projekts und der Finanzierung für den Wiederaufbau von Bondo. Es ist ihr wichtig, dass sie ihre Arbeit «gut macht», und dafür ist eine gute Vorbereitung der Schlüssel. «Aber es ist sehr anstrengend», trotz der unschätzbaren Hilfe der Gemeindeschreiberin.

Anna Giacometti findet im Zug von Landquart nach Bern Zeit, sich auszuruhen. «Für mich ist das wie Urlaub. Ich schaue aus dem Fenster und entspanne mich.» Oder sie geht ein- bis zweimal pro Woche in der Natur spazieren. Es helfe ihr, «den Kopf frei zu bekommen». Aber nun hat sie das Gefühl, ihre Grenze erreicht zu haben.

In der zweiten Hälfte des Jahres 2020 ist sie erneut Grossmutter geworden, diesmal von Zwillingsmädchen, und ist von ihrem Amt als Gemeindepräsidentin zurückgetreten. Eine Position, die es ihr erlaubt hatte, der lokalen Politik ihren «eigenen Stempel aufzudrücken», die Dinge immer zum Wohle der Gemeinschaft zu verändern. Frauen würden diese Arbeit gut machen, weil sie die Macht nicht missbrauchen würden, sagt Anna Giacometti mit Überzeugung. «Sie müssen aber lernen, für sich selbst einzustehen, ohne aggressiv zu werden.»

«Ich will machen, was mir wichtig ist, bevor es zu spät ist»

Corina Gredig mit ihrem Vater und bei der Gründungsfeier des Politlabors GLP-Lab, das sie leitete (u.).

Corina Gredig

Nationalrätin Zürich

«Ich muss nicht mehr Everybody's Darling sein»

Himbeerfarbene Wände, bunte Fenster. Schnüre, an denen Plexiglas-figuren befestigt sind, baumeln von der Decke, Lampen blinken. Das Klingen der Bierflaschen und Gläser, wenn die feiernden Menschen anstossen, geht in den hämmernden Bässen aus den Lautsprecher-boxen unter. Ein DJ legt im Zürcher Trendclub Hive auf, doch als Corina Gredig ihr Sektglas hebt und der ausgelassenen Menge zuprostet, verstummt die Musik. «Es ist ein wahnsinniges Resultat, dank jedem einzelnen von euch!» Unter Co-Präsidentin Gredig haben die kantonalen Grünliberalen an diesem Sonntag im Oktober 2019 soeben ihre Nationalratssitze verdoppelt. Einer der sechs Sitze ging an sie, die 32-Jährige. Ihr Blick ist fassungslos-freudig. Von ihrer Wahl hat sie vor laufender Fernsehkamera erfahren, von einer Journalistin. Sie war derart auf die Resultate ihrer Kantonalpartei konzentriert, dass sie den Moment ihres persönlichen Triumphes verpasste. Auf der Clubbühne an der grossen Wahlfeier wirkt sie wie eine Königin, die noch nicht erfasst hat, dass sie soeben gekrönt worden ist.

«Ich war richtig ‹im Züüg›, als ich realisierte, wie viele Menschen mir ihr Vertrauen schenken und denken, ich könne sie gut vertreten – obwohl ich noch so jung bin», erinnert sich Corina Gredig ein halbes Jahr später. Sie sitzt in der Stube ihrer kleinen Altbaumietwohnung in Zürich. Die achtjährige Tochter und der fünfjährige Sohn spielen mit Gspänli im Zimmer nebenan.

Bei Corina Gredig geht vieles schneller als bei den meisten anderen. In der Politik: Innert knapp drei Jahren hat sie die klassische politische Ochsentour absolviert, für welche die meisten anderen mindestens ein Jahrzehnt brauchen: Zürcher Stadtparlamentarierin, Zürcher Kantonsparlamentarierin, Co-Präsidentin der Kantonalpartei, Nationalrätin. Im Privatleben: Familiengründung als Studentin, Heirat, Trennung, neue Beziehung. Der Zug ihres Lebens ist rasant unterwegs. Streckenweise fährt er wie eine Achterbahn. Steil hinauf. Steil hinunter.

Am Wahlabend hatte sie nicht lange gefeiert, denn am nächsten Tag um acht Uhr musste sie schon wieder im Kantonsrat sitzen. Doch mit ihrem Vater hatte sie noch getanzt. Zum Glück. Es war der letzte gemeinsame Tanz. Wenig später erlitt der Vater einen Schlaganfall. Eine Weile noch lag er in der Klinik gleich neben Corina Gredigs Wohnblock. Vom Küchenfenster aus winkte sie ihm mit den Kindern zu. Schliesslich starb er.

Corina Gredig verlor mit ihm einen Vater, mit dem sie viel verband. Mehr als seine regelmässigen «Hüeti»-Einsätze. Der ehemalige kantonale Steuerverwaltungsangestellte hatte historische Bücher und Zeitungen gelesen, sich stets über das Weltgeschehen informiert und darüber mit Corina und ihren zwei Brüdern gesprochen. Damit hatte er in Corina ein erstes politisches Interesse geweckt. Sie marschierte an den Schülerdemonstrationen gegen den Irakkrieg 2003 mit, hängte in ihrem Zimmer eine regenbogenfarbige Friedensfahne auf und trug «Peace»-Ansteckknöpfe. «Ich fand es so ungerecht, ein Land kaputt zu machen und einen Krieg anzuzetteln, einzig aus wirtschaftlichen Interessen.» Gerechtigkeit, Freiheit, Selbstbestimmung: Zu einer Partei führten sie diese Ideale aber erst später, an der Uni, während des Politologie- und Wirtschaftsstudiums. Theoretisch hätte es auch die SP sein können, «dazu fehlte mir aber der Stallgeruch, ich kam ja aus einem bürgerlichen Haus. Und die Überwindung des Kapitalismus finde ich realitätsfremd.» Oder auch die FDP – dort politisiert ein Bruder. Doch nachdem Corina den langen Fragebogen der Online-Wahlhilfe «Smartvote» ausgefüllt hatte, spuckte diese eine andere Partei aus: die noch junge GLP.

Kaum beigetreten, leitete sie als 23-Jährige schon das kantonale Parteibüro. Dieses war noch klein, Gredig kaufte als Erstes einen Tisch. Die Wahlen 2011 standen bevor, sie wurde Co-Wahlkampfleiterin. «Das war uh streng», erinnert sie sich. «Dazu war ich schwanger.» Aber es gelang: Sie fuhr mit ihrer Partei nach der Atomkatastrophe in Fukushima einen grossen Sieg ein.

Sie wollte jung Familie: Hier wohnt Corina Gredig mit ihren zwei Kindern.

«Zur Feministin wurde ich durch die Mutterschaft»

Ihr erstes Kind kam zur Welt, als sie 24 war. «Für mich war immer klar, dass ich Familie wollte, und zwar noch jung», erklärt Corina Gredig. Der Grund: Als Kind erlebte sie mit, wie zwei Frauen aus der nahen Verwandtschaft noch vor 30 an Krebs erkrankten. Sie durfte mit den Perücken spielen. «Gleichzeitig stand stets im Raum, dass das Leben jederzeit auch enden kann», erinnert sich Gredig. «Das hat mich stark geprägt. Ich will das, was mir wichtig ist, machen, bevor es zu spät oder nicht mehr möglich ist.»

Als sie nach der Berufsmaturität bei der UBS Geld für die Passerelle zur Universität und das anschliessende Studium verdiente, werweisste sie mit Kolleginnen, ob es auch für die Karriere besser sei, zuerst Kinder zu bekommen. Und erst wenn diese schon grösser seien, beruflich aufzusteigen. Heute ist für sie klar: Die Frage der Vereinbarkeit kann frau mit diesem Modell nicht umschiffen. «Der Druck ist sogar eher grösser», sagt sie. Sie jedenfalls bekam während ihrer Laufbahn die vorwurfsvolle Frage zu hören, ob sie denn noch nicht genug habe. Studium, Job und Kinder – und dann auch noch Politik? «Vorher war ich naiv, ich dachte ich sei gleichberechtigt», sagt Corina Gredig. «Zur Feministin wurde ich durch die Mutterschaft.»

Ihr damaliger Mann und sie teilten die Betreuung des Babys unter sich auf, wenn es nicht in der Kindertagesstätte war. Corina wurde im öffentlichen Verkehr schräg angeschaut, wenn sie zu Stosszeiten mit dem Kinderwagen unterwegs war. Ihr Mann hingegen erntete bewundernde Blicke, wenn er dasselbe tat. Er wurde auch für seinen «Papitag» gelobt, den er neben seinem hohen beruflichen Pensum leistete. Während sie Kritik erntete, weil sie neben ihrem «Mamitag» ebenso zeitaufwändig studierte und arbeitete. «Du überlässt dein Kind ja wirklich vielen», musste sie sich anhören, wenn sie die Tochter vor dem Vorlesungssaal einer anderen Studentin in die Arme drückte. «Einmal wäre das ja okay», sagt Corina Gredig. «Aber wenn solch eine Bemerkung wieder kam nach einer Nacht, in der das Baby geweint hatte und ich nicht wusste, warum, dann hatte ich schon Zweifel. Es nagte an mir. Kinder sind nahe beim Herzen, darum schmerzt solche Kritik besonders.»

Zumal die Kritik auch aus den Reihen der eigenen Familie kam. Kritisiert wurde aber nur sie als Mutter, nicht aber ihr damaliger Mann als Vater. «Meine Berufstätigkeit ist wohl auch ein Angriff auf das Selbstverständnis vieler Frauen der älteren Generation», erklärt Corina Gredig. «Dabei gab es zu ihrer Zeit ja noch keine Infrastruktur wie Kindertagesstätten.» Ihre Mutter beispielsweise, kaufmännisch ausgebildet und sprachlich begabt, hatte ihren Beruf aufgegeben. Als die Eltern sich trennten, beobachtete Corina, wie schwierig der Wiedereinstieg und die Finanzierung von zwei Haushalten war. Sie bedauerte, dass ihre Mutter nicht entsprechend ihren Fähigkeiten arbeiten konnte. Unterdessen ist die familieninterne Kritik an Corina verstummt, der Frieden wiederhergestellt. Die Kinder seien doch «gut herausgekommen», bekam sie zu hören. «Ich fühlte mich erleichtert. Und gleichzeitig ärgerte ich mich», sagt Gredig. «Wohlwollen gegenüber meinem Weg hätte ich früher brauchen können.»

Gredig kämpft heute nicht nur für eine Besserstellung der Frauen. Beide Geschlechter sollen die Chance haben, ihr Talent zu entfalten. Das heutige System mache viele unfrei, findet sie. Sie fordert ausgedehnte Elternzeit statt nur Vaterschaftsurlaub, eine individuelle Besteuerung unabhängig vom Zivilstand statt nur Kinderbetreuungsabzüge. Aber auch gleiches Rentenalter für beide Geschlechter und einen Militär- oder Bürgerdienst für Mann und Frau. Kontrollen für Lohngleichheit sowieso. Und bei Sexismus schaut sie genau hin. Genauer als früher, als sie nach ihrem Börsenhändlerinnendiplom neben dem Studium am Nightdesk der UBS Börsenaufträge abwickelte: ein Job mit viel Verantwortung, eine Arbeit in einer Männerwelt. Als die gut 20-Jährige dort anzügliche Bemerkungen kassierte, kleidete sie sich als Reaktion bewusst bieder. Sie versuchte, ihre Schönheit durch Leistung zu kompensieren. Heute würde sie ein Vieraugengespräch verlangen, sagt sie, nötigenfalls eine Ebene höher intervenieren. Entscheidend findet sie jedoch, ob Anzüglichkeiten Teil einer Betriebskultur sind. So erzählte man sich in der Bank, abends gingen einige Banker jeweils noch zusammen ins Dancing. «Dagegen ist an und für sich nichts einzuwenden», sagt Gredig. «Doch wenn es zur Kultur gehört, dass dort eine Art Kumpanei entsteht, die über Karrieren und Boni entscheidet, dann ist das ein Problem.»

«Es ging um alles oder nichts»

Politisch erlebte Corina Gredig, wie schnell aus einem grossen Sieg eine grosse Niederlage werden kann. Der Siegeszug der GLP an den eidgenössischen Wahlen 2011 hatte die Partei im Bundeshaus so stark gemacht, dass sie eine eigene Fraktion stellen konnte. Gredig war wieder nah dabei: Sie wurde Fraktionssekretärin, lernte den Parlamentsbetrieb von innen kennen. Und war geschockt, als die GLP-Volksinitiative für ein neues Energiesteuer-System an der Urne krachend scheiterte: 92 Prozent Nein! Kurz darauf die nächsten eidgenössischen Wahlen, auch sie für die GLP eine Katastrophe: Die Partei verlor gut die Hälfte ihrer Sitze in den eidgenössischen Räten. War die GLP doch nur eine politische Eintagsfliege, die schon bald verschwinden

«Verantwortung macht das Politisieren leichter.» Gredig und Nicola Forster leiten die kantonale GLP.

würde? «Es ging um alles oder nichts», erinnert sich Corina Gredig. In einer solchen Situation müsse man sich überlegen, ob die eigenen Werte wirklich mit jenen der Partei übereinstimmen. Falls ja: erst recht Gas geben! Das tat sie. Sie investierte «die wenigen Tausend Franken, die ich hatte», in eine neue Idee.

Konkretisiert wurde diese Idee im Dampf: im Hammam mit GLP-Nationalrätin Kathrin Bertschy. Die beiden Frauen überlegten sich, wie neue Generationen für Politik zu begeistern wären. Denn nicht allen sage das heutige System zu. «Man muss in eine Partei eintreten und dann schon bald in einem hässlichen T-Shirt Flyer verteilen, statt politische Ideen zu wälzen», sagt Corina Gredig und lacht. «Als ich das machen musste, fühlte ich mich wie eine Staubsaugerverkäuferin.» Die beiden Frauen wollten auch Menschen ansprechen, die nicht an einen Ort und an eine Partei gebunden sind, sich jedoch an der Lösungssuche für ein politisches Problem beteiligen wollen. Projektweise. Ohne dabei ein Amt anzustreben. Etwas Ähnliches gab es in Österreich bereits. So entstand das GLP-Lab. Es sollte zum Ideenlabor werden für die Partei, zum

Magnet für Interessierte mit oder ohne Parteibuch. Die Geschäftsführerin: die 29-jährige Corina Gredig. Ein Knochen- und zugleich ein Herzensjob für Gredig. Sie liebt Projekte – und steckt an damit. «Immer wenn ich Projekte hatte, konnte ich auch andere mitreissen.» An Interessierten mangelte es nicht. Einige der gemeinsam entwickelten Ideen flossen tatsächlich in den kantonalen oder eidgenössischen Politprozess ein: Die damalige Bundesrätin Doris Leuthard nahm zum Beispiel den Vorschlag grüner Parkzonen für Elektromobile auf. Schwieriger gestaltete sich über die Jahre die Suche nach Sponsorinnen und Sponsoren. Vielen war das Lab zu politnah.

Beinahe hätte auch sie sich nur hinter den Kulissen politisch engagiert: Ihr erstes politisches Amt hätte Gredig um ein Haar ausgeschlagen. 2017 bot sich ihr die Gelegenheit, ins Zürcher Stadtparlament, den Gemeinderat, nachzurücken. Wie auch schon auf kantonaler Ebene hatte sie sich bei den städtischen Wahlen als Listenfüllerin aufstellen lassen und war auf einem Ersatzplatz gelandet. Doch jetzt, als tatsächlich jemand zurücktrat, zögerte Gredig. Ihre Kinder waren erst ein- und fünfjährig. Doch die SP-Nationalrätin und ehemalige Gemeinderätin Min Li Marti, die sie am Abend zufällig an einem Apéro traf, ermutigte sie. Man lerne viel in diesem spannenden Amt. Eine andere Gemeinderätin bemerkte, verzichte Gredig, profitiere ein Mann. Sie nahm an. Und landete in einer Welt, die sie zwar als herzlich, zugleich aber auch als direkt und rau empfand.

«Insbesondere als junge Frau musste ich mir meinen Raum erkämpfen. Einige dachten wohl, ich sei nur wegen meines Aussehens gewählt worden», erinnert sie sich. «Wenn ich etwas sagte, kam keine Reaktion. Sagte ein älterer Herr wenig später das Gleiche, erntete er Nicken.» Zudem tat sie sich anfänglich mit den Themen schwer. «Eigentlich interessierte mich vor allem internationale und nationale Politik, ich hätte am liebsten die Welt gerettet», erzählt sie schmunzelnd. Und jetzt sollte sie mitentscheiden, wie viele Wohnungen für einen Baukredit entstehen sollten. Doch bald entdeckte sie, «wie viel Spass es macht, die nahe Welt von morgen mitzugestalten». Das erste Mal den Abstimmungsknopf drücken: Für sie ein so magischer Moment, dass sie ihren Finger beim Drücken filmte, um das Erlebnis später mit ihren Kindern teilen zu können. Ihre Ideen steckte sie anfänglich älteren Herren, um sie zum Erfolg zu bringen. Mit zunehmender Erfahrung versuchte sie dann, ihre Vorschläge den verschiedenen Seiten schon im Vorfeld von Sitzungen schmackhaft zu machen. Corina Gredig gewann Respekt.

zu werden, wächst, je mehr sich jemand vor Ort für die Partei einsetzt. «Das ist eine verfehlte Parteiwährung», kritisiert Gredig. «Parteiengagement ist doch nicht wie Geld, das man in ein Kässeli einzahlt, und irgendwann ist es voll und berechtigt zu Ansprüchen.» Entscheidend ist für sie das Engagement für die Gesellschaft. Das kann auch im Tierschutzverein oder in der Familie geschehen.

Gredig spricht aus bitterer Erfahrung. Der Weg zu ihrer Nomination als Nationalratskandidatin auf dem aussichtsreichen dritten Listenplatz war dornenvoll. Viele andere wollten auch so gut platziert werden wie die Co-Präsidentin. Argumentierten, sie habe den Listenplatz nicht verdient, weil sie nicht lang genug dabei sei, zu wenig engagiert, zu wenig präsent. Frau und schön zu sein, reiche nicht. Es gab einen Antrag, sie auf der Liste nach unten zu versetzen auf einen weniger erfolgversprechenden Platz. «Ich hatte maximalen Druck. Dazu kam, dass ich in den Medien gehypt wurde. Jeder positive Artikel brachte mir intern mehr Feinde», erinnert sich Gredig. «Es gab Momente, da war ich dem Aufgeben nah.» Während die Parteiversammlung über die Platzierung abstimmte – zugunsten von Gredig – schaute sie weg. Als Co-Präsidentin wollte sie nicht sehen, wer für und wer gegen sie stimmte. Schliesslich würde sie mit allen weiterarbeiten danach.

«Wenn es dir egal ist, was alle anderen über dein Leben denken, dann bist du wirklich frei»

In dieser schwierigen Phase waren sie, einmal mehr, besonders wichtig: Gredigs Frauenfreundschaften. Neben ihrem privaten Freundeskreis pflegt sie Beziehungen zu erfahrenen Frauen in Politik und Beruf, die sie auf der Achterbahn ihres Lebens begleiten. Die sie stützen, wenn es in einer scharfen Kurve oder auf einer Talfahrt wieder mal so richtig rüttelt. Zum Beispiel die Personalverantwortliche einer Bank. Gredig lernte sie während eines Apéros kennen und fragte sie spontan als Mentorin an. Zwei-

Erster Tag als Nationalrätin: Corina Gredig zeigt ihren Kindern den Nationalratssaal.

mal jährlich treffen sich die beiden Frauen bei einem Abendessen. Gredig hörte von ihr: Keine Selbstgeisselung bei einem Fehler! Keine dauernden Entschuldigungen! Stärken betonen, nicht Schwächen! Lob nicht bei anderen holen, sondern selber wissen, was frau kann! Wenn nach einer Sitzung drei grummelnd den Tisch verlassen: aushalten! Gegner zu haben, ist ein gutes Zeichen dafür, dass frau entscheiden kann!

Da sind aber auch Politikerinnen ausserhalb und innerhalb der Partei. Wie Tiana Moser, Fraktionschefin im Nationalrat und mehrfache Mutter, ein grosses Vorbild für Gredig. Oder alt Ständerätin Verena Diener. «Sie waren immer bereit, einen Kaffee mit mir zu trinken, wenn es schwierig war.» Auch als sie ihr Leben nach der Trennung von ihrem Mann 2018 neu organisieren musste. An diesem privat so schwierigen Punkt, so sagt es Gredig heute, habe sie etwas ganz Wichtiges gelernt: «Wenn es dir egal ist, was alle anderen über dein Leben denken, dann bist du wirklich frei. Ich muss nicht mehr Everybody's Darling sein.» Die Frauen waren auch da, als Gredig zwischen den beiden Kindern schwanger war, das Ungeborene aber noch vor Ende des dritten Schwangerschaftsmonates verlor. Das passiert in rund jeder dritten Schwangerschaft. Nur sprechen wenige darüber, es ist eine Art Tabu. «Umso schlimmer», sagt Corina Gredig. «Da bekommt man ja das Gefühl, man dürfe nicht mal richtig traurig sein. Darüber muss man reden!»

Privates und Politisches gehen in den Gesprächen mit den Politfreundinnen ineinander über. «Eine öffentliche Person zu sein, verbindet sehr», sagt Gredig. «Diese Frauen nahmen mir viel Druck weg. Weil sie mit mir ihre Erfahrung teilen, aber auch einfach durch ihr Dasein. Ich rate allen, sich solche Frauen zu suchen.» Die gegenseitige Hilfe kann auch konkret sein. Als sich für Gredig reelle Nationalrats-Chancen abzeichneten, bekam sie aus diesem Frauenkreis ein Darlehen für den Wahlkampf.

Ihr Wahlkampfbudget von rund 10 000 Franken floss zu einem grossen Teil in Werbung in den sozialen Medien, Plakate spendierte zusätzlich die Freundin ihres Vaters. Ein Unterstützer aus Gredigs dreiköpfigem Wahlkampfteam managte ihre Auftritte auf ihrer Website, auf Whatsapp, Facebook, Twitter, Instagram. Er filterte und löschte, wenn nötig. Gredig selbst erspart es sich bis heute, die Kommentare zu lesen – «das ist Seelenhygiene». Seit ihrer Masterarbeit über digitale Demokratie ist sie gegenüber sozialen Medien kritischer. «Sie können ausschliessend wirken. Vor allem gegenüber Frauen wird der Ton schnell aggressiv, da der soziale Filter fehlt.»

Zum Wahlkampf gehörten auch Auftritte in den klassischen Medien. Für Gredig schon vorher eine Herausforderung. «An der Uni zitterte mein Kinn bei Auftritten jeweils so stark, dass ich kaum reden konnte.» Auch hier konnte Gredig auf ihr Netzwerk zählen. Ein befreundeter Regisseur übte mit ihr, vor der Kamera zu sprechen. Sich im Vorfeld drei Kernbotschaften zu überlegen. Im Falle eines Blackouts auf eine davon zurückzugreifen. Gredig rät, eine Liste aufzuschreiben mit eigenen Stärken und Schwächen. Ihre Schwäche sei zum Beispiel die schnelle Reaktion in einem Interview. Ihre Stärke, im stillen Kämmerlein zu analysieren. Also bereitete sie anfänglich jedes Interview während mehreren Stunden und mithilfe von Freunden intensiv vor, überlegte sich, was sie wie sagen will – und was nicht. Sie schöpft Kraft aus ihrer Stärke und lässt die Schwäche dadurch immer kleiner werden. Auch inhaltlich hat sie dazugelernt: Greift als Co-Präsidentin auch mal politische Gegner an – das schärft das politische Profil. Und ruft Medienschaffende von sich aus an, wenn sie etwas an die Öffentlichkeit bringen möchte.

Nicht vorbereitet war sie aufs Gegenteil: Dass etwas an die Öffentlichkeit kommt, was sie lieber für sich behalten möchte. Es geschah in der zweiten Woche ihrer ersten Session als Nationalrätin. Gredig, ein fröhlicher, offener Mensch, wirkte plötzlich, als ob sie sich unsichtbar machen möchte. Geduckte Körperhaltung, wenig Blickkontakt. Meistens blieb sie im Ratssaal, nur selten war sie in der Wandelhalle unterwegs. Und wenn, dann in Begleitung ihrer Ratskollegin und Freundin Kathrin Bertschy. Die beiden Frauen sprachen sehr ernst miteinander. Der Grund: Ein Magazin hatte erfahren, dass Gredig einen neuen Freund hatte, Chefredaktor einer Regionalzeitung. Gredig könne es bestätigen, der Artikel erscheine aber auch ohne ihr Mittun, beschied ihr das Magazin. «Das war ein schwieriger Moment, als mein Privatleben plötzlich öffentlich wurde. Zumal ich private Stories stets ablehnte, weil ich lieber mit Inhalten bekannt sein wollte», erinnert sich Gredig. Als sie dies erzählt, ein paar Monate nach dem Vorfall, wirkt sie überhaupt nicht mehr bedrängt, sondern gelassen, fast abgeklärt. «Heute finde ich es nicht mehr so tragisch. In der Schweiz ist die Berichterstattung sicher fairer als in anderen Ländern. Vielleicht, weil man sich in unserem kleinen Land immer zweimal über den Weg läuft!»

Mit einem Foto für dieses Buch bei ihr daheim ist sie denn auch sofort einverstanden. Einzig die Kinder sollen nicht zu sehen sein, zu ihrem Schutz, sagt sie bestimmt. Obwohl das Gespräch schon mehrere Stunden gedauert hat und die Temperatur in der Wohnung merklich gestiegen ist, kommt Gredig nicht von sich aus auf die Idee, zuerst einen kurzen Kontrollblick in den Spiegel werfen. Auf die entsprechende routinemässige Frage der Autorin hin zögert Gredig einen Moment und verschwindet dann nur sehr kurz im Bad. Die Haare trägt sie danach in einem lockeren Knoten, ansonsten zeigt sie sich immer noch so casual wie vorher. «Ich bin nicht mehr sehr eitel», bemerkt sie kurz. «Ich bin, wie ich bin.» Der Kontrast zur verschüchterten Frau in der ersten Session könnte grösser kaum sein. Die Königin ist – in aller Bescheidenheit – zurück.

Monate später sitzt Corina Gredig vor einem kalten Plättli in einer Berner Gartenbeiz. Pickt Käse und Oliven, trinkt dazu Cappuccino. Sommersession. Im Zug hat sie zufällig einen SP-Ständerat getroffen und sich zu ihm hingesetzt. Während andere Neulinge anfänglich Scheu zeigen, auf Politiker und Politikerinnen anderer Parteien zuzugehen, findet sie das besonders spannend. In dieser Woche hat sie das GLP-Lab in neue Hände übergeben, nun konzentriert sie sich neben der Familie vorerst ganz auf die Politik. Die Aufgaben als

Wichtig für die Seele: Sport und Frauenfreundschaften. Mit GLP-Nationalrätin
Kathrin Bertschy (r.).

Nationalrätin und als kantonale Co-Präsidentin entsprechen einem Pensum
von 70 bis 80 Prozent, schätzt sie. Sie sitzt in zwei Kommissionen, will sich
zuerst in die neuen Themen vertiefen. Wenn sie nach ihrer Arbeit gefragt wird,
antwortet sie «Parlamentarierin». Sie ärgert sich sehr über Reaktionen, die sie
als Schmarotzerin dastehen lassen, als eine, die den Milizgedanken verrate,
indem sie aktuell «nur» Politik mache. «Gute politische Arbeit ist doch enorm
wichtig! Und familiäres Engagement neben dem Parlamentsmandat ist doch
weder schlechter noch besser als ein berufliches», sagt sie energisch. Überhaupt, was heisse schon Beruf – es gebe ja sowieso nicht mehr viele Politikerinnen und Politiker, die unternehmerisch tätig seien oder etwa als Ärztin oder
Lehrerin mitten im Leben ständen. Viele Männer und Frauen im Parlament
bewegten sich beruflich in sehr politiknahen Bereichen: im beratenden Gremium einer Krankenkasse zum Beispiel oder bei einer Gewerkschaft oder in
Verwaltungsräten, in denen vor allem ihre politische Kompetenz gefragt sei.
«Wenn der Milizgedanke bedeutet, dass Politikerinnen und Politiker einen rea-
len Bezug zum Alltagsleben haben sollen, dann bin ich als junge Mutter doch

näher am Leben der meisten Familien als jene, die ausschliesslich in Verwaltungsräten sitzen!» Natürlich könnte sie weniger Zeit in die Vorbereitung der Geschäfte stecken «und dann einfach so stimmen, wie Economiesuisse oder der Gewerkschaftsbund es vorgeben. Aber das ist doch nicht seriös!» Diese Diskussion will Politologin Gredig in den nächsten Jahren führen.

Einiges anderes hat sie auch noch vor. Laufend notiert sie ihre Ideen für Diskussionen, politische Vorstösse, Netzwerkaufgaben. «Da drin stehen meine Projektli», sagt sie verschmitzt und zeigt auf ein rotes Büchlein, das sie stets mit sich trägt. Eines der Projektli: Der FC Nationalrat soll freundschaftliche Konkurrenz bekommen, durch ein reines Frauenteam aus Nationalrätinnen – den FC Helvetia. Gredig spielte vor ihrer Mutterschaft begeistert Fussball, trainierte Juniorinnen, stand fünf Tage pro Woche auf dem Platz. Sie spielte im linken Mittelfeld. Dort, wo man als Person nicht sehr im Rampenlicht steht, jedoch eine wichtige Rolle spielt für den Spielaufbau gegen vorne. Gredig versteht etwas von Taktik. Sie legt grossen Wert darauf, dass im Nationalrätinnen-Team Frauen aus allen Parteien dabei sind. Fussball verbindet, auch in der Politik. Nicht selten werden politische Projekte am Rande von geselligen Anlässen aufgegleist. Viele Männer wissen das intuitiv. Einige Frauen holen auf.

Gredig verabschiedet sich. In wenigen Minuten beginnt die Parlamentsdebatte. Sie schwingt sich auf ein öffentliches Velo, um es noch rechtzeitig dorthin zu schaffen.

Am letzten Tag dieser Session gibt es eine politische Überraschung: Das neue Zivildienstgesetz, das höhere Hürden für den Zivildienst gebracht hätte, fällt in der Schlussabstimmung durch. Ein junges Nationalratstrio aus EVP, GLP und der damaligen CVP hat ein halbes Jahr lang darauf hingearbeitet und vor allem in der politischen Mitte Unterstützung gesucht. Besonders Frauen und Junge liessen sich überzeugen, Zivildienst und Militär nicht gegeneinander auszuspielen und den Zugang zum Zivildienst nicht zu erschweren. Schliesslich stimmte sogar der CVP-Präsident gegen die neuen Hürden. Corina Gredig freut sich vor laufenden Kameras. Sie war eine der drei treibenden Kräfte hinter dem politischen Coup. Das Gesetz zu verhindern, stand als Projektli in Gredigs rotem Büchlein.

Corina Gredig ist im Bundeshaus angekommen. Schnell hat sie ihre ersten politischen Fäden gesponnen und erste politische Erfolge geerntet. Schneller als die meisten Neulinge. Gewohnt schnell für Corina Gredig.

«Menschen mit ausländischen Wurzeln können viel Wertvolles beitragen»

Susan von Sury-Thomas im Kantonsrat (o. l.) und mit ihrem Mann Felix. Indien verliess sie für ihn.

Susan
von Sury-Thomas
Kantonsrätin Solothurn

«Ich könnte noch mehr!»

S usan von Surys Pass lässt sie ein Jahr älter erscheinen, als sie es in Wahrheit ist. Ihr Vater wollte es so. Denn dadurch durfte Susan in Indien schon als Fünfjährige zur Schule. Sie beherrschte bereits alle 53 Buchstaben der Malayalam-Sprache – auf Reiskörnern und Sand hatte sie sie schreiben gelernt. Nun dürstete sie nach mehr. Doch zur Schule zugelassen waren erst Kinder ab sechs. So bat der Vater den Schulrektor kurz entschlossen, Susan in den Dokumenten ein Jahr älter zu machen. Der Rektor liess sich nicht lange bitten. Seitdem steht in Susans Papieren als Geburtsjahr 1961 vermerkt. Tatsächlich kam sie 1962 zur Welt, als zweitjüngstes von zwölf Geschwistern, auf einem mittelgrossen Landwirtschaftsbetrieb in Kerala.

Heute ist sie die erfahrenste Kantonsrätin der Partei «Die Mitte» im Kanton Solothurn. Sie politisiert in einem Land, in dem jedes Kälbchen gleich nach der Geburt mit einer Ohrmarke versehen und registriert wird. In einem Land, in dem sogar Eier einen Stempelaufdruck mit dem Legedatum tragen.

Dieser schweizerische Hang zu Ordnung und Organisation gefiel Susan von Sury, als sie mit 25 Jahren, frisch verheiratet mit Felix von Sury, in die Schweiz zog. «Ich war schon in Kerala so organisiert, zielstrebig und pünktlich», sagt sie. «Eher untypisch für eine Südinderin. Viel mehr Mühe hatte ich damit, dass Paare sich hier auf der Strasse sogar küssen. In Indien geben sich Männer und Frauen in der Öffentlichkeit nicht mal die Hand.»

In Indien heirateten damals junge Frauen normalerweise jene Männer, die ihre Eltern für sie ausgesucht hatten. Nicht so Susan. Sie wollte Felix. Den Schweizer, der in Kerala für ein Entwicklungshilfeprojekt arbeitete. Den Mann, den sie an der Silvesterparty des Reisebüros kennengelernt hatte, für das sie in der Geschäftsleitung arbeitete.

Urs Suri, Schultheiss von Solothurn: Sein Porträt hängt im Rathaus, wo Susan von Sury politisiert.

Felix von Sury wollte um Susans Hand anhalten. Gemeinsam reiste das Paar im Nachtzug 500 Kilometer zum Gut von Susans Familie. Familie Thomas baute Reis, Kautschuk, Kokospalmen, Kaffee, Kakao und Pfeffer an. Für Milch und Fleisch hielt sie ein paar Kühe und Hühner. Die Familie gehörte damit zum oberen Mittelstand. Trotzdem war manchmal zu wenig da, um beim Essen Nachschlag verlangen zu können. Die drei ältesten Kinder starben früh an Malaria, die anderen neun schliefen wie Sardinen aneinandergeschmiegt zufrieden am Boden. Strom gab es nicht, dafür Petrollampen, die Susan beim Lernen Tränen in die Augen trieben. Die Eltern waren freundlich, doch verlangten sie Respekt. Dem Vater beim Reden in die Augen zu schauen, so wie Susan dies als einziges Kind zu tun pflegte, galt als aussergewöhnlich mutig.

Der Vater sagte Nein zur Hochzeit. Ihm gefiel zwar, dass Felix Katholik war, so wie die Familie Thomas. Auch sein Agronomiestudium schätzten die

Eltern. Doch während die Mutter, die aus einer politisch aktiven und welt-offenen Familie kam, wenig Bedenken gegen die Heirat mit einem Ausländer hatte, plagten den Vater grosse Ängste. In den 1980er-Jahren hatten arabische Scheichs junge Inderinnen geheiratet und nach wenigen Wochen in Bordellen zurückgelassen. Zudem hätte Susans Schwägerin sie gerne mit ihrem Bruder verkuppelt. Susan war bodenlos enttäuscht. Sie beschied ihrem Vater, sie werde Felix sowieso heiraten. Im Beisein der Familie oder auch ohne. «Meine Schwester redete dem Vater gut zu», erinnert sich Susan von Sury. «Sie sagte ihm: Wenn Sue etwas will, zieht sie es auch durch. Sag lieber Ja und fertig.» Er sagte nicht Ja. Aber zur Hochzeit in Kerala fuhren überraschend drei Cars vor: Susans Eltern kamen mitfeiern, begleitet von über hundert Familienmitgliedern. Ein bescheidenes Fest für indische Verhältnisse.

Susan hatte schon vor ihrer Hochzeit mehr und anderes angestrebt, als für indische Mädchen damals vorgesehen war. Sie wollte Medizin studieren. Ihr Vater war dagegen. Doch als Susan als Einzige ihrer Klasse wegen ihrer hervorragenden Leistungen ein kleines Stipendium erhielt, lenkte er ein. Für Medizin reichte das Geld aber nicht – es hätte die künftige Mitgift für Susan zu sehr in die Höhe getrieben, da Frauen einen Mann heiraten sollten, der beruflich höher gestellt ist als sie selber. «Weinen nützte nicht viel», kommentiert von Sury. «Ich verstand ihn.» Sie entschied sich für Biologie.

Sechs holprige Fahrstunden von der Familie entfernt studierte Susan. Brav wohnte sie im Nonnenkloster mit «Ausgang» von acht bis achtzehn Uhr. Weniger brav hielt sie sich gelegentlich mit männlichen Studienkollegen in Kaffeehäusern auf. Hinter dem Rücken ihrer Familie stieg sie an der Uni gar in die Politik ein: als stellvertretende Parteisekretärin der lokalen Congress-Partei, einer christlich geprägten, regionalen Abspaltung der national grossen Gandhi-Partei. Sie kämpfte für mehr Geld zugunsten der Bildung, für neue Lehrmittel. Kollegen aus ihrem Dorf rieten ihr, in den Ferien nicht heimzureisen. Ihr Vater liesse sie sonst kaum mehr an die Universität zurückkehren. Susan nahm ihm diese Haltung nicht übel. «Er hatte Angst, als politisch aktive Frau fände ich keinen Mann.»

Susan von Sury erzählt ihre Geschichte bei einem Kaffee auf dem Balkon des Schlosses Waldegg nahe der Stadt Solothurn. Kaffeerahm, Zucker, Kirschstängeli und Schokomandeln hat sie in Silberschälchen serviert. Unter dem Balkon liegt der in geometrischen Formen angelegte barocke Schlossgarten, dahinter erstrecken sich bis zum Horizont Wälder, Felder und Siedlungen des Kantons Solothurn. An schönen Tagen strömen Touristinnen und Touristen in den Schlossgarten und ins Museum. In der Orangerie, in der Scheune und im Theatersaal finden Hochzeiten, Firmenanlässe und Beerdigungsessen statt. Von Surys schliessen ihre Haustüre immer ab. Susan lacht. «Wenn nicht, stehen plötzlich Schlossbesucher in unserer Wohnung, weil sie meinen, sie gehöre zum Museum. Hier ist viel los. Trete ich vor die Haustür, kenne ich meistens ein paar Leute. Das gefällt mir!»

Susan von Sury und ihr Mann Felix zogen 2015 in die Waldegg. Sie bewohnen eine Sechszimmerwohnung im Ostflügel. Dem Kanton Solothurn müssen sie nur eine kleine Miete bezahlen: Das Schloss gehörte bis 1964 der alten Patrizierfamilie von Sury. Seither haben Familienmitglieder hier Wohnrecht. Im Treppenhaus hängt ein Porträt von Johann Viktor I. von Besenval, der das Schloss in den Jahren bis 1686 erbaute, die Stubenwände zieren Gemälde der Vorfahren. Trotzdem wirken die meisten Räume unkompliziert eingerichtet. Seine adligen Wurzeln hatte Felix Susan in Indien verschwiegen. «Er sagte mir, er besitze in der Schweiz lediglich ein kleines Zimmer», erinnert sich Susan von Sury amüsiert. «Das hätte mich nicht gestört. Mir war lediglich wichtig, dass er mich ernähren konnte. Und dass er katholisch war. Gewohnt hätte ich überall. So sind wir Inder. Ich brauche lediglich ein sauberes WC.» Um Felix in die Schweiz zu folgen, sagte Susan, die nach dem Biologiestudium noch Computersprachen gelernt und gelehrt hatte, für ihren Traumjob ab: Sie hatte in Kerala ein Angebot als Polit-Fernsehmoderatorin. «Der Verzicht schmerzt noch heute», sagt sie. «Aber das mit Felix, das war Liebe.»

In der Schweiz wurde Susan von der Familie von Sury mit offenen Armen empfangen. «Wir sind beide konservativ und katholisch, das passte gut», sagt sie. In Intensivkursen lernte sie diszipliniert Deutsch – wer im Unterricht eine andere Sprache benutzte, musste zwanzig Rappen in ein Kässeli einzahlen. Doch aus dem Traum, in der Schweiz doch noch Medizin zu studieren, wurde nichts: Das erste Kind, Anna, kündigte sich 1988 an, ihr folgten Joseph und Victor.

Kaum war das jüngste Kind auf der Welt, zog die Familie für fünf Jahre nach Nepal. Felix von Sury leitete die schweizerische Entwicklungshilfe vor Ort. Eine intensive Zeit voller Herausforderungen für die ganze Familie: Mehrere Lungenentzündungen aufgrund der atemraubenden Luftverschmutzung, eine gefährliche tropische Krankheit des Mannes, ein Erdbeben. «Ach, damit konnte ich umgehen», winkt Susan von Sury ab. «Ich war mir aus Indien die ständige Bedrohung durch Krankheit, Naturgewalt und Tod gewohnt.» Als Gattin eines diplomatischen Vertreters der Schweiz durfte sie keiner Erwerbstätigkeit nachgehen. Sie half unentgeltlich mit, ein erstes Hospiz für aidskranke Frauen aufzubauen.

Susan von Sury öffnet im Sommer 2020 die altehrwürdige, verzierte Holztüre zum Solothurner Rathaus. Der Weibel erwartet sie schon, die beiden kommen ins Plaudern. Nach dreizehn Jahren im Solothurner Parlament kennt man Susan von Sury hier bestens. Der Weg zum Kantonsratssaal führt an Ölgemälden von streng blickenden Männern in Perücken vorbei. «Urs Suri, Schultheiss von Solothurn 1701–1707» steht über einem der Bilder. Die Familie von Sury hat eine lange, katholische Polittradition. Sie verkörpert die CVP, wie die Partei bis 2021 noch hiess.

Susans Parteiwahl in der Schweiz lag auf der Hand. Wichtig sind ihr die Werte, weniger das C im Parteinamen – das die nationale Partei unterdessen bei ihrer Umbenennung in «Die Mitte» verbannt hat. Selbst besucht sie fast wöchentlich die Messe: «Ich brauche das, ich bin so aufgewachsen.» Von anderen erwartet sie das nicht. «Wichtig finde ich, dass die Menschen überhaupt etwas glauben, dass sie spüren, dass über ihnen noch etwas Grösseres ist.» So setzte sie sich auch für Muslime ein. Die Friedhöfe sollten ihren Ansprüchen an Bestattungen entgegenkommen müssen. Die Regierung lehnte von Surys Anliegen ab. Beerdigungen seien Sache der Gemeinden.

Auf Gemeindeebene, in Solothurn, hatte von Surys Politkarriere in der Schweiz begonnen. Es war ein Blitzstart, der sie selbst überraschte. Nach

Steckbrief

Geboren
offiziell 1961, tatsächlich 1962

Partei
Die Mitte

Aktuelles politisches Amt
Kantonsrätin SO, Gemeinderätin Feldbrunnen-St. Niklaus

Besonderes
Sie folgte ihrer grossen Liebe aus Indien in die Schweiz – und erlebt als Politikerin neben Erfolg auch Rassismus.

Erstes politisches Mandat
2005 als Gemeinderätin der Stadt Solothurn

Familie
verheiratet, drei Kinder: Anna (* 1988), Joseph (* 1991), Victor (* 1993)

Ausbildung
Biologin

ihrer Rückkehr aus Nepal und einer Ausbildung in Handel und Wirtschaft hatte sie erfolglos ein kleines Teilpensum im Bereich Marketing gesucht. Stattdessen wurde sie 2004 Sekretärin der städtischen CVP Solothurn. Schon ein Jahr später fragte die Partei sie an, ob sie ihren Namen auf die Wahlliste für den Gemeinderat setzen dürfe. «Sie sagten, ich müsse nicht befürchten, gewählt zu werden, da man es bei der ersten Kandidatur sowieso nicht schaffe», erinnert sie sich. «Ich sagte nur zu, um die Partei zu unterstützen.» Doch das Unwahrscheinliche geschah: Von Sury sass plötzlich als eine von dreissig Gewählten im Solothurner Gemeinderat, einem seltenen Zwitter von städtischer Exekutive und Legislative. Und zwei Jahre später bereits im Kantonsrat.

Hier, im Saal des zweiten Stockes des Rathauses, am Platz, auf dem schwarz geprägt auf dem Messingschildchen mit den Abstimmungsknöpfen «Susan von Sury-Thomas» steht, hinterlässt sie seit 2007 politische Spuren. In Bildungs-, Migrations- und vor allem in Gesundheitsthemen. Sie hat eine kantonale Demenzstrategie ins Rollen gebracht, sich für Dickdarmkrebsprävention starkgemacht und strengere Vorschriften für E-Zigaretten initiiert. Als Krönung präsidiert sie bis im Frühling 2021 die Sozial- und Gesundheitskommission: In enger Zusammenarbeit mit dem Gesundheitsdepartement bereitet sie die Themen vor, lädt Expertinnen und Experten in die Kommission ein, leitet deren Sitzungen und ist bei Gesundheitsfragen eine gefragte Interviewpartnerin der Medien.

«Sie fragten: Warum kandidierst du? Wir kandidieren ja auch nicht in Indien»

Susan von Sury würde gern noch so viel mehr machen. Kantonsratspräsidentin! Nationalrätin! Regierungsrätin! Sie hätte Zeit, die Kinder sind längst ausgeflogen, nur ein Enkelkind hütet sie ab und zu. Doch ihre ausländischen Wurzeln, die sichtbar und am Akzent auch hörbar sind, stehen ihr beim weiteren politischen Aufstieg in eines der exklusiveren Ämter im Weg, davon ist sie überzeugt. Dreimal kandidierte sie für den Nationalrat. Da die Bisherigen auch wieder antraten, war die Ausgangslage

Schlossherrin mit sozialer und unternehmerischer Ader: Susan von Sury vor dem Schloss Waldegg.

sowieso schwierig. Jedes Mal berichteten ihre Anhänger, die für sie Wahl-flyer verteilten, aber auch von Reaktionen wie diesen: «Warum sollen wir sie wählen? Wir haben genug eigene Leute.» Parteiintern bekam sie zudem versteckt bis ganz offen zu hören, sie solle doch zufrieden sein mit dem, was sie habe: «Warum kandidierst du? Wir kandidieren ja auch nicht in Indien.» Für das Amt als Kantonsratspräsidentin schaffte sie 2016 die par-teiinterne Nominierung nicht. Ohne Begründung wählte die Fraktion statt ihrer erfahrensten Politikerin einen Mann, der gerade mal drei Jahre im Kantonsrat gesessen hatte – und ihn nach dem Präsidialjahr auch bald wie-der verliess. Susan von Surys fröhlicher und offener Gesichtsausdruck ver-schwindet, wenn sie von solchen und ähnlichen Erfahrungen erzählt. «Auf der ganzen Welt gibt es Rassismus, auch in Solothurn», sagt sie und fügt doch ratlos an: «Ich setze mich schon seit so vielen Jahren für die Bevölke-rung ein. Als Gemeinderätin, Kantonsrätin, Ortsparteipräsidentin und als

Auszeichnung für ihr sozialpolitisches Engagement: Susan von Sury 2018 in Kerala.

katholische Synodalrätin. Ich gab stets 40 bis 50 Prozent meiner Zeit für das Gemeinwohl. Wird denn das so wenig geschätzt? Oder ist es Neid, Eifersucht?»

Wie gut tat ihr da Anerkennung aus Indien! 2018 erhielt sie in ihrer Heimat Kerala als eine von weltweit zehn Personen eine Auszeichnung für ihr sozialpolitisches Engagement: für jenes als Politikerin in der Schweiz und für ihr privates zugunsten von Indien. Sie hatte nach dem Hochwasser in Kerala rund 17000 Franken Spenden für Schulprojekte gesammelt. Gekleidet in einen weiss-goldenen Sari, erhielt sie eine kleine Stele des Gurus «Sree Narayana» – er gründete die soziale Reformbewegung SNDP, die unter anderem gegen das Kastenwesen und für religiöse Toleranz kämpft. In Kerala leben verschiedenste Religionen friedlich nebeneinander, der Bildungsstand ist hoch. Von Sury hielt in ihrer Muttersprache eine kurze Rede vor den rund 20000 Anwesenden. «Es war ein wahnsinnig emotionaler Moment.»

«Ich liebe Verhandlungen, je schwieriger, desto besser!»

Von Sury hat Kontakte bis hinein in die indische Verwaltung und Regierung. Sie nutzt sie zugunsten ihres Heimatkantons. Dem Elektrobushersteller Hess hat sie einen Auftrag des Staates Indien für mehrere Tausend Busse vermittelt. «Ich las in der Zeitung, dass Indien Dieselmotoren von der Strasse verbannen wollte», erzählt sie. «Da sah ich Potenzial und rief Hess an.» Mehrfach flog von Sury auf eigene Kosten nach Indien, vermittelte bei den Vertragsverhandlungen, erarbeitete eine Lösung, die beiden Staaten Vorteile bringt. Ein Teil der Busmontage erfolgt in Indien, je grösser der Auftrag, desto mehr. Das schafft in Indien Arbeitsplätze, in der Schweiz ebenfalls, dazu Steuereinnahmen. Susan von Surys Augen funkeln unternehmungslustig, als sie davon erzählt, sie gestikuliert und sagt: «Ich liebe Verhandlungen, je schwieriger, desto besser!» Ihre Fähigkeiten – sie spricht unter anderem sieben Sprachen – würde sie gern noch öfter einbringen. In den Migrantinnen und Migranten der Schweiz sieht sie viel ungenutztes Potenzial. «Wenn Aussenminister Ignazio Cassis zum Beispiel mit einem afrikanischen Staat verhandeln muss – warum lässt er sich dann nicht von einem Gremium fähiger Einwanderer aus dem betreffenden Land beraten? Die wüssten, worauf es ankommt!»

Auf kantonaler Ebene ist sie mit entsprechenden Ideen gescheitert. Sie schlug vor, Ausländerinnen und Ausländer mit C-Ausweis ins Polizeikorps aufzunehmen. In der Überzeugung, sie könnten bei Delikten wie Drogenhandel oder häuslicher Gewalt besonders gut ermitteln und vermitteln, im Wissen um kulturelle Hintergründe. «Stattdessen hatte der Rat Angst, Ausländer seien nicht fähig, gegen eigene Landsleute vorzugehen», ärgert sie sich. «Das finde ich eine schlimme Unterstellung!»

Sie ermutigt Migrantinnen und Migranten, in die Politik zu gehen. Im vollen Wissen darum, wie viel Mut es braucht, wie alleine man dabei manchmal ist und wie steinig der Weg sein kann. Und doch lohne es sich. «In einer Gesellschaft müssen wir Menschen einander doch ergänzen, sonst ist es langweilig. Menschen mit ausländischen Wurzeln können viel Wertvolles dazu beitragen», sagt sie. Und appelliert: «Aber sagt, was ihr anstrebt! Erwartet nicht, dass man auf euch zukommt!»

Politik ist für Susan von Sury mehr als das, was im Parlament passiert. Als Politikerin nutzt sie ihren Einfluss auch immer wieder, um Menschen ganz praktisch zu helfen. Oft trifft sie sie im Café Hofer. Goldene Buchstaben auf schwarzem Grund, farbiges Konfekt in der Vitrine, kleine Tischchen dicht an dicht. Von Sury zahlt Kaffee und Butterbrezel mit einem Gutschein. Sie hat ihn von einer Lehrtochter des Cafés erhalten, zum Dank dafür, dass sie ihr für ein Interview Red und Antwort stand. Immer wieder wird sie für solche Interviews angefragt, oft von ganzen Klassen. Andere holen sich bei ihr auch Rat in Alltagsfragen, bei Ehe- oder Erziehungsproblemen. Schwere Schicksale sind darunter. Wie jenes des ehemaligen Verdingkindes, auf dessen Rücken bis heute die Spuren eines Bügeleisens prangen. Es erhielt vom Bund die maximale Entschädigung – worauf die Sozialhilfe ihre Leistungen kürzte. Von Sury holte juristischen Rat ein, weibelte im Bundeshaus für eine politische Lösung. Schliesslich war es nicht ihre Partei, welche den Missstand mit einem politischen Vorstoss behob, sondern die SP. Das Problem war trotzdem gelöst.

Susan von Surys Werdegang weist neben allem Aussergewöhnlichen auch ein typisch weibliches Muster auf: Auf eine gute Ausbildung folgt unbezahltes Engagement als Mutter und in der Freiwilligenarbeit. Sich die ersten Jahre ganz den Kindern zu widmen, sei ihr wichtig gewesen, sagt sie. Sie ist überzeugt davon, dass den Kindern ungeteilte Aufmerksamkeit – sofern Finanzen und Familiensituation es zulassen – guttun. Doch die mangelnde Wertschätzung für Familien- und Freiwilligenarbeit macht sie wütend. «Mütter sind doch Führungspersonen», sagt sie. «Wenn sie nach ein paar Jahren wieder in den Beruf einsteigen, sollte ihre Führungsarbeit geschätzt und finanziell berücksichtigt werden. Ungleicher Lohn für gleiche Arbeit ist inakzeptabel.» Als Kosmopolitin beobachtete sie erstaunt, wie spät an den Schweizer Schulen Blockzeiten und Kindertagesstätten eingeführt wurden. Als ihre Kinder noch klein waren, gab es das nicht. So war keine Teilzeitarbeit möglich. Zumal ihr Mann beruflich oft im Ausland weilte. Immerhin packte er zu Hause an, wenn er da war – vor allem nachts. «Er sagte, die Nacht sei sein Job», erinnert sich von Sury. «Ich musste dann nie aufstehen.» Ansonsten aber war Susan von Sury meistens allein mit Familie, Schwiegereltern und Garten.

Allen Hindernissen zum Trotz: Susan von Sury-Thomas hat viel erreicht. Sie wurde nicht Ärztin, aber Biologin. Sie sitzt nicht im Management einer Firma, doch sie hat der Wirtschaft grosse Aufträge vermittelt. Sie wurde nicht Nationalrätin, aber als kantonale Gesundheitspolitikerin geniesst sie Respekt. «Es ist viel, ja, aber überall ein bisschen weniger, als ich angepeilt habe», sagt sie und fügt voller Energie und Tatendrang einen Satz an. Diesen Satz, der von Frauen so selten kommt: «Ich könnte noch mehr!»

«Wenn wir nie Fehler machen,
lernen wir nie, präsent zu sein»

Marina Carobbio bei einem Ausflug in den
Bergen der Leventina (l.). In Zürich als
Ehrengast bei einer NGO für Flüchtlings-
frauen in Griechenland (r.) und in ihrem
Garten im Tessin.

Marina Carobbio

Ständerätin Tessin

«Wir müssen uns nicht dafür schämen, Macht haben zu wollen»

Bahnhof Bern. Marina Carobbio steigt gerade in den Zug nach Zürich, wo sie als Ehrengast an einer Veranstaltung eines Vereins teilnehmen wird, der sich für Flüchtlingsfrauen in Griechenland einsetzt. Die Tessiner SP-Nationalrätin und Nationalratspräsidentin erachtet Initiativen wie diese als wichtig. Deshalb hat sie sich zur Teilnahme entschieden – obwohl die Stichwahl für den Ständerat vor der Tür steht und trotz der Müdigkeit, die ihr enger, nicht nur politischer Zeitplan mit sich bringt. «Es sind Veranstaltungen wie diese, die mir Kraft geben.» Kraft, um die Bedürfnisse der schwächsten Menschen zu verstehen und für sie einzutreten.

Sich für Menschen in Schwierigkeiten zu engagieren – genau das ist es, was Marina Carobbio, von Beruf Ärztin, schon seit ihrem Studium antreibt, sich der Politik zu widmen. Sie hat bereits eine lange Karriere hinter sich, die sie vom kantonalen bis ins eidgenössische Parlament geführt hat. Eine Karriere, in der sie aufregende Momente erlebt hat. Einer der Höhepunkte: die Wahl in den Ständerat 2019, nach zwölf Jahren im Nationalrat. Marina Carobbio ist die erste Sozialdemokratin und die erste Frau aus dem Tessin, die einen Sitz im Ständerat erobert hat.

Am 17. November 2019 kam es zur Stichwahl. Die Spannung war kaum auszuhalten. Marina Carobbio konnte das Ergebnis selbst nicht glauben: «Mein Sohn hat Berechnungen angestellt, Zahlen addiert, und irgendwann hat er gesagt: ‹Nach meinen Berechnungen hat sie gewonnen.› Sofort begannen alle zu jubeln, zu applaudieren. Ich konnte es nicht begreifen, habe es nicht geglaubt. Ich wiederholte mehrmals, dass es falsch sein müsse, dass es nicht stimmen könne.» Doch die Berechnungen ihres Sohnes waren

Offizieller Besuch in Rom im Mai 2019: Marina Carobbio erhält als Nationalratspräsidentin von der Dante-Alighieri-Gesellschaft das Zertifikat für die Ehrenmitgliedschaft. Foto: Lorenzo Abbate

korrekt. In der Casa del Popolo in Bellinzona, dem historischen Versammlungsort der SP, an dem man sich an diesem Tag im dichten Gedränge kaum bewegen konnte, brachen die Emotionen los. Die weinende Mutter, die Umarmungen, die Küsse. Ein unvergesslicher Moment für alle, die sich entschieden haben, Politik zu machen.

Eine Wahl, die nicht immer von allen verstanden wurde. Es fehlte nicht an Kommentaren, die von tiefsitzenden Vorurteilen zeugten. «Ich musste gewisse vorgefertigte Meinungen bekämpfen. Einige sagten zu mir: ‹Du hast Kinder, du hast einen Job, und jetzt bist du auch noch in der Politik.›» Männer bekämen keine solchen Kommentare zu hören, ergänzt Marina Carobbio, im Gegenteil, es sei gern gesehen, wenn Männer sich für verschiedene Aufgaben engagierten.

Ihre Eltern waren immer für die Politikerin da, unterstützten sie, ebenso wie ihr Mann, der sich um die beiden Kinder kümmerte. Insbesondere nachdem sie 2007 in den Nationalrat gewählt wurde, da war ihre Jüngste zwei-einhalb und der Älteste neun Jahre alt. Damals war Bern noch weiter weg als heute, weil es den Gotthard-Basistunnel noch nicht gab. Pendeln war un-möglich. Ohne die Hilfe ihres Mannes, der abends die Kinder betreute, wäre es viel schwieriger gewesen, mit der Politik weiterzumachen. Gemeinsam hatten sie überlegt, ob er sein Arbeitspensum reduzieren sollte, aber dies war bei seinem Beruf als Ingenieur nicht möglich.

Tatsächlich werden die verantwortungsvollen Positionen in den meisten Fällen nicht Teilzeit besetzt, was dazu führt, dass viele Frauen gar nicht erst versuchen, eine solche Position zu übernehmen, weil sie dann keine Zeit mehr für ihre Familien hätten, stellt Marina Carobbio verbittert fest. «Es müssten die notwendigen Voraussetzungen geschaffen werden, damit alle Frauen, auch die, die keine Hilfe erhalten, die Wahl haben, sich einer beruf-lichen Karriere oder ihrer Leidenschaft für die Politik zu widmen.»

«Es hat viel Arbeit gekostet, die Vorurteile auszuräumen»

Und für Marina Carobbio ist Politik nichts anderes als pure Leiden-schaft. Eine Leidenschaft, die sie zum Teil von ihrem Vater geerbt hat, einem langjährigen SP-Politiker, der zudem viele Jahre lang Nationalrat war. Seine Bekanntheit, so gibt Marina Carobbio zu, habe es ihr ermöglicht, mit nur 24 Jahren in den Grossen Rat gewählt zu werden. «Am Anfang war es nicht einfach. Ich war immer ‹die Tochter von›. Es hat viel Arbeit gekostet, diese Vorurteile auszuräumen.» Dies sei ihr vor allem dank der Zusammenarbeit mit anderen Frauen gelungen, erzählt sie. Frauen, die ihr auch «Inputs und Ideen zum Weitermachen gegeben haben». Darunter die ehemalige Bundesrätin Ruth Dreifuss sowie ihre Freundinnen Jacque-line Fehr, ehemalige SP-Nationalrätin und Regierungsrätin des Kantons Zü-rich, und Anna Biscossa, SP-Abgeordnete des Tessiner Grossen Rates, erin-nert sich Marina Carobbio. Und auch Laura Riget zählt dazu, Co-Präsidentin der Tessiner SP und eine zentrale Figur im Ständeratswahlkampf 2019.

Für Marina Carobbio ist es undenkbar, ohne ein Unterstützungsnetzwerk, insbesondere von Frauen, Politik zu machen. Ein Netzwerk, zu dem auch ihre Mutter gehört, die für sie ein wichtiges Vorbild ist. Eine Hausfrau, die sich aktiv für die feministische Bewegung einsetzt. «Meine Mutter hat mir in Bezug auf den Kampf für Frauen so viele Dinge beigebracht. Sie hat mir erzählt, was es für sie bedeutet hatte, zum ersten Mal abstimmen zu dürfen.» Und dank ihr lernte Marina Carobbio, wie viel die Haus- und Familienarbeit Wert ist und dass diese von den Sozialversicherungen wie der AHV anerkannt und vergütet werden sollte. «Meine Mutter hatte in ihrer Küche einen Zettel hängen, auf dem stand: Bügeln ist x Franken wert, Waschen ist y Franken wert, Kochen ist z Franken wert. Ich war immer sehr beeindruckt davon. Leider weiss ich nicht, wo der Zettel gelandet ist. Aber er sprach ein Thema an, das auch heute noch seine Gültigkeit hat, nämlich die Anerkennung der Hausarbeit.»

Eine bessere Rentenabsicherung für Frauen ist aber nur einer der vielen Kämpfe von Marina Carobbio, die im Lauf der Jahre teilweise auch bittere Niederlagen einstecken musste. Wie zum Beispiel 2014, als die Volksinitiative für eine öffentliche Krankenkasse an der Urne abgelehnt wurde. Auch dass sie im Oktober 2011 von ihrer Fraktion nicht als offizielle Kandidatin für die Nachfolge von Bundesrätin Micheline Calmy-Rey nominiert worden war, sei eine grosse Enttäuschung gewesen. «Meine Fraktion konnte drei Namen vorschlagen. Es wäre ein wichtiges Zeichen gewesen, auch wenn ich wusste, dass ich weniger Chancen hatte als die beiden männlichen Kandidaten», der Freiburger Alain Berset und der Waadtländer Pierre-Yves Maillard. Marina Carobbio reagierte jedoch sofort und nutzte die Gelegenheit dazu, die Präsenz der italienischsprachigen Schweiz in der Bundesregierung eingehend zu untersuchen und in ihrer Fraktion sowie im Parlament zu thematisieren. «Der Gedanke, dass die Arbeit letztlich dem kollektiven und gemeinsamen Interesse dienen würde», hat sie stets angetrieben, auch nach Niederlagen und Enttäuschungen wieder aufzustehen.

Die Arbeit für das kollektive Interesse zwingt die Politikerin jedoch dazu, viel Zeit weit weg von zu Hause zu verbringen. Verzicht und das Erbringen von Opfern gehören für sie seit jeher dazu, vor allem während der Parlamentssessionen. «Ich verpasste so viele Kinderfeste, die Abschlussfeiern in der Schule. Mein Mann ging alleine zu diesen Anlässen. Es wäre natürlich schön gewesen, hätten wir beide dabei sein können.»

Zur Erholung zieht Marina Carobbio, wann immer sie kann, ihre Wanderschuhe an. «Wenn man viel läuft, fällt einem nach einer Weile das Sprechen schwer, und so hat man Zeit zum Nachdenken, zum Reflektieren und um bestimmte Dinge mit mehr Gelassenheit zu sehen.» Es war auch ebendiese Leidenschaft für die Tessiner Berge, die sie mit ihrem Mann und vielen ihrer Freunde zusammengebracht hat. Die Momente, die sie in der Natur verbringt, sind kostbar für sie.

Momente, auf die sie in ihrem Jahr als Nationalratspräsidentin oft verzichten musste. Es war ein arbeitsreiches Jahr mit zahlreichen Sitzungen und Reisen. Zum Beispiel nach Afrika, wo sie von der Schweiz unterstützte humanitäre Projekte besuchte. Zu den bereisten Ländern gehört Ruanda, dessen Parlament mehrheitlich weiblich ist. Ein politisches System also, das – unter Wahrung der autoritären Macht seines Präsidenten Paul Kagame – die Beteiligung von Frauen in politischen Institutionen fördert.

Und genau das hat Marina Carobbio während ihres Präsidentschaftsjahres mit zahlreichen Initiativen versucht: Frauen in der Politik zu fördern. Wie zum Beispiel, als sie die viertelstündige Pause am Morgen des 14. Juni 2019 nutzte, um sich den Tausenden von Frauen auf dem Bundesplatz beim landesweiten Streik anzuschliessen. Ein Streik, bei dem fast eine Million Menschen mit langen Märschen, Sprechchören, Konzerten und Freizeitaktivitäten die Schweizer Städte eroberte. Begleitet wurde Marina Carobbio von Nationalratsvizepräsidentin Isabelle Moret und Bundesrätin Viola Amherd. Eine Aktion, die nicht vom gesamten Parlament unterstützt wurde, aber die Gegner konnten sie nicht verbieten. «Ich bin

Steckbrief

Geboren
1966

Partei
SP

Aktuelles politisches Amt
Ständerätin TI

Besonderes
In ihrem Jahr als Nationalratspräsidentin setzte sie sich für die Förderung von Frauen in der Politik ein.

Erstes politisches Mandat
1991 als Grossrätin TI

Familie
verheiratet, zwei Kinder:
Matteo (*1996)
und Laura (*2004)

Ausbildung
Ärztin für Allgemeine Innere Medizin FMH

das Risiko eingegangen – aber es hat sich gelohnt. Es war sehr emotional. Und ich habe gemerkt, dass es – sowohl in Bern als auch in Bellinzona – eine sehr wichtige symbolische Geste für die Frauen war.»

«Wenn Angriffe kommen, darf man sie nicht persönlich nehmen»

N un sitzt Marina Carobbio im Ständerat. Eine neue Rolle, die sie engagiert anpackt. An Engagement und Mut hat es ihr nie gemangelt, das hatte sie bereits zu Beginn ihres politischen Abenteuers bewiesen: «Ich wurde einmal gebeten, auf eine Debatte zu verzichten, um einem älteren Herrn Platz zu machen. Ich war damals noch sehr jung, ich war 29. Wir hatten im Vorfeld bereits entschieden, wer von uns zu welcher Debatte gehen würde. Also hatte ich mich für diejenige vorbereitet, zu der ich gehen sollte – und ich bin für mich selbst eingetreten und habe nicht nachgegeben. So muss es sein. Es ist nicht einfach, ich weiss, auch weil dann ein gewisser Druck entsteht. Wenn du es vermasselst, kann dir vorgehalten werden, dass die andere Person es besser gemacht hätte. Andererseits, wenn wir es nicht tun, wenn wir nie Fehler machen, lernen wir nie, präsent zu sein.»

Es ist keine Selbstverständlichkeit, vor die Medien zu treten. Marina Carobbio hat sich in der Vergangenheit von Experten beraten lassen. Und die Vorbereitung bleibt für sie entscheidend. Das sei typisch Frau: «Oft, wenn Frauen von einer Journalistin oder einem Journalisten zu einer Debatte eingeladen werden, sagen sie: ‹Nein, ich bin nicht bereit.› Das ist kein Klischee, das ist die Realität. Es herrscht viel Schüchternheit und Unsicherheit, man will so gut wie möglich vorbereitet sein.» Und wenn die Angriffe kämen, «darf man sie nicht persönlich nehmen, auch wenn sie wehtun».

Es gebe aber auch inakzeptable Angriffe, auf die reagiert werden müsse, die vulgären und beleidigenden, die sexistischen. Die, die meist in den sozialen Medien gepostet werden. «Das ist mir auch schon passiert, aber nicht so oft wie anderen, gerade auch jüngeren Frauen. Man muss reagieren, man muss andere Frauen, andere Männer und die zuständigen Stellen um Rat

November 2018: Die Bevölkerung in Bellinzona feiert die frisch gewählte Nationalratspräsidentin.

fragen. Aber vor allem dürfen diese Angriffe nicht toleriert werden.» Und man dürfe nicht darauf hoffen, dass sie einfach aufhören.

Heute gibt es wesentlich mehr Frauen im Parlament als früher. Die «Frauenwelle 2019» hat sich unter der Bundeshauskuppel bemerkbar gemacht: 42 Prozent des Nationalrats und 26 Prozent des Ständerats sind Frauen. Im Parlament zu sitzen, bedeutet für Marina Carobbio, die Möglichkeit zu haben, Dinge zu verändern. «Ich sage Frauen immer wieder, dass wir uns nicht dafür schämen sollten, Macht haben zu wollen. Wenn Männer Macht haben dürfen, dürfen Frauen das auch. Macht wird geteilt, und sie sollte nicht als etwas Schlechtes angesehen werden, sondern als Chance, dort zu sein, wo die Entscheidungen getroffen werden.»

«Macht bedeutet, zu entscheiden»

Bergliebe: Früher tourte Petra Gössi (in Rot) mit Verwandten, heute mit Freunden.

Petra Gössi

Präsidentin FDP Schweiz, Schwyz

«Ich mach das jetzt einfach mal»

B ei meiner ersten Begegnung mit Petra Gössi war ich in einer schwierigen Lage. Ich sollte die Fernsehdiskussionssendung «Arena» moderieren, da der Hauptmoderator verhindert war. Darauf freute ich mich. Doch das Thema hatte es in sich: «Kampf der Kantone» – soll der Finanzausgleich zwischen den Kantonen verändert werden? Eine relevante Frage: Wo es um Geld geht, geht es auch um Macht. Doch die wenigen Politikerinnen und Politiker, die sich mit den komplexen Geldflüssen zwischen den Kantonen sowie den Kantonen und dem Bund wirklich auskennen, reden meistens sehr technisch. Wie sollte da eine packende Arena gelingen?

Fast schon etwas resigniert nach den ersten Telefonaten, rief ich Petra Gössi an. Die 38-jährige Schwyzer Nationalrätin kannte damals national kaum jemand, auch ich nicht wirklich. Sie hatte aber mein Interesse geweckt mit ihrer provokativen Forderung, ihr Kanton solle das Geld für die ärmeren Kantone vorläufig zurückhalten – bis die Kritik der reichen Kantone, sie müssten zu viel bezahlen, endlich ernst genommen werde.

Nach zwei Minuten mit Gössi am Telefon jubelte ich innerlich. Gössi war nicht nur kompetent, sondern sprach auch mit Leidenschaft über den Finanzausgleich, mit kernigen Worten, mit Innerschweizer Charme und einer Frische, die Vorfreude weckte. Und sie sagte ohne Zögern und Zaudern, ohne hörbare Selbstzweifel zu, ganz vorne in der Arena in den Ring zu steigen. Das waren wir uns in der Arena-Redaktion von Männern gewohnt. Von Frauen leider nicht. Erst recht nicht, wenn es um eine erste Arena-Teilnahme ging.

Und dann erschien sie also im Fernsehstudio, in jenem Oktober 2014. Ich erstarrte einen Moment, als ich sie sah: Sie trug die rechte Hand eingegipst, in einer blauen Schlinge – beim Klettern in einem Klettergarten hatten sich Steine gelöst und sie verletzt. Ein Handicap, das wohl auch erfahreneren Gästen den Puls in die Höhe treiben würde. Wie sie das bei ihrer Arena-Premiere wegstecken würde? Gössi lachte scheinbar unbekümmert, als ich mich besorgt nach ihrem Befinden erkundigte. Und diskutierte danach in der Sendung, als ob sie nie etwas anderes getan hätte.

«Ich war durchaus nervös», erinnert sich Petra Gössi sechs Jahre später und lacht es wieder, dieses typische Gössi-Lachen, mit ihrer tiefen Altstimme, kumpelhaft und verschmitzt zugleich. «Aber die grössten Probleme hatte ich an jenem Nachmittag, weil ich plötzlich merkte, dass ich mit meinem Gips in meine meisten Blazer erst gar nicht hineinschlüpfen konnte – und frisieren ging allein auch nicht, dafür musste ich kurzfristig meine Mutter um Hilfe bitten. Vor lauter praktischen Herausforderungen hatte ich gar nicht Zeit, mir wegen der Sendung allzu viele Sorgen zu machen.»

Gössi sitzt im Herbst 2020 im Berner Nobelrestaurant «mille sens». Gedämpftes Licht, die Tische diskret weit voneinander entfernt, die Preise entsprechend. Bundesrat Guy Parmelin erscheint mit Beratern und Politikern zum Dinner. Man grüsst sich gegenseitig. Petra Gössi ist nicht mehr eine unbekannte Nationalrätin. Sie führt seit 2016 die nationale FDP, die älteste Bundesratspartei.

Ihre unbekümmerte Seite hat sie sich erhalten. Aber sie weiss jetzt auch, wie es sich anfühlt, wenn Parteikollegen jederzeit bereit wären, ihr politisch das Messer in den Rücken zu rammen. Als Präsidentin hat sie das FDP-Schiff durch turmhohen Wellengang navigiert. Zur Freude der einen, zum Ärger der anderen. Alle aber zollen ihr nun, was ihr anfänglich viele verwehrten: Respekt. «Die Diskussion, wer die Chefin ist», sagt Gössi, «die ist jetzt geführt.»

In der eigenen Partei gab es Zweifler, als Petra Gössi fürs FDP-Präsidium kandidierte. Hinter vorgehaltener Hand mäkelten viele, was einige Journalisten auch schrieben: Ein politisches Leichtgewicht! Spröde! Eine Frau, erst 40-jährig! Wie soll sich die im Haifischbecken der Wirtschaftspartei FDP durchsetzen können? «Besonders bei älteren Herren spürte ich diese Skepsis», erinnert sich Petra Gössi. «Eine junge Frau an der Spitze, das war ein ungewohntes Bild.» Doch selbst die FDP-Frauen gaben

Moment des Triumphes: Petra Gössi freut sich 2019 über das Ja der freisinnigen Delegierten zu einer neuen Umwelt- und Klimapolitik. Foto: FDP Schweiz / Désirée Dittes

sich zu Beginn der Kandidatur distanziert. «Wir kennen Petra Gössi zu wenig, um ihr Potenzial zu beurteilen», gab die damalige Generalsekretärin der FDP-Frauen zu Protokoll. «Nur weil sie eine Frau ist, werden wir sie nicht per se unterstützen.»

Wie stark verbreitet die Skepsis war, begann Gössi jedoch erst zu dämmern, als ihr geraume Zeit nach der Wahl ein jüngerer Journalist aus urbanem Raum gestand, er hätte nie gedacht, dass sie es in dieser Partei schaffen könnte. «Da konnte ich mir etwa ausmalen, wie es auf dem Land bei den Älteren getönt hat.»

Dabei hätte Gössi aus ihren Anfängen in der Schwyzer Politik ahnen können, was manche von Frauen erwarten. Mit ihr wurden gleich mehrere Frauen neu in den Schwyzer Kantonsrat gewählt. In der ersten Sessionswoche gratulierte ihr ein langjähriger SVP-Kantonsrat und sagte, er freue sich, nun gebe es in den Pausen sicher mal selbst gebackenen Kuchen.

Als Kind und heute: Petra Gössi
mit ihren Eltern.

«Das kam von Herzen und war nicht böse gemeint», sagt Gössi. «Aber
unsere Lebenswelten sind sehr unterschiedlich. Wie soll jemand mit
diesem Hintergrund zum Beispiel eine alleinerziehende Mutter verstehen? Darum sind mehr Frauen in der Politik so wichtig. Gemischte Teams
sehen mehr auf ihrem Radar.»

Ihren eigenen Einstieg in die Politik verdankt sie dem Ruf nach mehr
Frauen auf der FDP-Liste für den Kantonsrat Schwyz. Erst eine einzige
stand zur Verfügung, das erschien der Partei zu wenig. Und so fragte der
Vorstand Petra Gössi, ob sie kandidieren wolle – die Aussicht auf Erfolg sei
allerdings äusserst gering. Gössi war damals nicht mal Mitglied der Partei.
Ihr Grossvater und ein Onkel hatten aber als FDP-Kantonsräte geamtet. Der
Stallgeruch stimmte. Gössi sagte zu. «Ich dachte, ich probiere es aus.» Sie
trat der Partei bei und wurde an ihrer ersten Parteiversammlung gleich zur
Kantonsratskandidatin gekürt. Doch statt ihrer Nichtwahl zu harren, schritt

sie zur Tat. Zusammen mit der anderen FDP-Kandidatin schrieb sie allen Frauen zwischen 18 und 35 Jahren in ihrem Wahlbezirk einen Brief, bat sie um Unterstützung. Überraschend schafften gleich beide Frauen die Wahl. Ein Parteikollege stänkerte, Gössi sei lediglich gewählt worden, weil ihr Vater so bekannt sei – dieser engagierte sich jahrzehntelang fürs lokale Brauchtum, von der St. Niklausengesellschaft über den Fasnachtsverein bis hin zur Sennengesellschaft. Sie antwortete: «He nu. Kann sein oder auch nicht. Mir ist das egal. Ich mach das jetzt einfach mal.»

«Gemischte Teams sehen mehr auf ihrem Radar»

Auch als nationale Parteipräsidentin hat Gössi viele überrascht. Anfangs galt sie bei einigen noch als stark gesteuert vom jungen, aber erfahrenen damaligen Generalsekretär Samuel Lanz. Er baute die «Marke Gössi» gezielt auf. Im Hinblick auf die eidgenössischen Wahlen 2019 sollte sie zur glaubwürdigen Absenderin der freisinnigen Botschaften werden. Doch wer zog hinter der Marke die Fäden? Sie natürlich, sagt Gössi trocken. Nachdem sie sich informiert, gut zugehört, Fragen gestellt und sich eine eigene Meinung gebildet hatte. «Das kann ich einfacher als andere, weil ich unabhängig bin», sagt sie. «Alle meine Mandate, auch jene beim Hauseigentümer- und Gewerbeverband, habe ich darum abgegeben.»

Sicher ist: Sie wuchs in ihrer Führungsrolle. Bei journalistischen Anfragen antwortete sie zunehmend auch bei heiklen Themen sofort, ohne zuerst Rücksprache zu halten. Besonders fiel mir das 2018 bei einer Recherche zu geplanten neuen Kampfjets auf. Ich hatte erfahren, dass der damalige Verteidigungsminister bei den Parteispitzen ein anderes Verfahren sondierte, um die Flugzeuge zu beschaffen. Für einen Tagesschau-Beitrag vor die Kamera treten wollte bisher aber niemand. Schliesslich probierte ich es bei Gössi, nachdem ich sie im Bundeshaus zu einem anderen Thema interviewt hatte. Inoffiziell bestätigte sie den Sachverhalt. Bevor sie das allenfalls auch öffentlich sagen würde, wollte sie sich aber mit einer Vertrauensperson aus dem Verteidigungsdepartement absprechen. Ich liess insgeheim alle Hoffnungen fahren. Es war klar, dass dort niemand Interesse daran haben würde, den vertraulichen Vorgang an die Öffentlichkeit zu bringen. Gössi trat zur Seite, um zu telefonieren. Doch niemand nahm ab. Sie blieb einen Moment nachdenklich stehen. Dann ging ein Ruck durch sie, sie schritt vor die Kamera und sagte entschlossen: «So, das machen wir jetzt!» Sie bestätigte alles. Und wunderte sich später, dass sie deswegen keine Probleme bekam.

«Macht bedeutet, zu entscheiden», sagt Gössi mit der Menukarte in der Hand. «Ich habe als Präsidentin gelernt, das schneller zu tun. Auch aufs Risiko hin, mal falsch zu liegen. Egal, was ich sage, irgendjemand springt sowieso im Quadrat.»

Bewusst ins Auge eines parteiinternen Orkans steuerte Gössi im Wahljahr 2019 mit ihrem neuen Ökokurs für die Partei. Auslöser war die CO_2-Debatte Ende 2018 gewesen. Ihre Fraktion hatte mitgeholfen, das Gesetz so stark zu verwässern, dass schliesslich Linke und SVP das Gesetz gemeinsam scheitern liessen, wenn auch aus unterschiedlichen Motiven. Satiriker spotteten, FDP heisse «Fuck de Planet». Der Spruch tauchte auch auf den Transparenten von Schülerinnen und Schülern an den Klimademos auf. Bei den Hausbesuchen im Wahlkampf wurde Gössi ebenfalls dauernd auf das Thema angesprochen. Selbst Wirtschaftsleute forderten sie zu einem ökologischeren Kurs auf – davon würden auch Unternehmen profitieren. «Ich wollte einfach nicht mehr ohne Antworten dastehen», erzählt sie. «Aber ich befürchtete zuerst, eine neue Positionierung nie durch die Parteigremien zu bringen.» Das sagte sie auch Martin Wipfli, ihrem Chef in der Steuer- und Rechtsberatungsfirma Baryon. Der meinte nur knapp: «Wer, wenn nicht du? Du bist in der Führung!»

Gössi wagte den Kraftakt. Und beschritt dafür einen Weg, den noch kein FDP-Präsident je gegangen war: jenen direkt über die Basis. Die Präsidentin wusste, dass in ihrer Fraktion im Bundeshaus der Widerstand enorm sein würde. Entsprechend lancierte sie die Kurskorrektur: ohne die Fraktion vorgängig zu informieren, mit einem Interview in den Tamedia-Zeitungen. Sie kündigte an, alle 120 000 FDP-Mitglieder zu konkreten Massnahmen befragen zu lassen. Und machte gleich klar, dass sie selbst mehr Ökologie wolle. Auch eine Flugticketabgabe schloss sie nicht aus. Übergangene Fraktionsmitglieder schäumten vor Wut, allen voran Gössis Vizepräsident Christian Wasserfallen. Via Twitter ätzte er öffentlich: «Was man alles aus der Zeitung erfährt. Wir sind nicht für eine wirkungslose Flugticketabgabe. Kühlen Kopf im Wahljahr behalten.» Petra Gössi befand sich gerade am Geburtstagsfest ihres Vaters. Sie griff zum Handy. «Ich schrie Wasserfallen an, Party hin oder her», erinnert sie sich. Um gleich versöhnlich anzufügen: «Immerhin stand er zu seiner Haltung. Es gab auch solche, die intrigant hinter meinem Rücken agierten. Da taten sich menschliche Abgründe auf.» Doch der Wille der Basis war eindeutig: Die FDP sollte ökologischer werden. Derart von der Basis gestärkt, legte die Präsidentin der Delegiertenversammlung ein modifiziertes Papier mit freisinnigen Forderungen zur Umweltpolitik vor.

An dieser Delegiertenversammlung war die Spannung mit Händen zu greifen. Sicherheitsleute patrouillierten, weil die Partei Störungen durch radikale Klimaaktivisten fürchtete. Am Vorabend war Petra Gössi mit ihrem Generalsekretär nochmals alles durchgegangen. «Wir wussten: Verlieren wir, sind wir unsere Jobs los.» Petra Gössi, die Stimme von einer Erkältung heiser, trat in FDP-blauen Schuhen und in einem Jupe mit stilisierten blau-grünen Pflanzenmotiven vor die Delegierten. Nach ihrer Ansprache sagte sie nicht mehr viel. Sie hatte ihre Verbündeten im Vorfeld gesucht. Nun musste sie hoffen, dass diese ihr Wort hielten. Der Coup gelang. Christian Wasserfallen verliess die Veranstaltung noch vor dem offiziellen Ende. Und trat wenig später als Vizepräsident zurück. «Diese Umwelt-Geschichte», sagt Petra Gössi, «hat mich in den Augen der Leute verändert.»

Sie bestellt eine Kokos-Curry-Suppe und eine Saladbowl mit Belugalinsen, Quinoa-Pops, Ziegenkäse, süss-sauren Randen und Mangroven-

Steckbrief

Geboren
1976

Partei
FDP

Aktuelles politisches Amt
Präsidentin FDP Schweiz bis Oktober 2021, Nationalrätin SZ

Besonderes
Für einen ökologischeren Kurs wagte sie einen riskanten parteiinternen Machtkampf. Dank der ersten Basis-Befragung in der Geschichte der FDP gewann sie ihn in allen Parteigremien – scheiterte aber beim ersten Härtetest an der Urne. Sie tritt als Parteipräsidentin zurück.

Erstes politisches Mandat
2004 als Schwyzer Kantonsrätin

Familie
in einer Partnerschaft

Ausbildung/Beruf
Juristin, Partnerin in der Steuer- und Rechtsberatungsfirma Baryon

wald-Krevetten. Dazu einen Weisswein. Die Kellnerin kommt mit einer Flasche, präsentiert sie gekonnt. Es ist der falsche Wein. Die Kellnerin bemerkt es selber, entschuldigt sich bestürzt. Gössi lacht und winkt ab. «Das kann doch passieren.»

Es ist mehr als eine freundliche Floskel. Gössi spricht aus Erfahrung. In einer Restaurantküche hat sie als junge Frau gelernt, was sie als Präsidentin gut brauchen kann: unter grösstem Druck arbeiten, starke Emotionen aushalten und mit ganz unterschiedlichen Menschen auskommen. Sie hatte 2002 soeben das Rechtsstudium abgeschlossen. Neben Praktika auf Gerichten und in Anwaltskanzleien packte sie auch bei ihrem damaligen Freund an, einem Koch, der in Küssnacht am Rigi ein Cateringunternehmen aufbaute. «Wenn man in drei Stunden ein Bankett mit tausend Essen raushauen muss und der Koch emotional unterwegs ist, dann fliegen die Fetzen und beinahe auch die Pfannen», sagt Petra Gössi. Obwohl sie das nicht zum ersten Mal erzählt, funkeln ihre Augen. «Ist es aber geschafft, geht man wieder zusammen ein Bier trinken. In der Küche muss man einfach wieder aufeinander zugehen, sonst geht man unter.»

Sie nimmt ihr Amt nicht wichtiger als nötig

Gössi dürfte im Politsturm aber auch eine Eigenschaft geholfen haben, die bei Parteipräsidenten selten ist. Sie nimmt ihr Amt nicht wichtiger als nötig. Behält trotz allem Engagement eine gewisse Distanz dazu, lebt nicht einzig dafür und dadurch. Das macht es einfacher, neue, auch persönlich riskante Wege zu gehen. «Mir ist immer bewusst: Wenn ich den Bundeshausbadge abgebe, ist es gelaufen. Dann interessiert sich niemand mehr für mich von denen, die sich nun um mich als Präsidentin scharen», sagt Gössi. «Darum ist es mir auch so wichtig, Freundschaften neben der Politik zu pflegen.»

Das ist einfacher gesagt als getan. Nach den Wahlen 2019 besuchte ein Freund sie in ihrer geräumigen Vierzimmerwohnung mit Blick auf die Rigi

in Küssnacht. Als er bemerkte, dass ihr Esstisch mit Bergen von Dokumenten und Post zugestellt war, bemerkte er entsetzt: «Scheisse, so kannst du ja nicht einmal mehr Gäste einladen!» Auch von anderen Freunden kamen Warnsignale. Seither blockiert sie zusätzlich einen Morgen und einen Abend pro Woche für ihre Freunde – oder auch einfach mal für Sport. Ab und zu auch ein ganzes Wochenende. Im Sommer 2020 gönnte sie sich gar das erste Mal seit ihrem Amtsantritt zwei Wochen Ferien am Stück. «Einzusehen, wie wichtig solche Freiräume sind, gehört auch zur Führung», sagt Gössi. Vier bis fünf Abende pro Woche ist sie dennoch unterwegs für die Partei. Meistens auch an einem Samstag oder Sonntag.

Ihr Partner, ein verwitweter Psychiater, kann damit umgehen. Er arbeitet ebenfalls oft am Wochenende und hat ein grosses Beziehungsnetz. «Wir warten zu Hause nicht aufeinander», sagt Gössi. «Bin ich an einem Anlass, sage ich nicht, wann ich zu ihm komme, weil ich ihn nicht enttäuschen will.

Umgekehrt genauso.» Ihre Beziehung begann, als sie bereits Parteichefin war. In dieser Funktion jemanden kennenzulernen, sei anders, sagt sie, weil sie zuerst erspüren müsse, ob das Interesse ihrem Amt gelte oder ihr als Person. Die Beziehung zu leben, sei dann in der Öffentlichkeit manchmal eine Herausforderung. Wenn sie zum Beispiel an einer Bar etwas Zweisamkeit geniessen wollen, Gössi angesprochen, der Partner jedoch ignoriert wird, und auch Bitten, doch ein Mail zu schreiben, nicht fruchten. «Zum Glück nimmt es mein Freund mit Humor.»

Gössis Anspruch auf ein Privatleben, eine gewisse Distanz zu ihrem Amt: Das kann auch irritieren. Andere Parteipräsidenten beobachten sie mit einer Mischung aus Bewunderung und Verwunderung. Bewunderung für den Mut, wie sie sich gegenüber ihrer eigenen Fraktion in der Umweltfrage durchsetzte. «Das hätte ich mich nie getraut!», sagt ein bürgerlicher Präsident. Verwunderung, weil sie nicht einzig für und durch die Politik lebt. Sie sei wohl die einzige in dieser Funktion, die einfach mal ein Wochenende abtauche, bemerkt dieser Präsident und fügt an: «Wie politisch sie wirklich ist, weiss ich bis heute nicht.»

«Wartet nicht darauf, entdeckt zu werden. Und übernehmt Verantwortung!»

Es ist die Frage nach dem inneren Feuer. Brennt Gössi für die freisinnige Vision, oder macht sie einfach Politik, weil sie es kann? «Bei mir hat vieles oft mit Gwunder zu tun», sagt Petra Gössi. «Wenn sich eine neue Möglichkeit bietet, überlege ich nicht immer, was es bedeutet, sondern probiere es einfach mal aus. Das Feuer kommt dann beim Machen.» Wie im Schwyzer Kantonsrat. Dort entdeckte sie als Fraktionschefin ihre Freude am Taktieren. Sie jubelte, als sie an der Urne erfolgreich ein Gesetz bodigte, das Familienergänzungsleistungen für die ihrer Meinung nach Falschen gebracht hätte. Die Stimmberechtigten waren ihr gefolgt, nicht dem

Beziehungsleben: als Parteipräsidentin manchmal herausfordernd. Petra Gössi mit Partner (r.).

Pfarrer, der Gössi für ihre Haltung öffentlich als unmenschlich gegeisselt hatte. «Da spürte ich, was es heisst, etwas bewirken zu können.» Nun wollte sie mehr. 2007 hatte sie noch als reine Stimmenzuträgerin erfolglos für den Nationalrat kandidiert, doch ihre Lust auf die nationale Bühne war geweckt. Sie übernahm als Fraktionschefin im Kantonsrat Verantwortung und stieg bei den Nationalratswahlen 2011 nochmals in den Ring. Diesmal mit Erfolg. Kurz darauf übernahm sie auch das Präsidium der kantonalen FDP. «Wenn euch etwas interessiert, zeigt es an», sagt sie an die Adresse interessierter Frauen. «Wartet nicht darauf, entdeckt zu werden. Und übernehmt Verantwortung!»

Der FDP mangelt es an Frauen, die auf die Listen drängen und politische Karriere machen wollen: 2015 sassen erst 21 Prozent Frauen für die FDP im Nationalrat. Das störte Gössi. Vor den Wahlen 2019 weibelte sie bei den Kantonalparteien für möglichst viele Frauen auf guten Listenplätzen.

Gleichzeitig hoffte sie, freisinnige Frauen liessen sich durch Vorbilder wie die frisch gekürte Bundesrätin Karin Keller-Sutter und sie selbst motivieren. Frauen ermutigen: ja. Frauenquoten: nein, weder in der Politik noch in Verwaltungsräten. Ebenso wenig will sie Kindertagesstätten mit Bundesgeldern fördern oder Firmen Lohntransparenz aufzwingen. Gössis Credo: Eigenverantwortung. Immerhin: Der Frauenanteil in der freisinnigen Nationalratsgruppe stieg unter ihr auf 35 Prozent. Der Frauenstreik, während dem Gössi bewusst lieber im Bundeshaus junge FDP-Frauen zur Fragerunde empfing, statt vor dem Bundeshaus zu demonstrieren, dürfte ihr dabei geholfen haben.

Doch im Ständerat sitzt nach diesen Wahlen nur eine einzige FDP-Frau – und unter den freisinnigen Regierungsratsmitgliedern sind 82 Prozent Männer. «Für Persönlichkeitswahlen ist vorher jahrelange Aufbauarbeit nötig, das braucht mehr Zeit», sagt Gössi. Wenn da ein Sitz frei wird, haben Unbekannte keine Chance. Dann müssen Frauen mit Erfahrung bereitstehen. Doch Frauen für den Einstieg in die Politik zu motivieren, ist schwierig. Gössi weiss: Auf dreissig Anfragen kann es dreissig Absagen hageln. Nur wenige sind so unbekümmert wie sie selbst und probieren es einfach mal. Stattdessen zweifeln sie an ihrer Eignung und haben Bedenken, im Gegenwind zu stehen.

Gössi erlebt als Präsidentin oft beides gleichzeitig: Gegenwind und Rückenwind. Bei einem Treffen an einem Januarmorgen in ihrer Heimat in Küssnacht am Rigi prangt sie gerade auf der Titelseite der Zeitung Blick mit einem Interview: «Die SVP politisiert an der Bevölkerung vorbei». Die Männer am Stammtisch in der Beiz «Kaffee&Tee» begrüssen Gössi laut und freudig. «Jetzt sehen wir dich sogar live!» Andere zahlen ihr diskret den Cappuccino und wünschen ihr alles Gute. Petra Gössi strahlt, macht Sprüche. Ihre raue Herzlichkeit kommt gut an. Hier kennt man sie schon so lange, dass sie auch mal im Trainer einkaufen geht. Als Mädchen strich sie mit ihren Quartier-Gspänli um die alten Häuser beim Haushaltwarengeschäft ihrer Eltern. Vater und Mutter arbeiteten beide voll im Geschäft. Petra war Einzelkind, aber trotzdem nie allein. Sie gehörte zum Kinderclub, der sich selbst organisierte. Jeder zahlte monatlich zwei Franken ins Kässeli.

Als junge Frau spürte sie dann aber im stockkonservativen Schwyzer Umfeld eine gewisse Skepsis gegenüber ihrem Lebensstil. «Ich werde zwar kaum direkt darauf angesprochen. Doch dass ich unverheiratet bin und keine Kinder habe, ist hier ein Thema. Mich schmerzt es manchmal selbst. Aber es hat sich einfach keine eigene Familie ergeben.» Gössi sagt es mit gedämpfter Stimme, nicht alle im Restaurant sollen zuhören. Kritik in ihrer Heimat, an ihr als Person, steckt sie weniger leicht weg als die alltägliche Kritik an ihr als Parteipräsidentin. Als Reaktion auf ihr Blick-Interview bekam sie am Morgen ein anonymes Mail mit Kotz-Emojis. «Diese Art von Mails lösche ich, ohne sie ganz gelesen zu haben», kommentiert sie knapp. «Man muss ein dickes Fell anziehen in dieser Position, sonst ist man verloren.» Mails mit strafrechtlichem Inhalt, mit Drohungen, sexistischen Beleidigungen oder ausgeprägter Aggressivität leitet sie jeweils dem Generalsekretariat weiter. Dort sind gewisse Absender bereits bekannt. Manchmal schaltet das Generalsekretariat den Bundessicherheitsdienst oder die Polizei ein. «Mit ihnen kann man gut zusammenarbeiten. Angst hatte ich noch nie.»

Frustration und Ärger jedoch durchaus. Dann ruft sie Freunde oder ihre Familie an und sagt, sie müssten ihr zuhören, sie müsse «umepfuttere». Dann ist wieder gut. Dann spürt sie wieder: Sie ist aufgehoben, egal, wer was sagt über sie. Oder was sie selber «usetrompetet» hat. Die andere Variante: Sie geht nach draussen und bewegt sich. Zum Beispiel beim Joggen auf der Allmig, einem Hügel oberhalb Küssnacht. Dorthin will sie jetzt in ihrem neuen, weissen Lexus – ein Auto mit Benzin- und Elektroantrieb. Doch an diesem Tag sind alle Parkplätze besetzt. Petra Gössi parkiert daneben im Gras.

«Frauen sollten sich weniger scheuen, Netzwerke auch zu nutzen»

Am frühen Morgen war sie noch in Zürich im Büro. Am sechsten Januar bringt sie immer Dreikönigskuchen mit. «Das musste einfach sein», sagt Gössi. «Im Wahljahr war ich im Geschäft wenig präsent. Das ist nicht gut fürs Team.» Gössi ist seit 2008 Partnerin in der Steuer- und Rechtsberatungsfirma Baryon. Sie behält so noch einen Fuss im Geschäftsleben. Als

Petra Gössi nach der Machiavelli-Lektüre: «Es ist egal, wenn mir jemand ein Messer in den Rücken stecken will. Aber ich muss es wissen.»

Nationalrätin arbeitete sie 50 bis 60 Prozent, seit sie Präsidentin ist, sind es noch etwa 10 Prozent. Daneben absolviert sie seit Neustem noch eine universitäre Weiterbildung – sie macht einen berufsbegleitenden Master of Business Administration. «Wir sind Milizpolitiker, das muss einfach möglich sein. Lebenslanges Lernen gilt auch für mich», hielt Gössi jenen entgegen, die ungläubig fragten, ob sich das mit der Parteiführung vereinbaren lasse. Gössi pflegt auch bewusst ein breites Netzwerk in der Wirtschaft. Als Parteipräsidentin zugunsten der FDP, aber auch für sich selbst. Die Politik ist nicht für ewig, das hat sie verinnerlicht. «Frauen sollten sich weniger scheuen, Netzwerke auch zu nutzen.»

Ihr eigenes hat sie weit gebracht. Der wichtigste Mann im Netz: ihr Chef, Martin Wipfli. Er begleitet sie seit ihren politischen Anfängen, als er Vorstandsmitglied der Schwyzer FDP war. Seither ermutigte er sie vor jedem einzelnen Karriereschritt. Auch als sie sich eine Kandidatur als FDP-

Präsidentin überlegte. Er sagte ihr, sie könne entweder noch ein paar Jahre unauffällig im Nationalrat bleiben und damit weder im Beruf noch in der Politik Vollgas geben. Oder sie könne Präsidentin werden und Verantwortung übernehmen. Wipfli wusste, wozu er riet: Er ist ein enger Weggefährte des ehemaligen FDP-Präsidenten Franz Steinegger. Steinegger präsidiert Baryon, die Firma, die Wipfli leitet. Und Wipfli wiederum holte Petra Gössi 2008 in die Firma.

Im Geschäftsleben beobachtet Gössi, «wie sich Männer Platz nehmen, wie sie meistens mehr Raum einnehmen als Frauen». Gössi stellt bei Sitzungen und Auftritten ihre Handtasche nicht mehr wie früher brav an den Rand, sondern legt sie schwungvoll auf den Stuhl oder gar vor sich auf den Tisch. An einem Platz, von dem aus sie alle Anwesenden im Auge behalten kann. Sie markiert Präsenz. Anfänglich hielt sie öfters einen roten Kugelschreiber in der Hand – in einem Seminar der FDP-Frauen hatte sie gehört, Rot strahle Kompetenz aus. Das braucht sie heute nicht mehr.

«Es geht immer um das Streben nach Macht und den Erhalt von Macht»

Auch Machiavelli hat sie unterdessen gelesen – «überflogen», präzisiert sie. Sie bekam sein Buch «Der Fürst» geschenkt, nachdem sie in einer Innerschweizer Runde Unverständnis geäussert hatte, wie ein Entscheid zustande gekommen war. «Du verstehst die Männerwelt nicht», antwortete ihr ein Schwyzer Politiker. «Das ist eben typisch Machiavelli.» Gössi hat sich nach der Lektüre gemerkt: «Es ist egal, wenn mir jemand ein Messer in den Rücken stecken will. Aber ich muss es wissen und in meine Überlegungen miteinbeziehen.» Bei politischen Treffen werde oft gelogen. Erkenne man die Motive, könne man damit umgehen. «Es geht immer um das Streben nach Macht und den Erhalt von Macht.»

Petra Gössi ist nun eine der Mächtigen. Auch Mächtige kennen Unsicherheit, nur sprechen sie selten darüber. Gössi sagt offen, dass ihr nicht alle öffentlichen Auftritte so leichtfallen wie ihre erste Arena. Noch heute kann es vorkommen, dass sie vor Nervosität zittert. Beim Auftritt vor einer Zunft am Zürcher Sächsilüüte gar so sehr, dass sie das Manuskript ablegen musste, weil sich die Blätter in ihrer Hand so stark bewegten. «Zum Glück hatte ich eine grosse Schrift gewählt, so konnte ich es immer noch lesen», sagt sie und lacht. Sie will damit anderen Frauen Mut machen. Bei den zahlreichen Arenen, die ihrem ersten Auftritt folgten, sei ihr aufgefallen, dass viele dabei unter Stress stehen. «Der damalige Moderator Jonas Projer war nach der Sendung jeweils nass geschwitzt», erzählt sie. «Ich sagte mir: Wenn das sogar einem solchen Vollprofi passiert, kann es nicht so schlimm sein.»

Sie schreitet hügelaufwärts, der Weg auf die Allmig, auf dem sie jeweils ihre Joggingrunden dreht, ist leicht und stetig. Ihr Leben war es nicht immer. Sie kennt auch Niederlagen und Schwierigkeiten, persönliche wie politische. Als Mädchen musste sie die Augen operieren lassen, weil sie so stark schielte. Eher eine Randnotiz, verglichen mit dem Rückschlag, den sie als junge Frau erlebte: Sie scheiterte an der Anwaltsprüfung. «Es war ein Schock, ich weinte zwei Tage lang», erinnert sich Gössi, während sie oben auf der Allmig über die feinen Nebelschwaden hinwegschaut, die einen Teil der Berge verdecken. Sich zurückziehen und sich der Trauer stellen, so mache sie es immer, ob bei beruflichem Ärger oder bei Liebeskummer. «Doch danach bin ich bereit, etwas Neues zu beginnen.»

Auch politisch, als FDP-Präsidentin, hat sie einstecken müssen. Ihre ökologische Kehrtwende konnte die FDP bei den eidgenössischen Wahlen 2019 nicht retten. Die Partei verlor unter Gössi mehr als einen Prozentpunkt Wähleranteil. Zwar verloren im Zuge der grünen Welle alle Bundesratsparteien, SVP und SP noch mehr als die FDP, doch der Verlust schmerzte: Ein Jahr zuvor war Gössis Partei in den Kantonen noch von Sieg zu Sieg geeilt, nun gehörte sie zu den Verliererinnen, und Gössi stand in der Kritik. «Ich ärgerte mich über das Wahlresultat. Bitter war aber auch, dass parteiintern die härteste Kritik an mir ausgerechnet von Personen kam, die sich im Wahlkampf wenig eingesetzt hatten», sagt sie. «Doch von Niederlagen lasse ich mich nicht einschüchtern. Entweder mache ich mit Freude und Überzeugung weiter. Oder ich suche neue Wege.» Sie entschied, nochmals als Präsidentin zu kandidieren.

Mit wie viel Herzblut sie Präsidentin war und freisinnige Werte verkörperte, zeigte sich mitten in der ersten Coronawelle. Es war die Phase, in der die Politik von links bis rechts vereint hinter dem Bundesrat stand: Versammlungsverbote, geschlossene Läden und Schulen, Milliarden-Hilfspakete für die Wirtschaft. Stolz auf Solidarität und Disziplin im Land dominierten, gepaart mit Sorge um die Gesundheit. Auch Gössi rief die Bevölkerung zum Daheimbleiben auf. Doch bei einem Telefongespräch zeigte sie sich gleichzeitig besorgt, «die Schweiz könnte sich an Sozialismus gewöhnen». Ein alles dirigierender und für alle sorgender Staat war ihr nicht geheuer. Stattdessen schwärmte sie davon, wie die Leiterin eines Schwyzer Fitnessclubs, in dem Gössi phasenweise vor allem Gewichtheben trainiert hatte, das Training online anbot. Gössi riet ihr, die Lektionen auch nach der Öffnung digital anzubieten, weil sie so auch Kundinnen erreiche, denen der Weg sonst zu weit sei.

Petra Gössis Unruhe war die Unruhe einer Präsidentin, der die Zuschauerinnenrolle nicht behagt. Die handeln will, um ihre Vision für die Gesellschaft zu verfolgen. Und die den direkten Kontakt mit den Parteimitgliedern vermisst. «Natürlich kann man sich virtuell austauschen, aber das ist nicht das Gleiche», sagte sie später am Rande der «Coronasession» in den BernExpo-Hallen. «Es ist viel schwieriger, die Basis zu spüren.»

Und so wirkte sie nervös vor der virtuellen Delegiertenversammlung, die über das neue CO_2-Gesetz befinden sollte – das Gesetz, das die freisinnige Fraktion nach der Neupositionierung mitgeprägt hatte. Sie deutete im vertraulichen Gespräch an, bei einem Nein würde sie sich den Rücktritt überlegen. Ihre Sorge war unberechtigt – noch. Die Delegierten sagten ebenso deutlich Ja wie später die Kantonalparteien. «Mehr kann eine Parteipräsidentin nicht tun», meinte sie, kurz bevor das Gesetz an die Urne kam. Es zeichnete sich eine Niederlage ab. Von einem Rücktritt bei einem Nein sprach sie diesmal nicht. Aber von einer persönlichen Besinnungsphase.

Denn Gössi beobachtete während der Coronazeit auch, wie rasant sich die Geschäftswelt weiterentwickelt. «Davor habe ich Respekt», sagte sie, die neben dem Präsidium nur noch sehr wenig erwerbstätig sein kann.

Als die Schweizer Stimmberechtigten im Juni 2021 das CO_2-Gesetz ablehnen, ist eine erste Version des Abschiedsvideos bereits gedreht. «Ich wollte mich unbedingt zuerst direkt an die Basis wenden, bevor ich den Medien Antwort gebe», erklärt Gössi später. Sie tritt als Parteipräsidentin zurück, will als Nationalrätin aber weiterwirken. Ihr Rücktritt wird als Reaktion darauf verstanden, dass auch die FDP-Wählerschaft das neue Gesetz

«Wenn ich von einer Sache
überzeugt bin,
bin ich zu allem fähig»

Geburtstagsfeier für Ada und ihren Zwillingsbruder (l.).
Als Freiwillige bei den Mutter-Theresa-Schwestern (r.)
und eine aktuelle Aufnahme vor dem «Maison du Peuple».

Ada Marra

Vizepräsidentin SP Schweiz, Waadt

«Kämpfen war schon immer meine Sache»

Wenn Ada Marra ein Satzzeichen wäre, wäre sie das Ausrufezeichen. Alles in ihr ist Aufstand: Ein ganzer Mensch, seine 30 Billionen Zellen erheben sich gegen die Ungerechtigkeit im Allgemeinen und gegen die ungerechte Behandlung der Armen im Besonderen. Ihr Gesicht und ihre Stimme sind die einer durch und durch roten Linken, der die Jahre nichts anhaben konnten. Was Ada Marra antreibt, hat ganze Völker dazu getrieben, sich gegen herrschende Systeme zu erheben: der Klassenkampf. Achtung: Ihr geht es nicht um den akademischen Klassenkampf aus den Schriften von Marx und Engels, sondern um das, was sie im wahren Leben gelernt hat. Ada Marra ist zunächst eine «kleine» Italienerin, die 1973 in der Nähe von Lausanne zur Welt kam. Wie Hunderttausende andere waren ihre Eltern ausgewandert, um dem Elend zu entkommen.

In Botrugno, ganz am Absatz des italienischen Stiefels, gingen die Zwölfjährigen nicht zur Schule, sondern zur Feldarbeit. Kaum erwachsen, beschlossen Oronzo und Nina Marra, ihr Glück in der Schweiz zu suchen, und landeten in dem bürgerlichen Dorf Paudex am Genfersee. Er wurde Lastwagenchauffeur, sie wurde Putzfrau, sie bekamen eine Tochter und zwei Söhne. Ada und ihre Brüder wuchsen in einer kleinen Wohnung in der «rue des prolos» auf, der Proletenstrasse, um es mit ihren Worten zu sagen. «Wenn ich jeweils bei meinen Klassengspänli Zvieri essen ging, war da oft eine Villa mit Swimmingpool. Wir aber wohnten zu fünft in einer Zweieinhalbzimmerwohnung. So habe ich schon als Kind erfahren, was Ungleichheit bedeutet», erzählt die Vizepräsidentin der Sozialdemokraten. «Und

dann behandelte man meine Eltern mit Herablassung, beim Arzt zum Beispiel. Sie sprachen nicht sehr gut Französisch und der Arzt verbesserte sie
auf gönnerhafte und unangenehme Weise. Ein Kind hat ein Gespür für solche Demütigungen.» Auf der gesellschaftlichen Leiter geht es für Ada nach
oben: Als gute Schülerin erhält sie ein Stipendium für Politikwissenschaf-
ten an der Universität Lausanne. «Deshalb weiss ich aus eigener Erfahrung,
dass das Sozialsystem eine wesentliche Rolle spielt. Politik ist nicht nur
Theorie, immer geht es um Menschen.»

Die eigene Herkunft, der eigene Hintergrund lassen sich nie vollständig
ablegen – im Guten wie im Schlechten. Zum Guten zählt die Überzeugungskraft, die Ada Marra als Politikerin auszeichnet und die sich aus ihrer Fami-
liengeschichte ergeben hat. Zum Schlechten gehört der Hochstaplerkomplex,
der für sie immer wieder zu einer Falle wird. An einem Freitagabend im
August betritt Ada Marra die Aula der Universität Genf für ihre erste öffentliche Debatte über die Begrenzungsinitiative der SVP, eine Initiative zur Ein-
schränkung der Personenfreizügigkeit zwischen der Schweiz und der
Europäischen Union. Man kennt die Politikerin als Bühnentier, doch jetzt
wird sie hinter den Kulissen von Lampenfieber geschüttelt. «Im Publikum
sind Studierende, Lehrpersonen, intelligente Leute. Ich habe angesichts dieser Art von Zuhörerschaft dann immer das Gefühl, dass ich nicht kultiviert,
nicht gebildet genug bin. Das löst Ängste in mir aus, meine Komplexe machen
sich bemerkbar.» Sie sieht sich um, bevor sie mit leiser, vertraulicher Stimme
weiterfährt: «Mit meinen Kleidern ist es genauso … Ich habe mich zweimal
umgezogen, bevor ich losging. Manche Leute ziehen sich zur Arbeit besser an
als ich für eine Hochzeitseinladung. Daran denke ich oft, wenn ich ins
Bundeshaus gehe. Natürlich verteidige ich die Armen, aber trotzdem …» An
diesem Abend trägt sie schliesslich die Kleider, die sie für die Konfirmation
ihres Gottenkindes gekauft hatte: eine hellrosa Bluse mit kurzen Ärmeln,
eine schwarze Hose, offene Schuhe mit goldenen Pailletten.

Ada Marra wirkt winzig, wie sie da auf dem Podium vor den aufsteigenden
Rängen der Aula sitzt. Sie kramt in einem Papiersack, zieht Sichtmappen mit
dichten Notizen zu Zahlen und Argumenten heraus und breitet sie vor sich
auf dem Tisch aus. Bevor die Debatte beginnt, spielt sie mit ihrem glänzenden
rosa Kugelschreiber, sie verschränkt die Arme, öffnet sie wieder, verschränkt
sie wieder … blickt sich in der Aula um und nimmt sich immer wieder ihre
Notizen vor. Neben ihr drei Männer im dunklen Anzug, die bedächtig der Ein-

Ada Marra im Einsatz für Menschen
am äussersten Rand der Gesellschaft:
«Soupe populaire», Lausanne.

leitung zuhören. Einer von ihnen ist SVP-Nationalrat Yves Nidegger. Um 18.56 Uhr beginnt endlich die eigentliche Diskussion. Ada Marra richtet sich auf, lächelt, wirft einen verschwörerischen Blick ins Publikum und geht zum Angriff über. Die Politikerin spricht mit klarer, kräftiger Stimme, ihre Hände unterstreichen jedes einzelne Argument, sie findet Worte wie Peitschenhiebe: «Herr Nidegger, wenn Sie sich zum Thema Zuwanderung äussern, erwecken Sie den Eindruck, dass die Schweiz von Wilden überfallen wird, die unkontrolliert ein- und ausreisen», wirft sie in die Runde («Ich bereite keine Pointen vor, sie kommen von selbst»). Die Argumente wogen heftig hin und her. Zwischen zwei Wortgefechten provoziert und destabilisiert sie die Gegenseite, spielt mit dem Publikum, streut ein paar Anspielungen darauf ein, dass die Initiative das studentische Erasmus-Austauschprogramm gefährde («Man muss das Publikum auf seine Seite ziehen, ein bisschen Humor ist immer gut»). Immer wieder geht sie zum Angriff auf den ewigen Erzfeind, die SVP, über. «Die Kaufkraft, die überhöhten Mieten, die rückständige Infrastruktur: Alle diese Probleme haben nichts mit der Zuwanderung zu tun. Dies sind innenpolitische Fragen, die auf der innenpolitischen Ebene gelöst werden können. Mit unserem rechtslastigen Parlament ist dies allerdings nicht einfach!» Innerhalb von wenigen Minuten nimmt Ada Marra den ganzen Raum für sich ein. Yves Nidegger, zweifellos ein gewandter Redner, wird regelrecht abgedrängt.

«Eine linke Frau, Tochter von Einwanderern, die auch noch selbstbewusst auftritt – das stört in gewissen Kreisen»

Leicht berauscht vom Adrenalin und ziemlich zufrieden verlässt Ada Marra die Aula. Wortgefechte, aufeinanderprallende Sichtweisen – das ist es, was ihr an der Politik gefällt. Mit 26 Jahren wurde Ada Marra Sekretärin der Waadtländer SP, weil sie eine Stelle suchte. Aus dem Beruf wurde eine Berufung, die ihr 2004 einen Sitz im Waadtländer Grossrat und 2007 einen Sitz im Nationalrat einbrachte. «Kämpfen war schon immer meine Sache, ich bin eine Fighterin!» Kaum eine Politikerin liebt die direkte Auseinandersetzung so wie sie. Ada Marra wird daher zu einer Schlüsselfigur der SP in der Westschweiz. Ihre Auftritte sind herausfordernd; gegenüber ihren Widersachern spart die Waadtländerin nicht mit Spott, sie macht klare Ansagen. Sie kann sich aufregen, lässt sich hinreissen – ihre Auflehnung ist immer ehrlich, während die archetypischen Schweizer Politikerinnen und Politiker sich vor allem durch Pragmatismus auszeichnen. So gelingt es ihr, das Publikum auf ihre Seite zu bringen, zugleich muss sie aber auch die eine oder andere heftige Zurückweisung einstecken. Daher wird sie ein Adjektiv nicht los: polarisierend. «Eine linke Frau, Tochter von Einwanderern, die auch noch selbstbewusst auftritt – das stört in gewissen Kreisen.»

Manche stört dies so sehr, dass sie vor nichts haltmachen: Seit Beginn ihrer politischen Tätigkeit gehen sexistische und rassistische Beleidigungen und Drohungen bei Ada Marra ein. Die verbale Gewalt greift in den sozialen Netzwerken ungezügelt um sich. Lange verharmlost Ada Marra dieses Phänomen, bevor sie es landesweit anprangert. Am 4. März 2020, mitten in der Session, spricht sie auf der Tribüne im Nationalrat Worte aus, die man unter der Kuppel des Bundeshauses noch nie gehört hat: «Fotze» – «Warum hat deine Mutter nicht heruntergeschluckt?» – «Komm schon, du dreckige Hure, stell dich der Diskussion!» – «Du Schreckschraube, bist du eigentlich so wütend, weil niemand in deine verfaulte Muschi klettern will?» – «Eine Kugel in den Kopf würde dir sehr guttun».

Eine ebenso lange wie abstossende Liste von Kommentaren, die vor allem aus den sozialen Netzwerken stammen. Der fragwürdige Höhepunkt war ein Post auf ihrer Facebook-Seite, am Vorabend des Nationalfeiertages, der Tausende von beleidigenden Kommentaren nach sich zog. Ada Marra beschrieb die Vielfalt der Schweiz: «DIE Schweiz existiert nicht, die Schweiz, das sind die Menschen, die hier wohnen und leben.» Eine kleine Provokation, massive Reaktionen: Sie wird von einem sogenannten Shitstorm – was für eine treffende Bezeichnung – erfasst, einem Wirbel von hasserfüllten Äusserungen im Internet. «Zum ersten Mal in meinem politischen Leben wurde ich durch und durch erschüttert. Eine absolute Schlammschlacht, die mir klarmachte, wie sehr mich dieses Verhalten seit Langem tief in meinem Innern traf. Seit zehn Jahren erhielt ich Beleidigungen, eine um die andere, und ich hatte

Steckbrief

Geboren
1973

Partei
SP

Aktuelles politisches Amt
Vizepräsidentin SP Schweiz, Nationalrätin VD

Besonderes
Tochter italienischer Einwanderer, eine führende Persönlichkeit im Kampf für die erleichterte Einbürgerung von Ausländern der dritten Generation.

Erstes politisches Mandat
2004 als Waadtländer Grossrätin

Familie
verheiratet

Ausbildung
Bachelor of Arts in Politikwissenschaft

mich kein einziges Mal gewehrt.» Sie bereut, dass sie nicht jeden einzelnen Fall vor Gericht gezogen hat. Wie so oft bei ernsten Themen macht Ada Marra auch jetzt einen Witz: «Erstens wäre ich damit reich geworden und hätte das Geld den Sans-Papiers-Verbänden geben können, um gewisse Leute zu nerven.» Dann wieder ernster: «Vor allem aber muss man diese Leute stoppen, und das habe ich nicht getan. So etwas kann junge Frauen davon abhalten, in die Politik zu gehen, es ist also ein Problem für unsere Demokratie.»

Sie selbst lässt sich von solchen brutalen Angriffen nicht ausbremsen. Wenn es um Zuwanderung und Identität geht – äusserst kontroverse Themen – steigt Ada Marra immer wieder in den Ring. Ihr grösster Sieg: die erleichterte Einbürgerung für Ausländerinnen und Ausländer der dritten Generation, die am 12. Februar 2017 vom Volk angenommen wurde. Neun Jahre hatte sie dafür gekämpft, die Anfänge gehen bis auf die Zeit kurz nach ihrer Wahl ins Parlament zurück. «Manche Dinge sind einfach tief in mir drin. Ich wusste, dass ich es schaffen musste, und wenn ich von einer Sache so überzeugt bin, bin ich zu allem fähig.» Nachdem sie einige Jahre zuvor das Einbürgerungsverfahren selbst durchlaufen hatte, will sie den Weg voller bürokratischer Auflagen nun für all jene freimachen, deren einzige Heimat die Schweiz ist – welchen Pass sie auch immer haben. In den Kommissionen brachte sie das Thema zur Sprache, musste aber rasch einsehen, dass die von ihr erträumte automatische Einbürgerung nicht auf Akzeptanz stossen würde. Notgedrungen versucht sie, Kompromisse auszuhandeln. Ihr Mantra: Kein Kind ist für die Migrationsgeschichte seiner Eltern verantwortlich. Der definitive Vorschlag ist bescheiden. Ausländerinnen und Ausländer der dritten Generation unter 25 Jahren sollen vom Bund eingebürgert werden können, ohne dass ihre Einbürgerungsanträge von den Gemeinden und Kantonen geprüft werden müssen. Das doppelte Ja von Volk und Ständen ist an diesem Februarsonntag dennoch ein Entspannungssignal für die Beziehungen zwischen der Schweiz und den hier lebenden Ausländerinnen und Ausländern. ««Bravo, Madame Marra!›, riefen die türkischen Taxifahrer mir zu. An der Place de la Riponne, im Zentrum von Lausanne, gratulierte mir eine Person of Color und ich sagte mir: ‹Ausländer werden jetzt in einem anderen Licht gesehen.› Das war er, der grosse Sieg.» Im Zug, der Ada Marra von Lausanne zu den Interviews nach Genf und dann weiter nach Bern bringt, bricht sie in Freudentränen aus.

«Dieses Mal schiebst du deine Zweifel beiseite und nimmst den Platz ein, der dir zusteht»

Ein Ja von Volk und Ständen ist in der Schweiz äusserst selten – sozusagen ein historisches Ereignis. Ada Marras persönliche Leistung ist dementsprechend gross, auch wenn sie nur eine kleine Veränderung erzielt hat. Doch sie verzichtet darauf, lauthals zu triumphieren. Am nächsten Tag kehrt sie ins Parlament zurück und verhält sich, als ob nichts geschehen wäre. «Ich schaffe es einfach nicht, den mir zustehenden Platz auch einzunehmen. Mir zu sagen: ‹Ja, du bist wichtig.› Mir haftet dieses politische Paradox an: Ich wirke sehr durchsetzungsfähig und für andere nehme ich breiten Raum ein, aber meine innere Stimme zischt mir zu: ‹Verschwinde!› Dieses Verhalten ist typisch weiblich und ist auf meine Erziehung zurückzuführen.» Bei der Familie Marra in Paudex herrschte eine ganz traditionelle Rollenverteilung. Wenn Gäste kamen, flüsterte Adas Mutter ihr zu: «Du und ich schöpfen uns weniger, wenn das Essen nicht für alle reicht.» Sie ging ganz selbstverständlich davon aus, dass Frauen sich für andere einschränken. «In diesem Milieu wurden die Frauen durchaus geliebt, aber sie waren die Sklavinnen ihrer Familien.» Jeden Abend schauen ihr Vater und ihre Brüder die Nachrichten, während sie und ihre Mutter das Geschirr abwaschen. «Ich habe sehr schnell begriffen, dass ich etwas verpasste. Ich liebte es, wenn debattiert wurde, wenn es um Politik ging, aber ich musste in der Küche arbeiten, während meine Brüder sich weiterbilden konnten. Das hat mir überhaupt nicht gepasst!» Heute, mit 48 Jahren, kann Ada Marra zwar nicht kochen, aber sie schlägt sich ausgezeichnet in Fernsehdebatten. Ihre Eltern unterstützten ihr Studium und standen seit Beginn ihres Engagements hinter ihr. Trotzdem gibt es eine innere Stimme, die ihr unaufhörlich zuflüstert, dass ihr Platz am Herd und das Rampenlicht nicht für sie gedacht sei … Die eigene Herkunft, der eigene Hintergrund lassen sich nie vollständig ablegen.

Neben den politischen Kämpfen gibt es auch diesen inneren Kampf, das Ringen um den Mut, den Platz einzunehmen, der einem zusteht – «Daran arbeite ich ausgesprochen viel.» Erst vor Kurzem konnte sie einen wirklichen Sieg in diesem Kampf verbuchen. Der Sturz der SP-Vizepräsidentin Géraldine

Ferien in Italien: mit ihrem Vorbild
Nonna Immacolata (l.) und mit ihren
Brüdern beim Planschen im Meer.

Savary, einer sehr beliebten Politikerin, erschüttert die Partei Ende 2018 in ihren Grundfesten. Die Waadtländer Ständerätin kündigt aufgrund ihrer kontroversen Verbindungen zu einem ortsansässigen Milliardär zum Ende der Legislaturperiode ihren Rücktritt von allen politischen Ämtern an. Ada Marra rückt ins SP-Vizepräsidium nach. Vor allem aber tritt sie an, den von ihrer Parteikollegin geräumten Sitz im Stöckli zu erobern. Sie sieht sich einem mächtigen Gegenspieler gegenüber: Nationalrat Roger Nordmann, Vorsitzender der SP-Fraktion in der Bundesversammlung. Als Erstes muss sie also die Delegierten der waadtländischen SP überzeugen, sie als Partei-vertreterin zu portieren. «Ich habe lange gezögert. Ich war überzeugt, dass ich am Parteitag verlieren würde. Aber viele Leute sagten immer wieder zu mir: ‹Eine Frau, eine Frau, eine Frau!› Also gab ich mir einen Ruck: Ada, du bist eine Frau, du kennst die parlamentarische Arbeit. Dieses Mal schiebst du deine Zweifel beiseite und nimmst den Platz ein, der dir zusteht.»

Das Duell der beiden politischen Schwergewichte entwickelt sich zu einem Kopf-an-Kopf-Rennen. Sie ist die Favoritin des volksnahen Flügels der Partei, er ist der Favorit der «Intelligenzija» – sogar hier herrscht Klassenkampf. Am Ende wählten die Delegierten sie, mit einem winzigen Mehr von sieben Stimmen. Ein Sieg über sich selbst, ein Sieg an einem Tag, eine Niederlage an einem anderen: Bei den eidgenössischen Wahlen im Herbst kann Ada Marra den SP-Ständeratssitz nicht halten, an ihrer Stelle wird ihre grüne Verbündete gewählt. «Es war ein sehr harter Tag, ich war traurig wegen der Menschen, die mich unterstützt hatten, wegen meines Vaters, der an mich geglaubt hatte.» Sie lässt ihren Frust an einer Journalistin aus: «Sie war die siebte, die mich fragte, ob ich enttäuscht sei. Ich sagte ihr, ihre Frage sei völlig idiotisch! Die Arme ...» Ihre glänzende Wiederwahl in den Nationalrat werde die Niederlage schnell vergessen machen, versichert sie.

«Ich als Alibifrau? Mir doch egal,
solange ich ein Mikrofon bekomme und
sagen kann, was ich zu sagen habe»

Nun setzt sie ihren Kampf also im Nationalrat fort. Unter anderem für die Gleichstellung von Frau und Mann. Für ein verpflichtendes Gesetz zur Lohngleichheit, für verbindliche Quoten mit Sanktionen für diejenigen, die sie nicht einhalten. Sie ist übrigens der Ansicht, dass sie selbst in ihrer politischen Karriere von ihrem Status als Frau und vom Quotensystem der SP profitiert hat. «Ich finde es ausgesprochen fair, denn jahrhundertelang erhielten ausschliesslich Männer einflussreiche Positionen. Ich als Alibifrau? Mir doch egal, solange ich ein Mikrofon bekomme und sagen kann, was ich zu sagen habe.» Auch so sind die Hürden noch hoch genug. Sie benennt einige: das familienpolitische «Brachland» in der Schweiz «wie in der Dritten Welt», die anhaltende Kritik am Aussehen von Politikerinnen, egal, ob sie sich «attraktiv kleiden» oder sich «in zeltförmige Gewänder hüllen», die Art und Weise, wie Politikerinnen von den «grossen

Themen» wie der Finanzaufsicht ferngehalten werden, der «Machismo und Paternalismus» der Schweiz ... Eindeutig mehr als genug Gründe, sich aufzulehnen. Neben der Arbeit an entsprechenden Gesetzesentwürfen glaubt sie an Vorbilder: Sie spricht mit jungen Frauen über ihren Werdegang, sie fordert sie auch auf, sich zu äussern und ihre Meinungen kundzutun. «Viele junge Frauen üben ihr Stimm- und Wahlrecht nicht aus. Die Bürgerpflicht und die aktive Beteiligung der Frauen müssen also wieder vermehrt zum Thema werden. Unsere Arbeit ist noch längst nicht abgeschlossen.»

Über ihren Werdegang sprechen heisst auch über ihr privates Leben reden. Ada Marra hat ihre grosse Liebe im Alter von vierzig Jahren gefunden, auf einer Reise nach Venezuela als Wahlbeobachterin in einer parlamentarischen Delegation. Ihr zukünftiger Ehemann, libanesischer und venezolanischer Nationalität, arbeitet in der Staatskanzlei Venezuelas. Zwei Jahre später wandert er zu ihr in die Schweiz aus – die schönste Liebeserklärung, die es gibt. «Die Schweiz erkennt die Bildungsgänge anderer Länder kaum an. Wenn Sie als Nichteuropäer oder Nichteuropäerin einwandern, wird Ihnen alles aberkannt. Für ihn und für mich war das ein grosser Schock.» Trotz seiner hervorragenden Ausbildung, er war Anwalt in Venezuela, musste ihr Mann ein Praktikum nach dem anderen absolvieren, bis er seine heutige Stelle als Rechtsberater für Asylbewerber fand – «die ihm ausserdem auch gefällt», sagt sie lächelnd. Mitten im Einbürgerungsverfahren trat er bereits der SP bei. Wie ist das Leben mit einer Politikerin? Sie lacht los: «Wir haben eine Putzfrau, ohne sie ginge gar nichts! Das Leben als Parlamentarierin ist fantastisch, aber man ist nie zu Hause.» Ada Marra und ihr Mann sind kinderlos. «Wir haben es versucht, auch mit In-vitro-Fertilisation, aber es hat nicht geklappt. Es ist, wie es ist. Wir waren spät dran und ... ich denke, die Politik hat in meinem privaten Leben einiges verunmöglicht.»

Als ewige Aktivistin, als leidenschaftliche Verfechterin sozialer Gerechtigkeit lebt sie ihr Engagement mit Haut und Haar, zwischen Erfolg und Verzicht. «Ich war 26, als ich anfing, für die Partei zu arbeiten. Jetzt bin ich 48 und habe ausschliesslich Politik gemacht. Körperlich hat dies Spuren hinterlassen. Ich habe nicht auf meinen Körper, mein Leben, die Sterne, die Schamanen und all diese Geschichten gehört. Die Politik ist knallhart. Einfach knallhart. Aber das entspricht mir. Ich habe mir nie gesagt: ‹Meine Anliegen werde ich in die Politik tragen.› Die Umstände haben mich zufälligerweise dorthin geführt – und es passte perfekt. Was ich dank der Politik erlebt habe, ist einfach absolut wunderbar … Ich habe unglaubliches Glück! Ich habe das alles nicht geplant. Man muss einfach da sein und den Moment nutzen.»

Die Zukunftsplanung wird allerdings immer dringlicher. Die Anzahl der Mandate in Bern ist durch die SP des Kantons Waadt begrenzt, daher wird dies Ada Marras letzte Amtszeit sein. Die kantonale Exekutive? Die Exekutive der Stadt Lausanne? Beides reizt sie kaum. «Es ist eine andere Art von Machtverhältnis, eine andere Selbstwahrnehmung. Das ist einfach nicht meins.» Es ist Zeit, eine neue Berufung zu finden. Mit zwölf träumte sie davon, ins Kloster zu gehen. Der Bischof, dem sie sich anvertraute, schickte sie nach Hause: Sie war noch zu jung. Letztes Jahr schrieb sie sich an der theologischen Fakultät ein – bis der Ständeratswahlkampf diese Pläne durchkreuzte. «Seit Jahren sollte ich mich innerlich auf diesen Abschied vorbereiten. Aber das ist Bullshit.» Sie lacht. «Ich glaube, es wird furchtbar.» Ungewissheit, Zweifel bis hin zur Angst, ihr heiss geliebtes Umfeld zu verlassen, ohne genau zu wissen, was sie mit den fünfzehn Jahren bis zum Altersrücktritt noch anfangen soll. Heute bereut sie, dass sie neben der Politik keinen anderen Beruf ausgeübt hat. «Ich hätte mit einem Fuss in der Berufswelt bleiben sollen … hätte … Was ich erlebte, war so grossartig, dass alles andere daneben langweilig wirkte. Ich habe mir nicht viel Mühe gegeben, das stimmt schon…» Sie lacht wieder. «Aber im Ernst, ich will mich nicht zu sehr festlegen, mich reizt vieles, und ich bin sicher, dass es gut kommt!» Ada Marra, eine Frau mit Fragezeichen über Fragezeichen. Aber am Schluss steht immer ein Ausrufezeichen.

«Statt dauernd an sich zu zweifeln, sollten Frauen ihre Stärken nutzen. Den Rest kann man lernen»

Viola Amherd mit Nichte Lia am Tag der Wahl zur Bundesrätin im Bundeshaus (l.) und mit Lia als Säugling.

Viola Amherd

Bundesrätin

«Wir Frauen brauchen nicht perfekt zu sein»

D u freche Hexe!›, sagte der damalige Stadtpräsident in einer Ratssitzung zu mir», erzählt Bundesrätin Viola Amherd. «Ich hatte eine andere Meinung vertreten als er, obwohl ich als junge Frau gerade erst in die Briger Stadtregierung gewählt worden war.»

Der Blick der Verteidigungsministerin ist auf rund fünfzig junge Frauen gerichtet, die sich an diesem trüben Septembermorgen 2020 in der General-Guisan-Kaserne in Bern versammelt haben. Sie tragen hier ausnahmsweise Jeans, kurze Röcke, Shorts, Turnschuhe, Pumps. Statt Kampfstiefel und Tarnanzug – TAZ im Militärjargon. Es ist der Kick-off-Event von «Frauen im TAZ». Der erste Verein für Frauen im Sicherheitsbereich will Frauen, die Militärdienst leisten, vernetzen. Von selbst ergibt sich ein Austausch kaum: Nur 0,9 Prozent der Armeeangehörigen sind Frauen. Im Dienst sehen sie sich stets einer überwältigenden Mehrheit von Männern gegenüber.

Viola Amherd ist gekommen, um zu ermutigen. «Frauen, die sich in Männerdomänen bewegen, machen ähnliche Erfahrungen. Vorbilder sind mehr wert als tausend Theorien», sagt sie. «Umso wichtiger ist es, sich in Netzwerken auszutauschen und einander Tipps zu geben.» Die 58-Jährige weiss aus ihren eigenen Anfängen, wie es sich anfühlt, mal «freche Hexe» genannt zu werden, dann wieder abschätzig «s Meitli». Wie anstrengend es ist, sich doppelt Mühe zu geben, sich genauer als andere vorzubereiten – weil frau weiss, dass ihre Leistung kritischer betrachtet wird als jene von Männern. Heute wagt niemand mehr, Viola Amherd «Meitli» ins Gesicht zu schleudern. Seit 2019 ist die einzige Vertreterin der Mitte-Partei im Bundesrat Chefin des Männerreiches Verteidigungsdepartement.

Ihr Wunschdepartement war das nicht, das ist ein offenes Geheimnis. Amherd hatte sich im Nationalrat dreizehn Jahre lang besonders intensiv mit Verkehrs-, Regional- und Jugendschutzthemen befasst. Sie hätte sich eher im Verkehrs- und Umweltdepartement gesehen oder – als Juristin – auch im Justizdepartement. Doch die bisherigen Bundesratsmitglieder dürfen zuerst ihr Departement wählen. Für Amherd blieb das Departement für Verteidigung, Bevölkerungsschutz und Sport. «Ich hatte mir schon vorher gedacht, dass mir das blühen könnte», erinnert sich Amherd später während eines der Gespräche, die wegen der Corona-Ansteckungsgefahr am Telefon stattfinden. Sie lacht, wie so häufig. «Aber warum sollte ich mich aufregen. Ich sagte mir: Geh jetzt einfach frisch und ohne Vorurteile hinein. Es ist auch eine Chance, neue Akzente zu setzen.» Von diesen Akzenten waren die führenden Köpfe dort anfänglich allerdings verunsichert. Sie begegneten der Frau, die weder selbst Militärerfahrung mitbringt noch in ihrer Verwandtschaft Offiziere aufweisen kann, mit höflich verpackter Vorsicht.

Das zeigte sich exemplarisch am wichtigsten Geschäft, das sie von ihrem Vorgänger Guy Parmelin übernahm: Air2030, die Beschaffung neuer Kampfjets. Parmelin hatte die Flugzeuge in einem Acht-Milliarden-Franken-Paket zusammen mit neuen Boden-Luft-Raketen vors Volk bringen wollen. «Man sagte mir, ich solle das so in den Bundesrat bringen», erzählt Amherd. Doch dann schaute sie sich das Geschäft an – und sagte Nein. Sie wollte zuerst neutrale Zweitmeinungen zur Luftwaffe und zu den geplanten Gegengeschäften einholen lassen. «Die Dossierverantwortlichen sahen nicht sehr freundlich aus, als ich das sagte», erinnert sich Amherd. «Sie dachten wohl, ich wolle das Projekt stoppen, weil ich, warum auch immer, als links galt.» Amherd lacht wieder. «Dabei wollte ich einfach selbst völlig überzeugt sein, damit ich das Geschäft vor dem Volk auch wirklich gut vertreten konnte.» Das wiederholte Amherd Sitzung um Sitzung. Immer wieder. Und noch einmal. «Bis ich plötzlich merkte, jetzt ist wie ein Schalter umgelegt. Jetzt bringen sie gute Ideen ein, wir ziehen am gleichen Strick. Jetzt vertrauen sie mir.» Das, sagt sie, sei das Wichtigste und Schönste, was sie bisher als Bundesrätin erreicht habe.

Der Rest der Kampfjetbeschaffung ist Geschichte: Der Schweizer Astronaut Claude Nicollier befand das Projekt öffentlichkeitswirksam für gut, empfahl aber, das Paket aufzuschnüren, dem Volk nur die Kampfjets, nicht jedoch die Boden-Luft-Raketen vorzulegen. Amherd und der Bundesrat

Netzwerke sind wichtig, gerade in
Männerdomänen: Bundesrätin
Amherd bei Frauen in der Armee.

taten dies, forderten zudem nur 60 statt 100 Prozent Gegengeschäfte ein. Das Volk sagte mit 50,1 Prozent denkwürdig knapp Ja dazu. Aber es sagte Ja. In der SRF-Elefantenrunde am Abstimmungssonntag bemerkten die Parteipräsidentinnen und -präsidenten, das Ja sei Amherds Einsatz zu verdanken. Auch die unterlegene SP war dieser Meinung. Der Bundesrätin selbst war an diesem Sonntag weder Triumph noch Erschrecken über die Knappheit des Resultats anzumerken. Sie las ihre Stellungnahme in einer fast surreal anmutenden Ruhe ab, als hätte sie keine Zitterpartie hinter sich. Als wäre sie mit ihren Mitarbeitenden nicht einen Nachmittag lang im Büro wie auf glühenden Kohlen gesessen. Als hätte sie nicht phasenweise geglaubt, einen Absturz kommentieren zu müssen.

Abstimmungskampf: Bundesrätin Amherd mit der ersten Kampfjetpilotin der Schweiz Fanny Chollet (r.) und Armeechef Thomas Süssli (l.) 2020 vor einem Auftritt zugunsten neuer Kampfflugzeuge. Foto: Keystone / Peter Klaunzer

«Ich will Probleme lösen, nicht aussitzen»

Das System Amherd hatte sich bewährt: Sauber abklären, möglichst viele Seiten mit offener Haltung anhören, Schlüsse daraus ziehen und den Beschluss dann entschlossen und gelassen durchziehen. «Ist ein Entscheid gut begründet, akzeptieren ihn meistens auch die, die anderer Meinung sind», sagt Amherd. Dies bringt ihr auch im Parlament von links bis rechts Respekt ein. Zum System Amherd gehört aber auch, und das merkte Mann im Departement bald: Vertrauensleute, gerne auch aus dem Wallis und der Mitte-Partei, in Schlüsselpositionen platzieren. Und durchgreifen, wo sie es für nötig hält. Nach einem Spesenskandal versetzte sie den Ausbildungschef Daniel Baumgartner. Den viel kritisierten

Korpskommandanten Aldo Schellenberg wollte sie per Ende 2020 zum persönlichen Mitarbeiter des neuen Armeechefs machen – eine wenig anspruchsvolle Beschäftigung für einen hoch bezahlten Drei-Sterne-General. Von «Abschieben» und «Entsorgen» war in den Medien die Rede. Statt den Posten anzutreten, flüchtete sich Schellenberg mit 61 Jahren in die Pensionierung. Zum neuen Armeechef machte Amherd einen Aussenseiter: Thomas Süssli, ursprünglich Banker. Treibt die Bundesrätin so, wie ein Militärjournalist analysierte, einen Keil in etablierte Männernetzwerke innerhalb der Armee, die sich traditionellerweise am liebsten zuerst untereinander absprechen, bevor sie der Chefin geeint entgegentreten? Kommt sie dadurch eher frühzeitig an Informationen, weil ihr Quereinsteiger und eigene Gefolgsleute Loyalität schulden? Am anderen Ende der Telefonverbindung bleibt es kurz still. Dann ein verschmitzt wirkendes Lachen und der Satz: «Was soll ich da sagen?» Schliesslich betont sie, Wegbefördern sei keine Taktik, sondern es gehe darum, zu schauen, ob die Leute am richtigen Ort seien. «Wenn nicht, dann habe ich den Mut, anzupacken. Ich will Probleme lösen, nicht aussitzen.»

Ein solches Problem sind für die Bundesrätin die wenigen Frauen in der Armee. Sie wolle mehr Frauen nicht als Notnägel, um die Bestandesprobleme der Armee zu lösen, sagt sie. Sondern sie wolle mehr von jenen, die sich interessieren, und diese fördern. «Gemischte Teams sind besser. Und auch die Frauen selbst können profitieren, es gibt im Militär viel zu lernen. Dafür braucht es aber ein Umfeld, in dem sich Frauen wohlfühlen.» Wie dies erreicht werden könnte, will sie sich mit zwei Berichten aufzeigen lassen. Und heute möchte sie am Netzwerkanlass in der General-Guisan-Kaserne von den Frauen direkt hören, was sie brauchen würden – und wo der Militärschuh sie drückt. Denn der Bundesrätin ist klar: Alles, vor allem wenn es um Sexismus geht, erzählen ihr die Männer nicht.

Die jungen Frauen lassen sich nicht lange bitten. Sie berichten, männliche Kader hätten an Informationstagen der Armee interessierte Frauen gewarnt, im Militär wäre dann «fertig mit Nägeli mache und zwei Stunden duschen». Sie fordern Informationsanlässe speziell für Frauen. Sie beklagen, in Kasernentoiletten fehlten Utensilien, die für Frauen wichtig sind – beispielsweise um Tampons wechseln zu können. Sie erzählen, sie würden das Militär gerne zum Beruf machen – aber würden dafür Teilzeitstellen brauchen, wenn sie eine Familie gründen. Sie rapportieren, wie Vorgesetzte Rekrutinnen schikanieren, indem deren Fehler herausgehoben werden, jene der männlichen Kollegen jedoch nicht. Sie schlagen eine Stelle vor, an die sich Frauen in solchen Fällen wenden können.

Amherd steht vor den Frauen, hört aufmerksam zu, macht sich ab und zu Notizen. Bedankt sich für die «wertvollen Informationen». Stellt in Aussicht, Infrastruktur und Informationen schon bald verbessern zu lassen. Und sagt: «Bei Sexismus gilt Nulltoleranz. Wenn sich ein Vorgesetzter sexistisch verhält, muss dies Konsequenzen haben. Das muss von ganz oben vorgelebt werden. Aber ich habe gelernt, dass es in der Armee lange geht, bis es unten ankommt.» Sie gibt zu bedenken: «Wo Frauen auf wichtige Positionen vorrücken, hat es weniger Platz für Männer. Die Männer wehren sich. Trotzdem müssen wir dranbleiben – Sie können auf mich zählen!»

«Mein wichtigster Tipp für Frauen ist: Macht euch für interessante Ämter früh bemerkbar!»

Amherd hat im Lauf ihrer Politkarriere Männer verdrängt. Zum Beispiel im Jahr 2000 den amtierenden Stadtpräsidenten von Brig-Glis, einen Freisinnigen. Fürs Amt ins Spiel gebracht hatte sie sich schon ein paar Jahre zuvor, als der vorherige Stadtpräsident zurücktrat: Stadträtin Amherd nervte sich darüber, dass ihre Partei – damals hiess die Mitte-Partei noch CVP – ausschliesslich mit zwei Männern über eine Kandidatur sprach. «Ich fand das eine Frechheit», erinnert sie sich. «Schliesslich brachte ich gleich viel Erfahrung mit wie einer der zwei, hatte als Anwältin einen guten Beruf und war auch sonst nicht dümmer.» Die beiden CVP-Kandidaten scheiterten schliesslich, sie wurde zur Vizepräsidentin gewählt. Als es 2000 dann um einen Angriff auf den freisinnigen Stadtpräsidenten ging, war es nicht mehr Amherd, die sich bemühte. Dieses Mal bat die CVP sie um eine Kandidatur. Amherd eroberte den Sitz. Sie sollte zwölf Jahre lang Stadtpräsidentin bleiben.

«Mein wichtigster Tipp für Frauen ist: Macht euch für interessante Ämter früh bemerkbar, auch wenn das unangenehm ist», sagt Amherd später bei einem weiteren Telefongespräch. «Für Aufgaben, die viel Arbeit und wenig Gestaltungsmöglichkeiten bringen, werden Frauen gern gefragt. Sobald es interessant wird, drängen sich jedoch meistens Männer vor – während Frauen oft zweifeln, ob sie das überhaupt können. Das ist der grösste Fehler.»

Der offizielle Teil des Netzwerkanlasses geht zu Ende. Entgegen ihren früheren Absichten bleibt die Bundesrätin nicht für den informellen Austausch, sondern verabschiedet sich, noch bevor die jungen Frauen aus dem Saal strömen zu Apéro und Mittagessen. Die Zahl der Coronainfizierten steigt gerade wieder an. Viola Amherd gehört zu den besonders vorsichtigen Bundesratsmitgliedern. Sie vermeidet Situationen, in denen Distanzhalten schwierig ist. Maske hin oder her. Später wird sie auf fast alle persönlichen Treffen verzichten, die auch virtuell oder am Telefon möglich sind.

Viola Amherd startete 2019 als erste Frau an der Spitze des Verteidigungsdepartements. Niemand hätte damals geahnt, dass sie schon gut ein Jahr später nochmals eine Premiere verkörpern würde, eine historische Zäsur: die erste Teilmobilmachung der Schweizer Armee seit dem Zweiten Weltkrieg. Seit sie jene Bilder aus Italien gesehen hatte, jene nächtlichen Leichentransporte, jene überfüllten Intensivstationen, war ihr klar gewesen, dass das nicht gut kommen und auch die Schweiz auf eine Krise zusteuern würde. Als dann Kantone um Unterstützung der Armee baten und die Mobilmachung zur Diskussion stand, war das

Steckbrief

Geboren
1962

Partei
Die Mitte

Aktuelles politisches Amt
Bundesrätin

Besonderes
Führt als erste Verteidigungsministerin der Schweiz ein ausgesprochen männlich dominiertes Departement. In der ersten Coronawelle löste sie die erste Teilmobilisierung der Armee seit dem Zweiten Weltkrieg aus.

Erstes politisches Mandat
1992 als Mitglied der Stadtregierung von Brig-Glis VS

Familie
allein lebend

Ausbildung
Anwältin

«eine sehr belastende Situation», erinnert sich Amherd. «Schliesslich holt man die Leute so aus ihren Unternehmen weg, aus der Wirtschaft.» Die Last der Verantwortung wog schwer in dieser ersten Welle, als der Bundesrat gestützt auf die ausserordentliche Lage allein entschied. Als er Läden, Schulen, Coiffeursalons, Restaurants, Museen und so viel anderes schloss. Als er Ansammlungen von mehr als fünf Personen untersagte. Als er alle, denen Homeoffice möglich war, aus den Büros verbannte. Als er Abstimmungen aussetzte. Als er Hilfspakete für die Wirtschaft schnürte und dafür Abermilliarden von Steuerfranken einsetzte. So viel war unbekannt, als Amherd mit den anderen Bundesratsmitgliedern entscheiden musste. Gleichzeitig wusste sie: Die Beschlüsse würden einschneidende Konsequenzen haben. «Ich hatte riesigen Respekt. Die grosse Stärke unseres Systems ist aber, dass man nicht allein entscheiden muss, sondern gemeinsam, im Bundesrat», sagt Amherd. «Zum Glück waren wir auch nicht alle der gleichen Meinung. So konnten wir sorgfältig abwägen, das war sehr hilfreich.» Und noch etwas half Amherd inmitten der Ungewissheit und der Dringlichkeit, als eine Bundesratssitzung die nächste jagte und sie oft mitten in der Nacht noch die neusten Informationen durchackern musste: ihre Erfahrungen als Stadträtin während des Unwetters von Brig. Während jener Tage, die sie noch vor Augen hat, als wäre die Katastrophe gestern passiert.

«Ich wurde von einer Armeeskeptikerin zu einer Armeebefürworterin»

Am Nachmittag des 24. September 1993 trat die Saltina über ihre Ufer und bahnte sich ihren Weg in höllischem Tempo mitten durchs Zentrum von Brig. Direkt am Gebäude vorbei, in dem Viola Amherd ihre Advokatur- und Notariatskanzlei betrieb. Von ihrem Fenster im ersten Stock aus sah sie das Wasser kommen, beobachtete, wie die ersten Autos vorbeigetrieben wurden, hörte das Knallen, wenn die Scheiben der Läden im Parterre unter der Wucht des Wassers und des Geschiebes barsten. Sah, wie die zwei Frauen im Schuhladen gegenüber

vergeblich versuchten, das Wasser abzuwehren, und atmete auf beim Gedanken, dass das Geschäft einen Hinterausgang hatte, durch den die
Frauen entkommen könnten.

Das Wasser stieg immer höher. Amherd und die Büroangestellten brach-
ten Dokumente ins obere Stockwerk in Sicherheit. Die Nacht verbrachten
sie mit anderen Gestrandeten oben im Nachbarshaus. An Heimgehen war
nicht zu denken. Auch die Strom- und Trinkwasserversorgung war ausge-
fallen. «Ich höre heute noch den Krach des Geschiebes, das Dröhnen, rieche
den Geruch des Erdreichs, das vom Wasser mitgespült wurde, spüre das
Knattern der Helikopter.» Vor allem aber plagte sie die Sorge um ihre Nichte. Der Schulunterricht der Zweitklässlerin hatte etwa um 16 Uhr geendet,
gerade als die Saltina über die Ufer trat. Die Saltina, welche das Kind über-
queren musste.

Am nächsten Morgen schaffte Amherd es über Schuttkegel nach Hause –
gleich nebenan wohnt auch ihre Schwester mit ihrer Tochter. Erleichterung.
Die Nichte hatte es im letzten Moment heim geschafft. Amherd eilte ins
Stockalperschloss, zum Sitz der Stadtregierung. Sie war als Stadträtin für die
öffentlichen Gebäude zuständig. Auch für die schuttgefüllten Parkhäuser.
Nach ersten Besprechungen lief sie zurück zum Advokaturbüro. «Was ich auf
dem Weg dahin sah und erfuhr, trieb mir die Tränen in die Augen», erzählt
sie. Die beiden Frauen im Schuhgeschäft hatten nicht entkommen können,
der Hinterausgang war blockiert gewesen. Sie waren die einzigen Todesopfer
des Unwetters, doch wusste dies zu diesem Zeitpunkt noch niemand. Was
würde man unter all dem Schutt noch entdecken? Mehrere Meter hoch lag er
im Zentrum, so hoch, dass Amherd aus ihrem Bürofenster im ersten Stock
direkt darauftreten konnte. Sie sah, wie erste Leute aus der eingedrückten
Apotheke Medikamente mitlaufen liessen. «Gott sei Dank erschien die Armee
sehr schnell, sorgte für Sicherheit und schaufelte Schutt weg», erinnert sich
Amherd. «An diesem Tag erfuhr ich, wie wichtig die Armee sein kann. Ich
wurde von einer Armeeskeptikerin zu einer Armeebefürworterin.» Die Aufgaben für die Stadt blieben enorm. Was tun mit der zerstörten Innenstadt? Im
Notrecht entschied der Stadtrat, vieles neu zu gestalten und zudem autofreie
Zonen zu schaffen. «Ich lernte, auch mal schnell zu entscheiden, ohne vorher
alles sauber abklären zu können», sagt Amherd. «Denn nicht zu entscheiden,
ist auch eine Entscheidung. Gleichzeitig muss man ruhig bleiben, schön eines
nach dem anderen tun. Diese Erfahrung hilft mir in der Coronakrise.»

In der ersten Coronawelle bot Amherd unter dem Eindruck der vielen Gesuche aus den Kantonen 5000 Armeeangehörige auf. Doch viele langweilten sich in ihren Kasernen, ohne je wirklich gebraucht zu werden. Amherd zog die Lehren: In der zweiten Welle stellte sie klare Bedingungen an die Kantone. Diese mussten zuerst alle anderen Mittel ausschöpfen. Erst wenn Zivilschutz, Feuerwehr, pensioniertes Pflegepersonal, Medizinstudierende und andere Kräfte mobilisiert waren, kam die Armee. Und noch etwas versuchte Amherd besser zu machen als in der ersten Welle: Sie überliess es jetzt nicht mehr ganz allein dem Direktor des Bundesamts für Sport, mit den Sportverbänden über Hilfen zu verhandeln – manche Verbände hatten danach die einvernehmlich getroffenen Vereinbarungen plötzlich als untauglich gegeisselt. Nun setzte sie sich auch persönlich an den virtuellen runden Tisch. «Wir Frauen brauchen nicht perfekt zu sein», sagt sie. «Statt dauernd an sich zu zweifeln, sollten Frauen sich ihrer Stärken bewusst sein und sie nutzen. Den Rest kann man lernen.»

Am Netzwerktreffen stehen die Frauen unterdessen auf dem Vorplatz der Kaserne beim Apéro. Mit Bierflaschen und Weissweingläsern in der Hand tauschen sie ihre Eindrücke von Amherd aus. «Authentisch», «bodenständig», «sie hört zu», «unscheinbar im besten Sinn» ist zu hören. Eine sagt: «Sie schafft den Raum, damit man sich ausdrücken kann, ohne Angst, verurteilt zu werden.» Amherd empfindet das als grosses Kompliment. «Ich muss mich natürlich an die Entscheidungswege, an Hierarchien halten», sagt sie am Telefon. «Aber wenn ich jemandem begegne, rede ich mit einem Menschen, nicht mit einer Position. Gute Ideen nehme ich gern auf, egal, woher sie kommen.»

Hört Amherd wirklich immer auf die Richtigen? Diese Frage stellt sich unmittelbar vor dem letzten Gespräch im November 2020. Die Geschäftsprüfungsdelegation des Parlaments präsentiert ihre Untersuchungen zur sogenannten Crypto-Affäre: Über Verschlüsselungsgeräte aus der Schweiz, die ins Ausland verkauft wurden, hörten die Geheimdienste der USA und anfänglich auch Deutschlands andere Staaten ab. Ab 2002 war dann auch der Schweizer Nachrichtendienst mit von der Partie. Die Bundesratsmitglieder sollen bis 2019 nichts davon gewusst haben. Der Eindruck entsteht: Der Geheimdienst führte den Bundesrat – statt umgekehrt. Geheimdienstchef Jean-Philippe Gaudin informierte Viola Amherd erst – und dies anfänglich nur bruchstückhaft – als sich Medienrecherchen abzeichneten. Gaudin verkannte die aktuelle politische Brisanz. Er wiederholte gegenüber der Verteidigungsministerin immer wieder: Das sei eine Sache für Historiker. «Von Personen an der Spitze des Nachrichtendienstes erwarte ich, dass sie einschätzen können, was politisch relevant ist und was nicht», sagt Amherd am Telefon dazu, direkt nach der Medienkonferenz der Geschäftsprüfungsdelegation. Diese kritisiert unter anderem, Amherd hätte die falsche Einschätzung ihres Geheimdienstchefs erkennen und die politische Sprengkraft der Affäre selbst früher bemerken müssen. Die Bundesrätin hatte in einem ersten Schritt die Fakten klären und später über das weitere Vorgehen entscheiden wollen. Amherd wehrt sich: «Man kann sich nur dann gut ein Urteil bilden, wenn man alle Informationen bekommt. Über wichtige Themen, die den Ruf und die Neutralität der Schweiz schädigen können, muss der Nachrichtendienst den Bundesrat korrekt informieren.» Ein halbes Jahr später ist Gaudins Schicksal besiegelt. Er verlässt den Nachrichtendienst.

«Ohne Quoten dauert es zu lange, bis Frauen endlich angemessen vertreten sind»

Amherd ist in der Bevölkerung beliebt. Sie mischt sich – wenn keine Coronagefahr droht – gerne unters Volk. Wenn es Frauen sind, die für Gleichstellung demonstrieren, erst recht. Dann lässt sich die Bundesrätin auch von fliegenden Tampons nicht abschrecken. In einem lila Shirt, mit einem lila Ansteckknopf auf dem weissen Blazer, steht sie am nationalen Frauenstreiktag im Juni 2019 um elf Uhr als einzige Bundesrätin vor dem Bundeshaus auf dem Bundesplatz, flankiert von der damaligen Nationalratspräsidentin Marina Carobbio, SP, und der Vizepräsidentin Isabelle Moret, FDP. Den übergrossen symbolischen Tampon, den Frauen über ihren Köpfen wie einen Ballon immer wieder in die Luft schubsen, schiebt sie lachend weiter. «Klar bin ich eine Feministin», sagt Amherd später. «Ich unterstützte den Frauenstreik, weil es noch Ungleichheiten gibt.»

Amherds Forderungen gehen an alle: Gesellschaft, Wirtschaft und Staat. An Gesellschaft und Wirtschaft: Auch Männer sollten sich in die Betreuung von Kindern, Alten und Kranken einbringen. «Dafür müssen Männer und Frauen Teilzeit arbeiten können, ohne dass dies ihrer Karriere schadet.» An Kantone und Gemeinden: Sie sollten mehr Kindertagesstätten und Tages-schulen zur Verfügung stellen, ähnlich wie in skandinavischen Ländern. Und schliesslich rüttelt Amherd auch an einem Tabu der Bürgerlichen: «Es braucht harte Frauenquoten in Politik und Wirtschaft», sagt sie und gibt sich damit nicht zufrieden mit den unverbindlichen Richtwerten, wie sie in der Schweiz seit Kurzem gelten. «Ohne Quoten dauert es zu lange, bis Frauen endlich angemessen vertreten sind. Danach kann man die Quoten wieder abschaffen.» Die Angst, unfähige Alibifrauen würden deswegen die Teppichetagen bevölkern, kann sie nicht nachvollziehen. «Es gibt ja heute schon Quoten – zum Beispiel punkto Sprache oder Regionen. Und hier sagt niemand, diese Männer und Frauen seien unfähig.»

Amherd war Feministin, lange bevor sie in die Politik einstieg. Als sie nach dem Jurastudium in Freiburg zurück ins Wallis kam, wollte sie sich eigentlich zuerst auf ihren Beruf konzentrieren und die kantonalen Advoka-tur- und Notariatspatente erlangen. Sie hatte verinnerlicht, was ihr die Mut-ter immer wieder ans Herz gelegt hatte: Mach eine gute Ausbildung, werde nie abhängig! Die Eltern hatten Amherd immer in allem voll unterstützt, auch als sie studierte – was sie bereits als Primarschülerin geplant hatte, «weil ich zwei linke Hände habe, mir das Lernen jedoch leichtfällt». Die Mutter arbeitete viele Jahre in der Elektrounternehmung des Vaters mit. Als sich die beiden scheiden liessen, realisierte Amherd, wie wichtig es ist, auf eigenen Beinen zu stehen. Zwar ging es ihrer Mutter finanziell weiterhin gut. Aber der jungen Viola war bewusst: Das hatte auch mit Glück zu tun. Darauf verlassen sollte frau sich nicht.

Vorerst nur auf den Beruf fokussieren – es kam letztlich doch anders. Die Briger CVP fragte sie an, ob sie der Partei beitreten und im Vorstand mitwir-ken würde. Für Amherd war zwar klar: Die CVP mit ihren christlichen Wer-ten wie Respekt vor den Mitmenschen war die richtige Partei. Nicht nur für ihren Vater, den Gewerbler ohne Parteiamt, sondern auch für sie. Für sie, die selten in die Kirche geht, sich aber als gläubig bezeichnet. Ihr politisches Interesse war mit dem Nordirlandkonflikt erwacht: Als Sekundarschülerin ärgerte sie sich über eine Politik, die zu Toten führte. Es müsste doch bessere

Frauensolidarität: 2019 in Lila
am Frauenstreik (l.).

Mit Beraterin Brigitte Hauser (r.)
und Ständerätin Maya Graf (l.).

Wege geben! Für ihre Philosophie-Maturarbeit untersuchte sie die Staatsform
der Anarchie. «Eine Welt, die ohne Regeln gut funktioniert, wäre doch schön»,
kommentiert Amherd. «Nur ist das leider nicht möglich.» Doch: Sich selber
bereits jetzt politisch zu engagieren, noch während des Anwaltspraktikums,
fand Amherd eigentlich zu früh. Sie lehnte ab. Die damalige Präsidentin der
CVP-Frauen Schweiz, Brigitte Hauser, bekniete die junge Viola: Sie könne in
den verschiedenen Frauenorganisationen nicht immer von Gleichstellung
reden und dann kneifen, wenn es sie brauche. «Das war das einzige Mal, dass
ich ihr gehorchte», sagt Amherd und lacht, einmal mehr. Im Hintergrund
lacht jemand mit. Es ist Brigitte Hauser – unterdessen Amherds Beraterin.
Wenig später liess Amherd sich für die Briger Stadtregierung aufstellen, weil
es Frauen brauchte. Sie schaffte den Sprung 1992 auf Anhieb, als 30-Jährige.

Es folgten zwanzig Jahre im Stahlbad der Walliser Politik: einstecken
und austeilen.

Beispiel Bruderschaft vom Osterlamm Brig: ein geschlossener Männer-
kreis einflussreicher Geschäftsleute, Politiker und hoher Beamter. Sie teilten

Beim Skifahren.
Als junge Frau, verkleidet für den
Fasnachtsabend des Turnvereins.

Amherd als Stadtpräsidentin mit, leider könne sie nicht am traditionellen Osteressen teilnehmen. Weil sie eine Frau ist. Statt die Einladung wie gewünscht an einen männlichen Kollegen zu delegieren, thematisierte sie den Fall in der Stadtregierung. Und gab der Bruderschaft danach im Namen des ganzen Gremiums einen Korb. Im folgenden Jahr änderte diese ihre Statuten – seither können ausnahmsweise auch Frauen in wichtigen Ämtern als Gäste eingeladen werden. Doch Amherd wollte mehr. Weil es im Ort ausschliesslich für Männer Serviceclubs wie Rotary gab, half sie bei der Gründung eines solchen für Frauen: Seither existiert in Brig eine Sektion des international tätigen Frauen-Serviceclubs «Soroptimist». «In der jungen Wirtschaftskammer Brig sah ich, wie wichtig und wertvoll solche Kontakte sind», sagt Amherd. Über Verwaltungsratsmandate vernetzte sie sich noch weiter.

Beispiel Abtreibungsdebatte: ein Kampf buchstäblich bis aufs Blut. Plakate mit blutigen Föten tauchten auf. «Sie wollen eine Kultur des Todes in der Schweiz», stand über den Bildern von befürwortenden Politikerinnen wie Brigitte Hauser. Anwältin Amherd kämpfte an ihrer Seite bis vor Bundesgericht. Mit dieser Haltung schaffte sie sich gerade im eigenen katholischen Milieu auch erbitterte Feinde. Das bekam sie 1999 bei ihrer erfolglosen Kandidatur für die Kantonsregierung zu spüren: Die Beschimpfungen an einem Wahlanlass waren so heftig, dass sie den Saal durch den Hinterausgang verliess, bevor es tätlich wurde.

Wer in der Walliser Politik besteht, insbesondere als Frau, ist so konflikterprobt, dass ihn kaum noch etwas erschüttern kann. «Das könnte ich unterschreiben», sagt Amherd in einem Ton, der übers Telefon ein Schmunzeln erahnen lässt, und präzisiert dann schnell: «In der Politik kommt man überall mit Konflikten und Intrigen in Kontakt, es geht um Macht. Im Wallis geschieht es einfach noch direkter.»

Selber teilte Amherd auch nicht nur Nettigkeiten aus. Zu spüren bekam dies zum Beispiel ihr Partei- und Stadtratskollege Louis Ursprung. Er wollte Amherd, die unterdessen auch Nationalrätin war, das Stadtpräsidentinnenamt abjagen. Worauf die beiden sich so verkrachten, dass er auf die SVP-Liste wechselte, um sie angreifen zu können. Zum Verdruss der CVP hatte er Erfolg – aber erst, als Amherd ihren Sessel 2012 freiwillig räumte. Ironie der Geschichte: Nach ihrer Wahl in den Bundesrat musste er ihr beim grossen Empfang in Brig öffentlich huldigen. Sie nahm es «mit einem Lächeln auf den Stockzähnen» zur Kenntnis. Danach rockte sie auf der Bühne mit den Walliser Sängerinnen Sina und Stefanie Heinzmann.

«Ich habe das Glück, im Innersten eine optimistische Person zu sein»

Die Walliser Fehden hatten auch in Amherds Kandidatur für den Bundesrat hineingespielt. Der Walliser Bote machte ausgerechnet zu diesem Zeitpunkt publik, ein grosser Stromversorger werfe Amherd und ihrer Erbengemeinschaft vor, sie hätten für ihr Elternhaus zu viel Miete verlangt. Der Streit kam vor Gericht, endete erst zu Amherds

Zeit im Bundesrat mit einem Vergleich. Auch Aussagen, wonach Amherd Jungnotaren ihr Honorar erst auf Druck ausbezahlt habe, machten die Runde. Sie bestritt dies. «Der Druck war reiner Wahnsinn, ich wurde von morgens früh bis abends spät medial belagert, so etwas hatte ich noch nie erlebt», sagt Amherd. «Es belastete mich sehr, weil es den Eindruck erweckte, als wollte ich etwas ergaunern. Zum Glück unterstützten mich meine Bürokollegen.»

Wer sie in solchen Momenten trägt, sind aber vor allem ihre Freundinnen, Freunde und Verwandten. «Sie helfen mir zu sehen: Auch wenn es schlimm ist, es gibt noch anderes auf der Welt. Dazu habe ich das Glück, im Innersten eine optimistische Person zu sein. Negatives vergesse ich schnell.» Amherd gründete selber keine Familie – «das war nie ein Lebensziel» – und wohnt alleine. «Ich fühle mich sehr wohl, es stimmt für mich. Ich kann mich voll in meine politische Funktion einbringen, mir Zeit für meine Freundinnen und Freunde nehmen und mich um meine Familie kümmern. Meine Mutter begleitete ich bis zum Tod.» Auch mit ihrer vierzehn Jahre älteren Schwester Myriam und deren Tochter – Amherds Gottenkind – pflegt sie eine enge Beziehung. Die Schwester zog ihr Kind bewusst alleine gross. Amherds gesellschaftsliberale Haltung und ihr feministisches Engagement dürften auch darin wurzeln: Bei ihrer Schwester sah sie einen alternativen Lebensentwurf glücken, bei den Eltern mit der Scheidung eine traditionelle Vorstellung scheitern. «Diesen Zusammenhang gibt es», sagt Amherd. «Kommt dazu, dass ich als Anwältin viele Scheidungen begleitet habe. Dort sah ich Abhängigkeiten, psychische und physische Gewalt, die man einfach nicht dulden darf.» Das Thema holte sie als Sportministerin wieder ein: Im Oktober 2020 erzählten acht Kunstturnerinnen und Sportgymnastinnen im «Magazin» des Tages-Anzeigers von systematischen und gravierenden Missständen im Leistungszentrum Magglingen. Von Schlägen, verwehrtem Essen und Trinken, Erniedrigungen, Wettkämpfen trotz ärztlichem Dispens. Die Bundesrätin sprach Klartext. Sie forderte einen Kulturwandel von oben, setzte eine unabhängige Expertengruppe ein, welche die Vorkommnisse untersuchen und Verbesserungen vorschlagen muss, sprach sich für finanzielle Sanktionen und eine Anlaufstelle für Opfer aus.

Um ein Haar hätte Viola Amherd auf eine Bundesratskandidatur verzichtet – aus Sorge um ihre Schwester Myriam. Denn Myriam ist schwer

Rockende Bundesrätin: Amherd an ihrer Wahlfeier in Brig mit den Walliser Sängerinnen Sina (M.) und Stefanie Heinzmann (l.). Foto: Andrea Soltermann

krank. «Ich sagte zu ihr: Ich muss das nicht machen», erzählt Amherd. «Denn wenn ich Bundesrätin bin, kann ich in einem medizinischen Notfall nicht mehr alles stehen und liegen lassen.» Das hatte sie als Nationalrätin getan, war Hals über Kopf aus Kommissionssitzungen geeilt, um Myriam beizustehen. Doch die Schwester und deren Tochter ermutigten sie: «Pack die Chance!»

Nun ist ihre Zeit für sich und ihre Liebsten tatsächlich knapp. Der Bürotag beginnt um halb acht, eine Sitzung reiht sich an die nächste, Amherds Agenda füllen andere. Zwischen achtzehn und zwanzig Uhr kehrt sie in ihre Berner Wohnung zurück – und vertieft sich dort meistens noch in Dossiers. Sofern kein Abendanlass ansteht. Wenn Corona es nicht verunmöglicht, erscheint sie gerne auch an Veranstaltungen, die eher vergnüglich sind als politisch. Zum Beispiel «Food, Fun and Politics»: Parlamentsmitglieder essen, feiern und plaudern parteiübergreifend. Das macht nicht nur Spass, das ist auch klug. Im Parlament kommt es gut an, wenn Bundesratsmitglieder nicht abheben, sondern nahbar bleiben.

«Das Wochenende jedoch versuche ich jeweils frei zu halten», sagt Viola Amherd. «Einen Tag klappt es meistens.» Dann geht sie im Wallis wandern oder Ski fahren, tanzt, wenn sich die Gelegenheit ergibt, trifft Freunde – und Myriam. Im Sommer 2020 verbrachte die Bundesrätin eine Ferienwoche mit ihrer gesundheitlich angeschlagenen Schwester.

Wenn Frauen rufen, nimmt Amherd sich oft auch am Wochenende Zeit. So wie im September für die «Frauen im Tarnanzug» in der Kaserne in Bern. Und zwei Monate später, an diesem Samstag im November 2020, für «Helvetia ruft»: Die Organisation will Frauen parteiübergreifend für Politämter motivieren. Nach den Erfolgen bei den eidgenössischen Wahlen 2019 ist sie nun in den Kantonen auf Mobilisierungstournee. Denn im Kleinen muss beginnen, wer einst national politisch leuchten will im Mutterland. Heute ist das Wallis dran. Frauen von jung bis alt treffen sich virtuell, lassen sich anfeuern, stossen an. Mitten drin: Viola Amherd. Ihre kurze Rede gipfelt in ihrem Lieblingszitat, das – ob zu Recht oder nicht – Astrid Lindgren zugeschrieben wird, der Schöpferin von Pippi Langstrumpf und Ronja Räubertochter: «Lass dich nicht unterkriegen. Sei frech, wild und wunderbar.»

«Jede Politikerin muss an verschiedenen Fronten kämpfen»

Céline Amaudruz bei der Vereidigung in den Nationalrat (l.). An der Seite ihres Verlobten, mit Schwester, Schwager und deren Kindern (r.).

Unter der Bundeshauskuppel.

Céline Amaudruz

Vizepräsidentin SVP Schweiz, Genf

«Stell dich ins Scheinwerferlicht mit einem Lächeln, was immer auch passiert»

Eigentlich hat alles begonnen, weil sie eine Frau ist: Im Jahr 2009 informiert der Präsident der Genfer SVP ihren Vater, der Parteimitglied war, dass er Kantonsratskandidatinnen für seine Liste suche. Dieser fragt seine Tochter, sie lehnt ab, aber er lässt nicht locker. Wenige Tage später ärgert sie sich über ein Abstimmungsergebnis: Die Schweizerinnen und Schweizer haben sich gerade für die Ausdehnung der Personenfreizügigkeit auf Rumänien und Bulgarien ausgesprochen. Ihr Vater stichelt: «Willst du lieber alleine vor dem Bildschirm vor dich hin schimpfen oder wirklich etwas tun, damit sich die Dinge verändern?» Das sitzt. Sie akzeptiert die Kandidatur auf der SVP-Liste. Am 11. Oktober wird sie in den Grossen Rat gewählt. So ist Céline Amaudruz zur Politik gekommen.

«Ich kann meinem Vater gar nicht genug dafür danken, dass er mich immer wieder angeschubst hat. Er hat erkannt, dass ich das Zeug dazu habe», sagt die SVP-Vizepräsidentin heute. Den ersten Wahlkampf führen sie zu zweit – denn Céline Amaudruz will unter keinen Umständen nur eine Nebenrolle in der Politik spielen, auch wenn sie anfänglich gezögert hat. Gemeinsam vertiefen sie sich in das Parteiprogramm und suchen nach Argumenten, die Anwältinnen, Bauern, Apothekerinnen, Garagenbesitzer, Sportfunktionäre sowie Finanzakteure überzeugen. «Wir waren in Thailand in den Ferien und verbrachten unsere Abende damit, viele Menschen persönlich anzuschreiben und ihnen aufzuzeigen, wie ich ihre Interessen vertreten könnte.» Ein verschworenes Vater-Tochter-Team mit einer gemeinsamen Leidenschaft: In den ersten Jahren informiert sie ihn vorab über jeden ihrer

Medienauftritte, und er beobachtet sie geduldig, kritisch und wohlwollend. Nach jedem Auftritt ruft er sie an und sucht in einem gemeinsamen Debriefing mit ihr nach Verbesserungsmöglichkeiten. «Was wir zusammen erlebt haben, ist fantastisch. Er war mein Sparringpartner der ersten Stunde in diesem grossen Abenteuer.» Bei den letzten eidgenössischen Wahlen konnte er sie jedoch kaum noch unterstützen: Seine Gesundheit hat im Lauf der Jahre gelitten. «Er sagte mir: ‹Es tut mir leid, Marmouzette, dieses Mal konnte ich keine Briefe für dich schreiben.›»

Ein eher zufälliger Anfang also, während sich später alles ganz selbstverständlich ergeben hat. Vom ersten Tag an liebt sie es, Kämpfe auszufechten, im Rampenlicht zu stehen, Macht auszuüben. Mit 42 Jahren ist Céline Amaudruz inzwischen Nationalrätin und Vizepräsidentin der grössten Partei der Schweiz, ihre Genfer Sektion leitet sie seit zehn Jahren. Eine Macht, die sie sich durch harte Arbeit Stück für Stück erobert hat. «Die Schwierigkeit am Anfang war, dass ich eine Frau bin, eine ‹Blondine›, die in diesem äusserst männlichen Milieu wie ein Fremdkörper wirkte. Als Person, die nicht dem üblichen Bild eines SVP-Volksvertreters entsprach, musste ich mich besonders beweisen. Dies erforderte ein beträchtliches Engagement, auch wenn ich mit Entschlossenheit, Begeisterung und vor allem mit Freude Politik betreibe. Ich verdanke diese Kraft den sportlichen Wettkämpfen. Beim Wasserskifahren, beim Reiten muss man jeden Tag trainieren, egal ob man müde ist oder nicht. Das hat meinen Charakter geprägt.»

So arbeitet sie unermüdlich, ist immer und überall im Einsatz. Wenn ihr Name aufgerufen wird, ist sie anwesend. Bei jeder Parteisitzung, bei jeder Fraktionsversammlung. Sie packt auch heisse Eisen wie Zuwanderungs- und Sicherheitsfragen an, immer loyal mit der klaren Linie der SVP und den Entscheidungen der Parteileitung. In Herrliberg, am Ufer des Zürichsees, weiss Christoph Blocher, dass er auf sie zählen kann. Schliesslich war sie es, der es gelang, die in Grabenkämpfe verstrickte Genfer Sektion zu einigen. Céline Amaudruz etabliert sich schnell in dieser Partei, die Arbeit als Tugend einstuft. So erfolgreich, dass Toni Brunner, der damalige SVP-Parteipräsident, ihr 2016 das Vizepräsidium anträgt. Nun steht sie an der Spitze des Organigramms, neben Christoph Blocher, Walter Frey und Adrian Amstutz. Céline Amaudruz, eiserne Lady der SVP in der Westschweiz.

«Wer gewählt ist,
darf keine Schwäche zeigen»

Und doch wurzelt ihr Engagement in einem einschneidenden Erlebnis, über das sie nicht öffentlich spricht: Die unsagbare, willkürliche Gewalt, die sie in ihrer Jugend erfuhr, weil sie zur falschen Zeit am falschen Ort war – ein Übergriff. «Ich kämpfe für die gemeinsame Sache, für die Opfer im Allgemeinen. Der Opferschutz zählt zu den obersten Prioritäten der Gesellschaft.» Deshalb setzt sie sich unermüdlich für mehr Sicherheit, härtere Strafen für die Täter und die Abschiebung von ausländischen Kriminellen ein. Ihre Gefühle stehen aber nicht im Vordergrund: «Wer gewählt ist, darf keine Schwäche zeigen.» Céline Amaudruz analysiert daher jedes Mal gründlich das politische Risiko, bevor sie Persönliches preisgibt.

Am Morgen des 30. November 2017 weiss sie, dass das Risiko gross ist. Überall auf der Welt gibt die «MeToo»-Bewegung den Frauen eine Stimme, als das Parlament durch die Enthüllungen in der «Affäre Buttet» erschüttert wird – benannt nach dem Nationalrat, den mehrere Frauen anonym als sexuellen Belästiger outen. In der Wandelhalle stürzen sich die Medienschaffenden auf die Nationalrätinnen, in der Hoffnung, eine Frau zu finden, die es wagt, sich der Öffentlichkeit zu stellen. Céline Amaudruz tut es. Im Gespräch mit RTS erklärt sie: «Gewisse Parlamentarier haben sich mir gegenüber unangemessen verhalten. Leider mehr als einmal.» Keine Namen, keine Details, trotzdem: Der Schock ist gross.

Das Medienecho ist natürlich enorm. Das Schweigen zu brechen und zu sagen, dass eine winzige Minderheit der Volksvertreter sich unangebracht verhält und dass dies nicht normal ist, ist eine Premiere, die viele begrüssen. Parteifreunde wie Bundesrat Guy Parmelin und Nationalrat Michaël Buffat unterstützen sie. Andere reagieren kritisch: Der damalige Chef ihrer Fraktion, Adrian Amstutz, wirft Céline Amaudruz öffentlich vor, dass sie keine Namen genannt hat. Roger Köppel, ihr Parteikollege und Chefredaktor der Weltwoche, nimmt in einem Leitartikel die Länge ihrer Röcke aufs Korn. Als Frau in der Politik ist das Leben nicht immer leicht. Drei Jahre später zeigt sie dennoch keine Reue: «Es hat den Leuten die Augen geöffnet. Jetzt wissen sie, dass Frauen den Mund aufmachen.» Sie verzichtet aber auf eine Klage: Die Justiz ist öffentlich, und für eine Person des öffentlichen Lebens, wie sie es ist, bedeutet dies, die Details der drei Fälle, die sie betreffen, den Medien und damit der Öffentlichkeit preiszugeben. Mit dem Risiko, mangels Beweisen zu unterliegen. Das könnte sie diskreditieren und damit der Sache der Opfer, die ihr so am Herzen liegt, schaden.

«Glücklicherweise bin ich eine Optimistin und erhole mich recht schnell von Tiefschlägen»

Für eine so hochrangige Rechtspolitikerin ist Feminismus immer ein Hochseilakt, auch wenn die Positionen, die sie vertritt, nicht zwingend spektakulär sind. Im Jahr 2018 verabschiedet das Parlament das neue Gesetz zur Lohngleichheit. Ein «gutschweizerischer» Kompromiss als Reaktion auf die Tatsache, dass die Gleichstellung zwar seit 1981 in der Bundesverfassung verankert ist, eine Frau aber dennoch bei gleicher Arbeit und gleicher Qualifikation im Durchschnitt pro Monat etwa 600 Franken weniger verdient als ein Mann. Der Gesetzesvorschlag verpflichtet Unternehmen mit hundert oder mehr Mitarbeitenden, alle vier Jahre ihre Gehaltsstruktur nach Gleichstellungsaspekten zu analysieren und die Ergebnisse an ihre Mitarbeitenden zu kommunizieren. Es gibt keine Sanktionen, und nur 0,85 Prozent der Arbeitgeber sind betroffen. Die SVP ist strikt dagegen, aber Céline Amaudruz unterstützt den Vorschlag. Eine Bagatelle? Vielleicht, aber dieses Mal muss sie nicht nur das Missfallen ihrer Partei, sondern auch den Unmut ihres beruflichen Umfelds ertragen. Als überzeugte Anhängerin des Milizsystems hat die Genferin ihre politische und ihre berufliche Karriere immer parallel vorangetrieben. 2018 arbeitet sie bei der UBS in der Vermögensverwaltung für äusserst vermögende Kundinnen – ihr Standpunkt in Sachen Gleichstellung könnte hier nicht goutiert werden. «Wenn eine Frau sich für die Lohngleichheit einsetzt, bedeutet das, dass sie von einem Problem ausgeht. Meine Position wirkte auf die Schweizer Arbeitgeber wie eine Anschuldigung. Sie alle preisen die Gleichstellung, obwohl feststeht, dass sie nicht existiert. Für eine Volksvertreterin aus dem rechten Parteienspektrum, aus der SVP, ist das kompliziert. Und ich war besonders exponiert, da der Rest meiner Partei sich gegen den Gesetzesvorschlag ausgesprochen hatte.» Mehr will sie nicht sagen, aber wieder einmal kassiert sie Schläge. «Natürlich gibt es Abende, an denen ich mir mit einer Packung Taschentücher Bridget Jones ansehen möchte. Glücklicherweise bin ich eine Optimistin und erhole mich recht schnell von Tiefschlägen.»

Neben dem manchmal unerbittlichen Rampenlicht gibt es auch noch die Arbeit hinter den Kulissen. Sie führt zu einem ihrer grössten Erfolge: der Wahl von Guy Parmelin in den Bundesrat im Dezember 2015. Die SVP hat soeben einen überwältigenden Sieg bei den eidgenössischen Wahlen errungen, BDP-Bundesrätin Eveline Widmer-Schlumpf tritt zurück. Jetzt ist es an der Zeit, dass die Partei sich ihren zweiten Bundesratssitz zurückholt. Der Waadtländer Nationalrat Parmelin will antreten – als Teil seines engeren Kreises erklärt Amaudruz sich natürlich bereit, an seiner Seite zu kämpfen. Man erzählt sich, sie habe ihm zur Bekanntgabe seiner Kandidatur in Montreux eine neue Krawatte gekauft, damit er gepflegter wirke. Aussehen hin oder her … ihr Einsatz gab anderweitig den Ausschlag.

«Er war nicht der eigentliche Hoffnungsträger, aber bei dieser Art von Wahlen gewinnt selten der ursprüngliche Favorit. Die Herausforderung zu Beginn bestand darin, die Idee einer französischsprachigen Kandidatur durchzusetzen.» Sie sorgt dafür, dass sich diese Idee in Bundesbern verbreitet. Die SVP verspricht, mehrere Kandidaten für die Bundesversammlung aufzustellen. Kann sie als grösste Partei des Landes aber ein rein deutschschweizerisches Ticket präsentieren und mit Anstand

Steckbrief

Geboren
1979

Partei
SVP

Aktuelles politisches Amt
Vizepräsidentin SVP Schweiz,
Nationalrätin GE

Besonderes
Verfolgt sowohl eine politische
Karriere als auch eine berufliche
Karriere im Finanz- und
Managementbereich.

Erstes politisches Mandat
2009 als Mitglied
des Genfer Grossen Rates

Familie
in einer Partnerschaft

Ausbildung/Beruf
Juristin, Leiterin Nachhaltigkeit
bei Hirslanden

Céline Amaudruz mit ihrem Vater in den Ferien in Thailand, beim Verfassen von Briefen für ihren ersten Wahlkampf.

behaupten, die Mehrheit zu vertreten? Nein, natürlich nicht. Und auf der französischsprachigen Seite dürfte Guy Parmelin, ein Spezialist für Landwirtschafts- und Gesundheitsfragen, als Einziger ein passendes Profil aufweisen. Der Match entscheidet sich also zwischen ihm und dem Zuger Thomas Aeschi. «Hinter Aeschi stand ein sehr grosses Team, das im Wahlkampf phänomenale Arbeit geleistet hat. Wir waren zu dritt für Guy und arbeiteten hauptsächlich daran, Stimmen von ausserhalb der Partei zu erhalten.» Jeder Parlamentarier und jede Parlamentarierin wird angesprochen, Céline Amaudruz coacht Parmelin in wirtschaftlichen und finanziellen Fragen und hilft ihm bei der Vorbereitung von Unterlagen für jedes einzelne Interview. Das kleine Team ackert sich durch die Programme der anderen politischen Fraktionen, um herauszufinden, in welchen Punkten sie sich mit den Positionen seines Kandidaten decken. «Man muss auch sehen, dass wir mit ihm als Winzer und Mitglied der Gesundheitskommission die Bauernvertreter und die Vertreter der Gesundheitsindustrie für uns gewinnen konnten. Das sind nicht gerade wenige Menschen. Und schliesslich wird eine Wahl auch dank der Gegner gewonnen.» Es geht also darum, Parmelin von Aeschi abzuheben: Der bäuerliche SVPler gegen den blochertreuen Unternehmensberater, der Gutmütige gegen den Eiskalten, der Kompromissbereite gegen den Dogmatiker. Das Wahlergebnis ist eindeutig: 138 zu 88 Stimmen. «Natürlich war es in erster Linie Guy Parmelin, der die Arbeit gemacht hat. Aber ich habe ihm mit grosser Freude dabei geholfen.»

«Jede Politikerin muss an verschiedenen Fronten kämpfen»

Den Sieg geniessen, die Niederlagen verkraften: Wer das nicht kann, ist im gnadenlosen Politgeschehen fehl am Platz. Und ... aufgeben gilt nicht – egal, was kommt. Etwa wenn die Beziehung in die Brüche geht und die Rückendeckung eines zuverlässigen Partners bei den eidgenössischen Wahlen entfällt. «In Bern ist es besser, sich nicht dazu zu äussern.» Erst recht nicht, wenn man Vizepräsidentin der grössten Partei der Schweiz ist und im französischsprachigen Teil des Landes den Kurs halten muss, wo die Unterstützung für die SVP rückläufig ist. Ihre Enttäuschungen sind und bleiben privat: Sie spricht ausschliesslich über Politik, macht Wahlkampf vor Ort, gibt ein Interview nach dem anderen und beteiligt sich an zahlreichen Podiumsdiskussionen. Am 20. Oktober 2019 wird sie für eine dritte Amtszeit gewählt; in Genf behält ihre Partei beide Sitze. Dies ist ihr persönlicher Erfolg, in ihrem angestammten Territorium herrscht Zufriedenheit. Die Art und Weise jedoch, wie der Wahlkampf geführt wurde, wirft einschneidende Fragen auf, denn in der Westschweiz wie in der ganzen Schweiz schwächelt die SVP. Auch hier verbirgt Céline Amaudruz ihre Zweifel, wenn sie sich den Fragen der Medien, der Kritik der Gegner stellt. Konstant weist sie darauf hin, dass die SVP die mit Abstand grösste Partei im Land bleibt. So versteht sie nämlich ihre Aufgabe als gewählte Volksvertreterin: «Jede Politikerin muss an verschiedenen Fronten kämpfen. Also gilt: Stell dich ins Scheinwerferlicht mit einem Lächeln, was immer auch passiert.»

«Es gibt eine Zeit für die Familie
und eine Zeit für die Politik.
Und ab und zu vielleicht ein paar
Momente für mich selbst»

Greta Gysin geniesst ihre Freizeit in den Bergen (l.).
Freude pur in Bellinzona am Tag der Nationalrats-
wahlen 2019 (r.) und ein Selfie mit Ständerätin Marina
Carobbio. Foto rechts: Samuel Golay, Keystone

Greta Gysin
Nationalrätin Tessin

«Wenn du es einmal geschafft hast, weisst du, dass du es kannst»

A temlos kommt Greta Gysin am Bahnhof Lamone-Cadempino an. Sie ist ein bisschen spät dran. Die Fernsehsendung, an der sie an diesem Samstagmorgen Ende November teilgenommen hat, hat etwas länger gedauert. Die neu gewählte Nationalrätin findet trotz ihrem vollen Terminkalender im Zug nach Giubiasco Zeit für ein Gespräch. Sie ist auf dem Weg zu einer Versammlung der Tessiner Grünen – und sie ist der Ehrengast. Ihre Rede ist noch nicht ganz fertig. Sie beendet sie kurz vor Beginn der Versammlung bei einem Kaffee an der Bar des Hotels, in dem sie von ihren Mitstreiterinnen und Mitstreitern gefeiert wird.

Die Aufregung über den Sieg vom 20. Oktober 2019 liegt noch in der Luft. Ein ebenso erhoffter wie unerwarteter und denkwürdiger Sieg für die Tessiner Grünen, aber auch für die gesamte Tessiner Linke. Nicht nur, weil sie auf Kosten der Lega dei Ticinesi einen zweiten Sitz im Nationalrat gewonnen haben, sondern auch, weil zum ersten Mal in der Geschichte eine junge Ökologin gewählt worden ist. Eine junge Frau, die es selbst immer noch nicht glauben kann. «Es war ein spektakuläres Ergebnis. Ich war davon überzeugt, falls wir einen Sitz gewinnen würden, dann wäre es Franco Cavalli, der ihn holt.» Franco Cavalli, der bekannte Onkologe und Politiker, war von 1995 bis 2007 Nationalrat der SP. Eine bekannte, einflussreiche Persönlichkeit, Kandidat des «Forum Alternativo», einer gemeinsamen Liste der Grünen und der kommunistischen Partei. Ein schwer zu schlagender Kandidat.

Am grossen Tag der Wahlen hatte Greta Gysin beschlossen, zu Hause zu bleiben, um gemeinsam mit der Gruppe, die sie während des Wahlkampfs unterstützt hatte, das Ergebnis abzuwarten. Je mehr Zeit verging, desto mehr wuchs der Unglaube über die Ergebnisse, die nach und nach eintrudelten. Einmal bestätigt, flossen die Tränen. «Wir haben alle geweint – ich war völlig durcheinander.» Die Emotionen dieses Moments spiegeln sich noch immer in ihren Augen. Dann wird ihr Blick wieder aufmerksam und analytisch: «Es ist eine Sache, in den Grossen Rat gewählt zu werden, wo es neunzig Sitze gibt. Aber hier ging es um nur acht Sitze für den Kanton Tessin, eine ganz andere Dimension.» Greta Gysin musste viele Leute überzeugen, für sie zu stimmen.

Allerdings startete sie nicht bei null. Denn für sie war es eine Rückkehr in die Politik, die sie 2015 wegen parteiinterner Auseinandersetzungen aufgegeben hatte. Auseinandersetzungen zwischen Sergio Savoia, seinerzeit Koordinator der Tessiner Grünen, und der damaligen Grossrätin Greta Gysin. Es handelte sich dabei um politische Unstimmigkeiten, «die zwangsläufig aber auch persönlich wurden». Sergio Savoia wollte das Wachstum der Partei «um jeden Preis» vorantreiben. Er schmiedete Bündnisse «mit populistischen Parteien, übernahm deren Stil». Seine Strategie, eine «für die Rechte typische» Politik der Abschottung und der «Zentralisierung von Entscheidungen» zu verfolgen, entspricht nicht der Politik von Greta Gysin. Nicht nur wegen des Inhalts, sondern auch wegen des Stils. Sie zieht das «Engagement für die Sache» dem «Bedürfnis nach Sichtbarkeit und persönlicher Anerkennung» vor. Greta Gysin war nicht die Einzige, die mit Sergio Savoias Weg nicht einverstanden war. Viele verliessen die Partei. Sie widersetzte sich jedoch weiterhin. Und litt. Denn sie war immer in der Minderheit und wurde auch persönlich angegriffen, von «denen, die – politisch gesehen – meine Familie waren».

Dann erreichte sie ihre Grenzen und merkte, dass sie die Situation nicht länger aushalten konnte. Es fehlte ihr an Begeisterung und Energie. Der Konflikt beeinflusste ihre Stimmung. Sie war nicht mehr die Greta von früher. Sie beschloss, bei den Kantonsratswahlen 2015 nicht mehr zu kandidieren. Eine politische Entscheidung, präzisiert sie. Weil «ich meine Popularität und meine Stimmen nicht mehr für eine Politik einsetzen wollte, die in keiner Weise mehr die meine war». Und zu Hause gab es ja auch den kleinen Enea, der ein Jahr zuvor geboren war und den sie anderen anvertrauen musste, wenn sie nicht da war. Ein Opfer, das sich nicht mehr lohnte, für eine Tätigkeit, die ihr keine Freude mehr bereitete und die ihr «das Lächeln stahl». Und sie ging, ohne Tamtam.

Und dann verloren die Grünen und zeigten mit dem Finger auf sie. Ein Grund mehr, ein neues Kapitel aufzuschlagen, um ihre Unbeschwertheit zu-

Greta Gysin mit ihrem Sohn während der Kampagne für einen ihrer wichtigen politischen Kämpfe.

rückzuerlangen. Greta Gysin zog nach Zürich und begann 2015 bei der Gewerkschaft transfair zu arbeiten, wo sie Regionalsekretärin und Mitglied der Geschäftsleitung wurde. Im Jahr 2017 wurde sie Mutter von Ada und Lelia.

Das soziale Engagement setzte sie in anderer Form fort. Ein Engagement, das ihr schon immer ein Bedürfnis war: in der Sekundarschule, während ihrer Jahre am Gymnasium Mendrisio und an der Universität Zürich, wo sie Politikwissenschaft, Geschichte und Soziologie studiert hatte. Ein Interesse für die Gesellschaft, basierend auf den Prinzipien und Werten, die ihr von ihren Eltern vermittelt worden waren. Und diesem Interesse wollte sie auch mit ihrer politischen Tätigkeit nachgehen. So war sie die Erste in ihrer Familie, die eine politische Karriere begann.

Sie war Mitglied des kantonalen Jugendrats und wurde im Alter von 21 Jahren in den Gemeinderat des kleinen Dorfs Rovio am Nordhang des Monte Generoso mit Blick auf den Luganersee gewählt. Eine Gelegenheit, die sich ihr dank eines Nachbarn bot, der sie anfragte, für das Amt zu kandidieren. Und dann wurde sie 2007 in den Grossen Rat gewählt, mit nur 24 Jahren. Sie war die einzige Frau in ihrer Fraktion in einem Parlament, das zu 90 Prozent aus Männern bestand, die viel älter waren als sie.

2008 gründete sie die Jungen Grünen Tessin, nach ihrer positiven Erfahrung, die sie 2006 mit den Jungen Grünen Schweiz bei der Lancierung der Volksinitiative «für menschenfreundlichere Fahrzeuge» gegen SUVs gemacht hatte. Eine Initiative, die dann 2011 zugunsten eines indirekten Gegenvorschlags zurückgezogen wurde. «Ich wollte die gleiche Energie ins Tessin bringen und jungen Menschen mit einem Bewusstsein für ökologische Themen die Möglichkeit bieten, sich zu treffen und gemeinsam Ideen und Projekte zu entwickeln.»

«Wenn du als Frau in einer Kommission etwas sagst, hat das weniger Gewicht als bei einem männlichen Kollegen»

Die Aufmerksamkeit, die ihr im Grossen Rat entgegengebracht wurde, war nicht «in erster Linie politisch». Ein Abgeordneter der Lega dei Ticinesi sprach sie an und sagte ihr: «Du wurdest gewählt, weil du hübsch bist.» Statt darauf zu reagieren und um zu zeigen, dass sie über eine präzise politische Idee und konkrete Projekte verfügte, begann Greta Gysin zu arbeiten. Und sie machte sich auch in den parlamentarischen Kommissionen bemerkbar. «Wenn du als Frau in einer Kommission etwas sagst, hat das weniger Gewicht als bei einem männlichen Kollegen.» Gysin gewann Aufmerksamkeit und Glaubwürdigkeit, aber mit mehr Aufwand als ihre männlichen Kollegen, denn «ein Mann ist per se glaubwürdig. Aber dafür habe ich Kampfgeist.»

Auch hatte Greta Gysin jeden Tag mit der Ungewissheit und der Angst davor zu kämpfen, was sie in ihrem Briefkasten vorfinden würde. «Es gab eine Zeit, in der ich neben anonymen Briefen auch Sexspielzeug zugeschickt bekam, und Briefe, in denen mir die Leute schilderten, was sie alles mit mir anstellen wollten.» Zudem wurden in Erotikzeitschriften Anzeigen in ihrem Namen veröffentlicht, «im Stil von: Ich bin auf der Suche nach einer neuen Erfahrung». Greta Gysin beschloss, Monica Duca Widmer um Hilfe zu bitten, «wegen ihrer politischen Erfahrung und ihrer Rolle» als Grossratspräsidentin. «Nur schon mit jemandem zu sprechen, hat mir geholfen, weil es mir zeigte, dass ich nicht alleine war, und mir Kraft und moralische Unterstützung gab.» Greta Gysin verstand, «dass nicht ich das Problem war, sondern die schlichte Tatsache, dass ich eine Frau bin».

Eine Frau zu sein, bedeutet auch, zu riskieren, ins Fadenkreuz sexistischer Beleidigungen in den sozialen Medien zu geraten. Während der eidgenössischen Wahlen 2019 war Greta Gysin Ziel einiger solcher Beleidigungen, und sie beschloss, diese auf ihrer Facebook-Pinnwand zu posten. Man dürfe nicht denken: «Da kann man nichts machen.» Denn sie ist überzeugt davon, dass man diese Menschen aufklären kann, indem man sie an den Pranger stellt. «Mehrere von ihnen entschuldigten sich und versuchten, ihre aus Frustration und Müdigkeit geschriebenen Kommentare irgendwie zu rechtfertigen.» Die Verfasser seien in der Regel Männer in einem bestimmten Alter, «Rentner, die ein Problem damit haben, dass emanzipierte Frauen mitreden wollen».

Und dann «ist da noch der ästhetische Diskurs». Eine Frau wird anhand ihrer Kleidung und ihrer Frisur beurteilt. «Ich weiss nicht, wie viele Jahre man über die Frisur von Eveline Widmer-Schlumpf gesprochen hat, einer der besten Bundesrätinnen und -räte seit Jahrzehnten. Während

Steckbrief

Geboren
1983

Partei
Die Grünen

Aktuelles politisches Amt
Nationalrätin TI

Besonderes
Soziales und politisches Engagement waren ihr schon immer ein Bedürfnis. Es ist ihr wichtig, eine Balance zwischen Arbeit und Familie zu finden.

Erstes politisches Mandat
2004 als Gemeinderätin (Legislative) von Rovio TI

Familie
getrennt, drei Kinder: Enea (* 2014), Ada und Lelia (* 2017)

Ausbildung/Beruf
lic. phil., Master of Arts UZH, Co-Präsidentin transfair

es nie ein Thema war, dass der jetzige Gesundheitsminister Alain Berset keine Haare hat.»

Es mangelt nicht an Hindernissen für Frauen, die in die Politik gehen wollen. Sie fragen sich «viel öfter, ob sie wirklich etwas taugen». Wenn sie sich auf öffentliche Debatten vorbereiten, insbesondere für jene, die im Fernsehen übertragen werden, «machen sie das sehr akribisch, sie wollen alles wissen», um sicherzustellen, dass sie in der Lage sind, Fragen zu beantworten und auf Provokationen zu reagieren. Für Greta Gysin ist es eine Frage des Selbstwertgefühls. Ein weibliches, kein männliches Problem, das man mit viel Üben bewältigen kann. «Wenn du es einmal geschafft hast, weisst du, dass du es kannst.»

2019 beschloss Greta Gysin, sich wieder ins Spiel zu bringen und für die inzwischen erneuerten Tessiner Grünen zu kandidieren. Neben ihrer Erfahrung ist auch ihre Zweisprachigkeit ein Vorteil. Ihre Eltern stammen nämlich beide aus der Deutschschweiz, und zu Hause hat sie immer nur Schweizerdeutsch gesprochen. Dies entging auch den Deutschschweizer Journalistinnen und Journalisten während der Wahlkampagne nicht – eine Kampagne, die vom Frauenstreik am 14. Juni 2019 und den friedlichen Klimaprotesten in Schweizer Städten geprägt war. Und wegen oder dank ihres Vornamens, den sie mit der jungen schwedischen Umweltaktivistin Greta Thunberg teilt, ist sie für die Medien die Greta der Schweiz geworden. Ein Vergleich, der sie nicht stört, auch wenn sie es manchmal seltsam und bisweilen ein wenig amüsant findet, sich für ihren Namen rechtfertigen zu müssen. «Andererseits konnte ich dank dieser medialen Aufmerksamkeit auch jenseits der Alpen über die Probleme des Tessins sprechen. Ich glaube, ich habe in den letzten Monaten mehr darüber gesprochen als andere Abgeordnete, die schon viel länger in Bern sind als ich.» Was aber wirklich zählt, abgesehen davon, dass man Tessinerin, grün und jung ist und Greta heisst, «ist die Arbeit, die man macht».

Und auch die Siege, die man erringt. Ein Sieg, der ihr besonders am Herzen liegt, war die Annahme der kantonalen Initiative zur Einführung eines Mindestlohns im Jahr 2015. Ein Sieg, den Greta Gysin als «weiblich» bezeichnet, weil er dank der Zusammenarbeit mit einer Person erzielt wurde, «die ich sehr respektiere»: Michela Delcò Petralli, damals Mitglied des Tessiner Grossen Rates. «Sie war es», erinnert sich Greta Gysin, «die meine Idee in einen Gesetzestext übersetzte.» Und damit den kantonalen politischen Prozess einleitete.

«Man muss akzeptieren, dass man nicht alles schaffen kann»

Heute aber spielen sich die politischen Prozesse, für die sich Greta Gysin interessiert, auf Bundesebene ab. Ein weiteres Treffen, diesmal zum Mittagessen in einem der BernExpo-Restaurants, findet 2020 während der Sommersession der Bundesversammlung auf dem grossen Messegelände in Bern statt. Die vorübergehende Verlegung des Parlaments ist durch die Coronavirus-Pandemie bedingt. «Auf allen Ebenen der Politik fehlt es an Strukturen und festen Zeitplänen», beklagt Greta Gysin. Es gebe die ganze Zeit viel zu arbeiten und auch alle Nachrichten von Bürgerinnen und Bürgern sowie Anrufe von Journalistinnen und Journalisten sollten beantwortet werden. Aber man müsse akzeptieren, «dass man nicht alles schaffen kann». Als sie noch im Grossen Rat war, sei sie nachts aufgestanden, um E-Mails durchzugehen und zu beantworten. «Ich musste vor allem am Anfang lernen, mir meine eigenen Freiräume zu schaffen, ohne Handy auszugehen.» Sozusagen um sich selbst zu beweisen, dass «die Welt nicht untergeht, wenn ich zwei Stunden lang nicht erreichbar bin». Hätte sie das Handy jeweils dabei, während sie mit den Kindern auf dem Spielplatz sei, wäre die Versuchung gross, ranzugehen. «Aber dann sage ich mir, nein, ich bin jetzt bei meinen Kindern. Es gibt eine Zeit für die Familie und eine Zeit für die Politik. Und ab und zu vielleicht ein paar Momente für mich selbst.»

Ein Gleichgewicht, das nicht immer leicht zu bewahren ist. Genauso wie es nicht immer einfach ist, Beruf und Familie unter einen Hut zu bringen. Seit sie ohne ihren Partner und Vater ihrer Kinder ins Tessin zurückgekehrt ist und ihren Job bei der Gewerkschaft aufgegeben hat, sucht Greta Gysin nach der besten Lösung für die Betreuung ihrer Kinder und wünscht sich eine möglichst friedliche Trennung. Sie leidet unter dieser Situation und spricht nicht gerne darüber. Leid und Schwierigkeiten, die sie auch dank ihres starken Charakters überwinden kann.

Ihr «Kampfgeist» zeigt sich natürlich, wenn sie über Umweltthemen spricht, aber auch dann, wenn sie die Diskriminierung von Frauen thematisiert. Im Parlament setzt sie sich zusammen mit Ständerätin Marina Carobbio dafür ein, dass in der italienischen und französischen Version des Schweizerischen Strafgesetzbuchs der Begriff «omicidio passionale» («Mord aus Leidenschaft») durch einen neutralen Begriff ersetzt wird. «Mord aus Leidenschaft» («Totschlag» in der deutschen Version) ist Mord, der im Zustand einer heftigen Gemütsbewegung begangen wird. Er wird mit geringeren Strafen geahndet als vorsätzliche Tötung. Gemäss Greta Gysin muss der Begriff revidiert werden, weil er mit dem gängigen, in den italienischsprachigen Medien häufig verwendeten Begriff «omicidio passionale» verwechselt wird. Der Begriff «Verbrechen aus Leidenschaft» wird oftmals mit Beziehungsmorden zwischen früheren oder derzeitigen Eheleuten oder zwischen früheren oder derzeitigen Partnerinnen und Partnern in Verbindung gebracht. Er hat eine sexistische Konnotation und suggeriert zudem eine Rechtfertigung der Gewalt, die dem Opfer, sehr oft einer Frau, zugefügt wird.

Die grüne Nationalrätin wird leidenschaftlich, wenn sie über Politik spricht. In Bern ist sie in ihrem Element und überzeugt, dass «es Frauen braucht, um Dinge zu verändern. Alle sagen, dass wir jetzt sehr viele Frauen im Nationalrat haben, aber wir sind immer noch nur 40 Prozent.» Um die Präsenz der Frauen in der Politik zu erhöhen, bräuchte es Greta Gysins Meinung nach paritätische Listen. Und um die Präsenz in allen Bereichen, auch in der Wirtschaft, zu erhöhen, bräuchte es Geschlechterquoten. Und der Grund, weshalb dies bisher noch nicht umgesetzt wurde, sei «der fehlende politische Wille» und weil «Frauen nicht dasselbe soziale Netzwerk haben wie Männer». Aber wenn man nach den Frauen sucht, findet man sie auch – selbst in Bereichen, in denen es heute nicht viele gibt. «Monica Duca Widmer wurde zum Beispiel Verwaltungsratspräsidentin der Ruag», der Rüstungsfirma des Bundes. Ernannt wurde die Chemieingenieurin (ETH) mit politischem Hintergrund von Bundesrätin Viola Amherd, der ersten Frau an der Spitze des eidgenössischen Departements für Verteidigung, Bevölkerungsschutz und Sport. Eine Wahl, die beispielhaft dafür ist, was getan werden kann, um das stereotype Bild von Frauen in der Gesellschaft zu verändern. «Obwohl Frauen heutzutage arbeiten und die Protagonistinnen ihres eigenen Lebens sind, hält sich das stereotype Bild der Ehefrau und Mutter hartnäckig. Es ist ein schwer zu änderndes System.»

Aber sie will es versuchen. Deshalb ist Greta Gysin, die in der Zwischenzeit Co-Präsidentin von transfair geworden war, in die Politik zurückgekehrt. Um sicherzustellen, dass «meine Töchter Politik machen können, ohne mit all diesen Vorurteilen und Schwierigkeiten konfrontiert zu werden, die wir heute noch haben».

«Seit ich Politikerin bin, ist es für mich eher ein Vorteil, junge Frau und Migrantin zu sein»

Ylfete Fanaj 2020 bei ihrer Wahl zur Kantons-ratspräsidentin (o., Foto: Blerim Berisha) und mit ihrer Grossmutter in Kosovo.

Ylfete Fanaj

Kantonsrätin Luzern

«Es ist nicht entscheidend,
woher man kommt.
Macht, was euch Freude bereitet!
Dann kommt es gut»

F ür einen kurzen Moment fühlt sie sich wieder ganz klein, die Präsidentin des Luzerner Kantonsrates, als sie zum Schulhaus St. Martin in Sursee schreitet. So wie vor fast dreissig Jahren, als sie diesen Weg zum ersten Mal ging.

Damals sprach Ylfete Fanaj kaum ein Wort Deutsch und kannte keine Menschenseele. Mitten im Schuljahr wurde sie in die zweite Klasse eingeschult. Die Grossmutter hatte sie und ihre ältere Schwester in die Schweiz gebracht, zu den Eltern, die mit den jüngeren drei Geschwistern bereits in Sursee lebten. Daheim in Prizren, im damaligen Jugoslawien, war der Krieg näher gerückt. Ylfete konnte dort nicht mehr zum Unterricht. Die kosovarischen Schulen waren vorsichtshalber geschlossen worden, weil es hiess, in Schulmensen würden bewusst Kinder vergiftet.

Ylfete Fanaj begann ihre Laufbahn in der Schweiz voller Scheu und Unsicherheit. Sie war in ihrem Schulhaus das erste Mädchen aus dem Balkan.

Heute, mit 38, ist Ylfete Fanaj wieder die Erste: Als erste Kosovarin präsidiert sie ein Schweizer Kantonsparlament. Nun steht die Doppelbürgerin als Ehrengast vor dem Eingang ihres früheren Schulhauses, vor den versammelten Erst- bis Sechstklässlern, deren Eltern und Lehrpersonen. Es ist der erste Schultag des Schuljahres 2020/2021. Zur Feier des Tages flattern selbst bemalte Wimpel im Wind. «Ich habe rüdig Freude!», sagt Ylfete Fanaj in

Luzerner Dialekt ins Mikrofon. An ihrem weissen Oberteil steckt ein Pin mit dem blau-weissen Luzerner Kantonswappen. «Dreissig Jahre nach meinem ersten Schultag hier darf ich euch als Kantonsratspräsidentin begrüssen!» Sofort fügt sie an: «Ich bin eine Art Klassenchefin für den ganzen Kanton. Wir reden und diskutieren viel und machen gemeinsam Regeln ab. Wie ihr in den Klassen!»

Erklären, wie Politik funktioniert, auf die Menschen zugehen, Brücken bauen: Das ist Ylfete Fanaj in ihrem Präsidialjahr wichtig. Wenn sie die Kantonsratssitzungen leitet, gibt sie jeweils am zweiten Sessionstag Gästen für ein paar Minuten das Wort. Stimmen, die sonst selten gehört werden: von einem Flüchtling zum Beispiel oder von Menschen mit Behinderung. Auch politisch möchte die SP-Frau verbinden. Zusammen mit dem Regierungsratspräsidenten aus der CVP will sie auf kleinen Wanderungen mit der Bevölkerung auch symbolisch Gemeinsames über Trennendes stellen. Sofern Corona es zulässt.

Die Kinder strömen in ihre Schulzimmer. Ein sportlicher Mann mit grauen Haaren geht auf Ylfete Fanaj zu, in der Hand ein grosses Couvert. «Ich bin so stolz auf dich!», sagt er, sein Gesicht leuchtet. Er ist Ylfetes früherer Primarlehrer Rolf Müller. Im Couvert stecken schwarz-weisse Klassenfotos. Fanaj freut sich. «Du hattest Humor», erinnert sie sich. «Vor allem aber hast du mich in Mathe gefördert. Das war sehr wichtig für mich.» Mathematik bescherte ihr das anfänglich einzige schulische Erfolgserlebnis, weil dafür kaum Deutsch nötig war. Ab der vierten Klasse beherrschte sie die Sprache dann so gut, dass sie dem Unterricht meistens problemlos folgen konnte.

Hilfe bei den Hausaufgaben konnte sie daheim nicht erwarten. Ihre Eltern hatten die Schule selber nach fünf und sechs Jahren abbrechen müssen und sprachen kaum Deutsch. Sie unterstützten zwar Ylfetes schulische Ambitionen. Doch kehrte sie mit einer Bestnote von der Schule heim, gab es als Reaktion nicht viel mehr als ein knappes «gut». Die Kriegsbilder aus der Heimat, die am dauernd eingeschalteten Fernsehen Angst verbreiteten, dazu fünf heranwachsende Kinder: eine Überforderung für die Eltern, bei aller Liebe und Fürsorge. «Zum Glück gab es einen Schweizer Nachbarn, der bei den Aufgaben half und für die Eltern auch lange die Steuererklärung ausfüllte», erinnert sich Ylfete Fanaj. «Ich bin heute noch dankbar dafür. Solche privaten Engagements können sehr viel bewirken.»

In der Schule Sursee lernte Fanaj einst Deutsch. 2020 kehrt sie als höchste Luzernerin zurück.

Als einziges der fünf Geschwister schaffte sie den Übertritt in die Sekundarschule. In der neuen Klasse, so nahm sich Ylfete vor, wollte sie anders auftreten. Die schüchterne Ylfete sollte Vergangenheit sein. «Ich wollte mich zeigen, wie ich wirklich bin», erinnert sie sich. «Selbstbewusst, kämpferisch – und ab und zu auch mal vorlaut.»

Eltern, Geschwister, Nichten und Neffen: Sie sassen zuvorderst, als Ylfete Fanaj im Juni 2020 vom Luzerner Kantonsrat zur Präsidentin gewählt wurde. Fanaj, in rotem Rock und weissem Blazer, legte ihre Hand aufs Herz und sagte: «Vermutlich haben Sie mich gewählt, ohne an meine Herkunft zu denken. Und das berührt mich sehr.» Wie sehr dies auch andere berührte, hätte sie nie für möglich gehalten. Sie wurde nicht nur mit Gratulationen und stolzen Zuschriften aus der ganzen Schweiz und aus dem Kosovo überhäuft. Aus dem gesamten albanischsprachigen Raum wurde sie mit über hundert Interviewanfragen eingedeckt, «von gefühlt sämtlichen Medien aus dem Kosovo, aus Albanien und Mazedonien». Für Fanaj war klar: Entweder gibt sie allen Interviews, oder keinem. Sie entschied sich für keines. «Ich hatte den Eindruck, man wolle mich auch ein bisschen vereinnahmen. Aber ich bin Schweizer Politikerin. Ich muss nicht im Kosovo bekannt werden.» Gerührt hatte sie das Interesse sehr wohl. An ihrer Wahlfeier hatte sie drei Lieder spielen lassen: «Respect» von Aretha Franklin, ein französisches Chanson – und ein altes albanisches Sehnsuchtslied.

«Ich hatte selbst Steine auf meinem Weg gehabt und wollte mithelfen, sie für andere aus dem Weg zu räumen»

Ihre Migrationsgeschichte hat Ylfete Fanajs Interesse an Politik geweckt. In einem eleganten dunkelblauen Kleid sitzt sie in einem Luzerner Strassencafé und erzählt, wie sie sich trotz guten Noten in der Sekundarschule zwei Jahre lang vergeblich um eine Lehrstelle bemühte. 200 Bewerbungen verfasste sie von Hand, bis sie endlich zum ersten Mal zu einem Vorstellungsgespräch eingeladen wurde. Die drei Leiterinnen einer Luzerner Sprachschule machten Ylfete danach ganz bewusst zu ihrer ersten Lehrtochter. Obwohl sich auch noch eine besser qualifizierte Schweizerin beworben hatte. Doch die drei Frauen, alle selbst mit Migrationshintergrund, wussten: Die Schweizerin würde problemlos eine andere Lehrstelle finden. Ylfete Fanaj nicht. Wegen ihres ausländisch klingenden Namens.

Dieser Name hatte bereits verhindert, dass Ylfetes Vater, ursprünglich ein Saisonnier, selbst eine grössere Wohnung mieten konnte, um seine Frau und die Kinder in die Schweiz zu holen. Es klappte erst, als sein Vorgesetzter in der Brauerei sich als offizieller Mieter einer Viereinhalbzimmerwohnung zur Verfügung stellte und sie Ylfetes Vater untervermietete. Ylfete erfuhr von diesem Deal per Zufall: Weil sie für ihre Eltern immer mehr das Offizielle erledigte, bekam sie eines Tages den Mietvertrag zu Gesicht – und sah dort als Mieter nicht ihre Eltern eingetragen, sondern einen gewissen Herrn Bieri. Den Chef ihres Vaters.

Gleichzeitig bekam sie mit, wie längstens nicht alle mit Wurzeln im Balkan so problemlos eingebürgert wurden wie sie selbst 2001 in Sursee. «Ich war überrascht, wie wenig Wissensfragen mir die Einbürgerungskommission stellte», erinnert sich Fanaj. «Stattdessen fragten sie das, was wirklich wichtig ist: Nämlich, wo ich meine Rolle in der Schweizer Gesellschaft in Zukunft sehe.» Die Luzerner Gemeinde Emmen hingegen entschied zur gleichen Zeit an der Urne über Einbürgerungen – und lehnte 80 Prozent der Gesuche von Menschen aus dem Balkan ab. Das Bundesgericht schritt später ein. Auf nationaler Ebene scheiterten Einbürgerungserleichterungen für die zweite Generation ebenso wie Einbürgerungen ab Geburt für die dritte Generation unter gewissen Bedingungen. In diesem Klima erwachte Ylfetes politischer Kampfgeist. «Ich sah, wie Integrationspolitik gemacht wurde über die Köpfe von denen hinweg, die es betrifft», erzählt sie. «Ich hatte selbst Steine auf meinem Weg gehabt und wollte mithelfen, sie für andere aus dem Weg zu räumen.»

Ein tamilischer Kollege, mit dem sie in Integrationsprojekten zusammenarbeitete, nahm sie mit zu SP-Anlässen. Ein Jahr später, 2007, sass sie bereits im Luzerner Stadtparlament. Nicht trotz ihren ausländischen Wurzeln, sondern dank ihnen: Ihr tamilischer Kollege hatte seinen Sitz im Stadtparlament geräumt, nachdem er in den Kantonsrat gewählt worden war. Weil er der einzige Secondo im Stadtparlament gewesen war, machte er sich in der SP dafür stark, ihn durch eine

Steckbrief

Geboren
1982

Partei
SP

Aktuelles politisches Amt
Kantonsrätin LU

Besonderes
Als Schülerin flüchtete sie vor dem Krieg in Kosovo in die Schweiz – 2020 wurde sie Präsidentin des Luzerner Kantonsrates. Eine solche Politkarriere schaffte in der Schweiz vor ihr noch nie jemand mit kosovarischen Wurzeln.

Erstes politisches Mandat
2007 als Mitglied des Luzerner Stadtparlaments

Familie
verheiratet

Ausbildung/Beruf
Kauffrau, Sozialarbeiterin, Bereichsleiterin beim Jugendprojekt «Lift»

Der Gratulationsstrauss kam wegen Corona geflogen: Ylfete Fanaj bei ihrer Wahl zur Luzerner Kantonsratspräsidentin.
Foto: Franca Pedrazzetti

Seconda zu ersetzen – durch Fanaj. Mit Erfolg. Persönlich diskriminiert fühlte sie sich ab diesem Zeitpunkt nie mehr. Nun konnte sie nicht nur mitreden, sondern auch mitgestalten. «Projekte sind zwar wichtig. Aber wenn man wirklich etwas verändern will, muss man dorthin gehen, wo die Regeln gemacht werden: ins Parlament.»

Als Stadtparlamentarierin musste sich Ylfete Fanaj in einem innerfamiliären Konflikt definitiv durchsetzen: in der Frage ihres Wohnortes. Auf einen früheren, ersten Versuch, in die Stadt zu ziehen, hatten die Eltern schockiert reagiert. In traditionellen albanischen Kreisen zieht eine Frau erst aus, wenn sie heiratet. Ylfete hatte gegenüber ihrer Familie argumentiert, ihr ganzes Berufs- und Politleben finde in Luzern statt, darum brauche sie dort eine Bleibe. Als Kompromiss hatte sie sich in Luzern bei der Adresse ihrer Chefin angemeldet, jedoch nur gelegentlich dort übernachtet. Nun aber, nach ihrer Wahl ins Stadtparlament, zog sie definitiv aus, in eine

Wohngemeinschaft mit zwei Frauen. Der Vater hatte in seiner Verzweiflung noch vorgeschlagen, mit der ganzen Familie nach Luzern zu ziehen. Doch diesmal blieb Ylfete hart.

Viel erklären, hartnäckig bleiben, Kompromisse suchen und immer wieder kämpfen: So hat sich Ylfete Fanaj sachte aus ihrer ländlich geprägten Familie gelöst – ohne mit ihr zu brechen. Althergebrachte Traditionen waren ihr dabei mehr im Weg als die Religion. Sie steht zwar zu ihrer muslimischen Religionszugehörigkeit. Trotzdem reagiert sie empfindlich auf Fragen, die sie als Muslima adressieren. Sie will nicht für «die Muslime und Musliminnen» reden. Weil es auch unter den Gläubigen eine grosse Vielfalt gebe, vor allem aber, weil Religion in ihrem Leben kaum eine Rolle spiele. Sie glaubt nur vage an etwas Grösseres, ob man dem nun Gott – Allah – sagen wolle oder sonst irgendwie. Eine Moschee betrat sie erstmals als Touristin. Sie praktiziert den Islam noch weniger als ihre Eltern. Ihre Mutter betet zwar täglich fünfmal, doch damit hat es sich. Ein Kopftuch zu tragen, war in ihrer Familie nie ein Thema. «Darum wurde ich wegen meiner Religionszugehörigkeit wohl auch nie diskriminiert. Man sieht es mir nicht an», sagt Fanaj. «Frauen mit Kopftuch aber können durchaus Schwierigkeiten bekommen, zum Beispiel auf der Suche nach einem Praktikum oder einer Stelle.» Jenen Frauen, die auf Druck aus der Familie ihre Haare oder gar ihr Gesicht verbergen, sei mit einem Verhüllungsverbot – wie in der Burka-Initiative gefordert – jedoch nicht geholfen. «Diese Frauen dürften sich dann draussen wohl schlicht nicht mehr blicken lassen.» Fanaj ist überzeugt: Was unterdrückten Frauen jeder Religionszugehörigkeit mehr helfe, sei Bildung. Zum Beispiel obligatorische Deutschkurse gleich nach der Einreise in die Schweiz. Damit sie sich der hiesigen Kultur überhaupt öffnen und Mut schöpfen können, eigene Wege zu gehen.

Für Fanaj selbst war Bildung der Schlüssel zur Erfüllung ihres Herzenswunsches: in der Schweiz voll und ganz dazuzugehören. Dafür brauchte sie gerade als Teenager auch ein Stück Freiheit. «Mein Glück war, dass meine Eltern alles unterstützten, was Bildung betrifft», sagt sie. Auch Schullager und Schulfeste. Sie schmunzelt: «Manchen Partys gab ich wohl einen etwas übertriebenen Schul-Anstrich, damit ich hingehen durfte.»

Berufsmaturität, Studium an der Fachhochschule als Sozialarbeiterin, zwischen Bachelor und Master zwei Jahre Recht an der Universität: Fanaj drückte andauernd die Schulbank. «Zu einem kleinen Teil war ich wohl auch darum dauernd am Lernen, weil es mir Freiheiten gab», sagt sie. «Solange ich in Ausbildung war, hatten meine Eltern auch Verständnis dafür, dass ich nicht heiraten wollte.» Interessierte junge Männer aus der alten Heimat hätte es gegeben. In den alljährlichen Sommerferien im Kosovo erschien manch Heiratsvermittler hoffnungsfroh zum Kaffee und musste unverrichteter Dinge wieder abziehen. Fanaj rät allen jungen Migrantinnen, die sie auf arrangierte Ehen ansprechen: «Bildet euch weiter, so lange wie möglich! Das nützt euch sowieso und verschafft zudem Zeit. Zeit, um genug innere Stärke aufzubauen, um durchzusetzen, was ihr selbst wollt.»

«Wer Grosses will, muss ganz klein anfangen. Lokal. Und nie aufgeben»

Hier auf dem baumbestandenen Luzerner Helvetiaplatz, wo die SP-Politikerin ihren Cappuccino trinkt, ist sie oft auch mit Unterschriftenbögen unterwegs. Sie kommt gerne mit den Passantinnen und Passanten ins Gespräch. Man wisse nie vorher, wer darauf einsteige und wer nicht. Ganz bewusst spreche sie auch Menschen anderer Hautfarbe an. «Vielleicht sind sie ja trotzdem Schweizer Bürger. Oder freuen sich auch sonst über Interesse.» Ausländerinnen und Ausländer sollten wenigstens auf lokaler Ebene mitentscheiden können, in der Umgebung, in der sie leben und die sie mit ihren Steuergeldern mitfinanzieren. Davon ist Ylfete Fanaj bis heute zutiefst überzeugt. Auch wenn die entsprechende kantonale Volksinitiative, für die sie 2009 als damalige Co-Präsidentin des Vereins «Secondos plus» mit viel Herzblut kämpfte, grandios scheiterte: Nur 16 Prozent legten ein Ja in die Urne. «Die Zeit war wohl noch nicht reif», sagt sie nachdenklich. «Aber man muss die Leute immer wieder damit konfrontieren. Es ist wie beim Frauenstimmrecht damals: Wer Grosses will, muss ganz klein anfangen. Lokal. Und nie aufgeben.»

«Bildet euch weiter!», rät Fanaj – hier auf dem Luzerner Helvetiaplatz – jungen Migrantinnen.

2021 feiert das Schweizer Frauenstimmrecht das 50-Jahr-Jubiläum. Auch hier setzt sich Ylfete Fanaj an vorderster Front ein: Sie hat einen Verein gegründet und koordiniert kantonale Veranstaltungen verschiedenster Organisatorinnen. 20 Events waren ihr Ziel, 35 wurden schliesslich geplant. In einer Stunde sollen 12 000 Werbeflyer zu Fanaj nach Hause geliefert werden. Sie will deshalb aufbrechen.

Das Jubiläumsjahr des Frauenstimmrechts hat Fanaj auch persönlich genützt. Als es darum ging, wer aus der SP Kantonsratspräsidentin werden sollte, und sich ausser ihr keine Frau fürs Amt interessierte, argumentierte sie vor der Fraktion: Wer soll den Kanton Luzern in diesem Jubiläumsjahr nach aussen vertreten? Eine Frau oder ein Mann? Die Antwort der Genossinnen und Genossen war klar. Sie nominierten Fanaj.

Fanaj gab dafür ihr Amt als Fraktionschefin ab. Die Gruppe der sozialdemokratischen Kantonsratsmitglieder zu leiten, war ein harter Job gewesen: Die SP hatte ihre Vertretung in der Regierung verloren. Das erschwerte es ihr, schnell an wichtige Informationen zu kommen. Im Parlament attackierte die SP aus der Opposition heraus. Fanaj bekämpfte mit ihren Leuten Sparpaket um Sparpaket. Erfolglos. «Am Anfang im Kantonsrat dachte ich: ‹Was kann man als Linke in einem bürgerlichen Parlament schon ausrichten?›», sagt Fanaj. «Doch ich merkte: Es ist nur schon wertvoll, unsere Argumente anbringen zu können. Sie werden gehört, auch wenn anders entschieden wird.»

«Oft sind Migrantinnen doppelt benachteiligt: als Frauen und als Ausländerinnen»

Gleichstellung ist für sie mehr als eine Frage gleicher Rechte, gleich bezahlter Arbeit und gleicher Vertretung in den politischen Gremien. Sie möchte auch die Situation jener Frauen verbessern, denen solche Themen wie Luxus erscheinen. Weil sie erst gar keine Arbeit finden. Oder von ihrem Partner geschlagen werden und ihn nicht verlassen können, da sie sonst ihr Aufenthaltsrecht verlieren. Oder weil sie sich mit einer Arbeit über Wasser halten müssen, die sie an den Rand der Gesellschaft drängt. Prostitution zum Beispiel. «Oft sind Migrantinnen doppelt benachteiligt», sagt Fanaj. «Als Frauen und als Ausländerinnen.»

Der Weg zu Fanajs Wohnung im Weinbergliquartier führt an der Werkhofstrasse vorbei. Spiegelnde Bürokomplexe stechen ins Auge, doch die Gegend hat sich zum Wohnquartier gewandelt. Die Sexarbeiterinnen, die hier einst an der Strasse standen, mussten in ein Industriequartier wechseln. «Dort ist es nachts menschenleer, das macht es für die Frauen gefährlich», sagt Fanaj. Eine Prostituierte, die in ein Auto eingestiegen war, wurde am Tag danach tot im Vierwaldstättersee gefunden. Fanaj gründete gemeinsam mit anderen Frauen den Verein «Lisa» – eine Interessenvertretung für Sexarbeitende. In einem Container am Strassenstrich bieten Fachfrauen zweimal wöchentlich eine Anlaufstelle. Sie wissen so auch, was dort läuft. Und, manchmal ebenso wichtig, was nicht. So erfuhr Fanaj, dass plötzlich keine zivilen Fahnder der Polizei mehr bei den Prostituierten erschienen. Die Polizisten hatten jeweils Informationen gesammelt im Kampf gegen den Menschenhandel. Fanaj wusste: Die Polizei steht unter Spardruck. Sie kritisierte öffentlich, die Regierung spare am falschen Ort, die Polizei gehe aus Kostengründen nicht mehr gegen Menschenhandel im Sexmilieu vor. Die Luzerner Regierung gab ihr teilweise recht. Nach und nach bekam die Polizei zusätzliche Stellenprozente.

So nährt Fanaj ihre Politik im Parlament aus der Praxis und umgekehrt. «Ehrenamtliches Engagement ist genauso wichtig wie Politik», sagt sie. «Wir alle können und sollen etwas für die Gesellschaft tun.»

Sie selbst reizen weitere politische Ämter. Gern würde sie auch auf nationaler Ebene politisieren. Doch für eine Ständeratskandidatur scheiterte sie schon parteiintern gegen einen männlichen Bewerber. Die SP erntete einige Kritik für die Nomination eines Mannes in einer Zeit, in der die Partei selber mehr Frauen im Parlament forderte. Fanaj jedoch hatte Verständnis. «Seit ich Politikerin bin, ist es für mich eher ein Vorteil, junge Frau und Migrantin zu sein. Dieses Profil machte mich oft interessant für Ämter und Medienanfragen. Da muss ich in einer Ausmarchung auch mal verlieren können.»

Für den Nationalrat kandidierte sie mehrfach. Ohne Erfolg, wie es zu erwarten ist, wenn Bisherige nochmals antreten. Der dritte Versuch jedoch wurde auf ganz andere Art jäh abgebremst: Mitten im Wahlkampf 2019 traf Ylfete Fanaj ein Schicksalsschlag, der bis heute nachwirkt.

Davon will sie in einer geschützteren Atmosphäre erzählen, in ihrer Dreieinhalbzimmerwohnung in einem Quartier mit genossenschaftlichen Wohnblöcken. Doch als sie die Wohnungstür öffnet, nimmt das Gespräch zuerst eine andere Wendung: Überraschend streckt ihr Mann Stéphane den Kopf aus einem Zimmer für eine kurze Begrüssung, bevor er sich für eine Zoom-Sitzung wieder zurückzieht. Einen Migrationshintergrund habe er auch, hatte der Sozialarbeiter ihr mit einem Schmunzeln gesagt, als sie einander 2014 an einem Podium einer Fachhochschule kennenlernten. Als französischsprachiger Jurassier habe er im Kindergarten in St. Gallen anfänglich kein Wort verstanden.

Aus Sicht von Fanajs Eltern war dies der falsche Migrationshintergrund. Als Ylfete ihnen zum ersten Mal überhaupt von einem Freund erzählte und gleichzeitig ankündigte, mit ihm zusammenzuziehen, waren sie entsetzt. Ohne Heirat! Und erst noch mit einem Nichtalbaner! Diesmal konnte Ylfete die Wogen nicht so schnell glätten. Die Geschwister schalteten sich ein, versuchten zugunsten von Ylfete und Stéphane zu vermitteln. Schliesslich hatte auch ein Bruder eine Schweizerin geheiratet. Aber bei einer Tochter war das noch viel schwieriger zu verdauen für die Eltern. Sie erwarteten in einem solchen Fall mitleidig-vorwurfsvolle Bemerkungen aus ihrem Heimatland. «Sie fragten sich, was sie falsch gemacht hatten, ob sie uns zu viel Freiheiten gelassen hatten», erinnert sich Ylfete Fanaj. «Ihr Ärger entsprang der Sorge, die Beziehung könnte unglücklich enden, weil zu wenig Gemeinsamkeiten da seien. Dabei verbindet mich mit Stéphane ja viel mehr, weil wir beide hier gross geworden sind, beide Soziale Arbeit studiert haben und beide in der SP sind.» Das Eis brach, als Ylfete und Stéphane die Eltern zu sich einluden – und Stéphane ein paar Brocken Albanisch mit ihnen sprach. Er hatte einen Kurs besucht, kaum hatte er Ylfete kennengelernt. Die Eltern fühlten sich geehrt. Und bewunderten Stéphanes Künste am Herd.

Ylfete und Stéphanes Hochzeit 2016 wurde ein rauschendes Fest mit 130 Gästen, mit Tanz noch vor dem ersten Gang zu den Klängen einer kosovarischen Band, die sowohl albanische Lieder als auch internationale Songs spielte.

Stéphane unterstützt Ylfete in allem, auch in der Politik. Er liest ihre Reden durch, hängt Plakate auf. Und sollten sie einst Kinder miteinander grossziehen, wäre er bereit, beruflich zurückzustecken, sollte Ylfete sich dann gerade eine interessante berufliche oder politische Möglichkeit bieten. Zurzeit arbeitet sie neben der Politik knapp 50 Prozent als Bereichsleiterin Deutschschweiz beim Jugendprojekt «Lift» – einem Integrations- und Präventionsprogramm für Jugendliche zwischen Schule und Beruf. «Stéphane hat schon eine Führungsposition», sagt sie. «Und dass beide gleichzeitig in Teilzeit Karriere machen können, erscheint uns nicht sehr wahrscheinlich. Wir wechseln wohl eher ab.»

Der Traum von der gemeinsamen Familie war schon zum Greifen nah. Als Ylfete Fanaj 2019 für den Nationalrat kandidierte, war sie schwanger. Doch dann, im siebten Monat, spürte sie keine Kindsbewegungen mehr. Im

Spital dann die Hiobsbotschaft: keine Herztöne hörbar. «Das war der schlimmste Satz, den ich in meinem Leben je gehört habe», sagt sie. «Es war, als ob ich in einen Abgrund stürzen würde.» Für das Paar folgten Tage, die sie im Detail nicht beschreiben mag. Sie meldete sich im Kantonsrat als krank ab, brachte das Söhnchen zur Welt, musste es zu Grabe tragen. Grund war ein unentdecktes medizinisches Problem gewesen. Hätte man es rechtzeitig bemerkt, hätte man es behandeln und die Überlebenschancen des Kindes markant verbessern können.

Das Bild bekam Fanaj als Kantonsratspräsidentin (l.).

An der Schule erklärt sie dieses Amt.

«Mir war wichtig, auch am tiefsten Punkt meines Lebens nicht aufzugeben»

Mitten im wohl tiefsten Schmerz, den Eltern erleben können, musste Ylfete Fanaj mit ihrem Mann entscheiden, wie sie informieren wollten und wie es politisch weitergehen sollte. Schliesslich stand sie mitten im Wahlkampf, war soeben noch, gut sichtbar für alle, schwanger gewesen. Sie liess den Präsidenten des Kantonsrats im Parlament eine Mitteilung vorlesen. «Das Löwenherzchen hörte im Mutterleib plötzlich auf zu schlagen», hiess es darin. «Luan Ylli, albanisch für Löwe und Stern, ist nun ein leuchtender Stern und wird immer in unseren Herzen sein.» Fanaj bat um etwas Ruhe, Zeit und Verständnis, wenn sie nicht auf alle Nachrichten antworten könne.

Medienschaffende sassen im Kantonsrat, als die Mitteilung verlesen wurde. Alle respektierten den Wunsch.

Die Rückkehr in die Politik und in die Öffentlichkeit war schwierig. Es war unvermeidlich, dass Personen, die von nichts wussten, ahnungslos nach dem Kind fragten. Und viele, die informiert waren, wussten nicht, wie sie Ylfete Fanaj begegnen sollten. «Dafür hatte ich volles Verständnis», sagt sie. Sehr schmerzhaft waren aber Andeutungen, sie habe wohl zu viel Stress gehabt. «Unterschwellig klang an, Politik und Kind gingen halt nicht zusammen», ärgert sie sich. «Als ob Frauen weltweit die Füsse hochlagern, sobald sie schwanger sind!» Ganz abgesehen davon, dass Fanaj in jener Phase neben der Politik nicht berufstätig war. Ihren Wahlkampf für den Nationalrat führte sie auf Sparflamme weiter. «Mir war wichtig, auch am tiefsten Punkt meines Lebens nicht aufzugeben», sagt sie. Die Wahlplakate liess sie hängen, bereits vorbereitete Flugblätter verteilen. Ihre Auftritte jedoch reduzierte sie auf ein Minimum. Die Wahlen beendete sie auf dem zweiten Ersatzplatz. Ein beachtliches Resultat, angesichts der Umstände.

Allmählich kehrte eine Art Alltag zurück. Ein veränderter Alltag. «Ich habe die Angst vor dem Tod und vor der Geburt verloren», sagt Ylfete Fanaj rückblickend. «Das Leben wird nie mehr sein, wie es war. Aber es hält auch Freude bereit.»

Fanaj erhebt sich. Bald muss sie aufbrechen, eine Rede halten. Über dem Sofa in der Stube hängt ein hell gehaltenes Bild. Vor einem rot-gelben Horizont tanzt eine in feinen Strichen gezeichnete Ballerina. Sie wirkt leicht und frei. Ein Schweizer Künstler mit albanischen Wurzeln hat es gemalt. Ylfete Fanaj bekam das Bild zu ihrer Wahl als Kantonsratspräsidentin geschenkt.

In Sursee, bei ihrer Rede vor den Schulkindern vor ein paar Wochen, hatte Fanaj erzählt, was sie als Kind in der Schule am liebsten gemocht hatte: Theateraufführungen! Im Stück «König Vogelfrei» hätte sie so gern die Königsrolle übernommen. Sie musste die Dienerin spielen. «Mein Beispiel zeigt», sagte Kantonsratspräsidentin Fanaj und schaute dabei mit bestimmtem Blick in die Kindermenge, «es ist nicht entscheidend, welche Rolle man im Theater hat und woher man kommt. Es gibt ganz verschiedene Wege. Wichtig ist: Macht, was euch Freude bereitet! Dann kommt es gut.»

«Was man mit Leidenschaft tut, kostet selten Kraft»

Die Landschaft erkunden oder ab in die Ferien:
Marianne Maret zu Fuss unterwegs (l.).

Einsatzfreudig – immer an vorderster Front (r.).

Marianne Maret

Ständerätin Wallis

«Ob ich die historische Dimension
dieser Wahl je begreifen werde?
Das glaube ich nicht»

Es stimmt: Vom Boden bis zur Decke ist alles blitzblank. Kein einziges
Stäubchen auf dem Parkett, kein einziger Fingerabdruck auf dem Er-
kerfenster, kein Wassertröpfchen auf der dunkelgrauen Arbeitsplatte in
der Küche. In Troistorrents, im Chalet von Marianne Maret und ihrem Mann,
steht alles an seinem Platz, Überflüssiges gibt es nicht. Ihre vier Kinder Aurélie,
Mathieu, Jérémie und Kamal sind schon vor einigen Jahren ausgeflogen. Sie
lacht: «In Wahrheit ist es mein Mann, der die Putzarbeit macht. Aber schreiben
Sie das ja nicht, die ganze Welt denkt, ich sei die beste Putzfrau der Schweiz!»
Eine Anspielung auf den Satz, den sie bei ihrer Wahl in den Ständerat zum
Fernsehsender Canal9 sagte. Man fragte sie, wie sie die Wartezeit bis zum
Wahlergebnis überbrückt habe: «Ich habe das getan, was alle Hausfrauen tun,
wenn sie sich langweilen. Ich habe Grossputz gemacht.» Eine kleine Bemer-
kung nach einer heftigen und erschöpfenden Kampagne. Und in den sozialen
Netzwerken entflammt eine wilde Debatte. Im Jahr des Feminismus hatte die
Christdemokratin die Unverschämtheit, die Frauen zurück zum Hausputz zu
schicken. Das ist die Anekdote zu diesem Wahlsonntag am 3. November 2019.

In die Geschichte geht etwas ganz anderes ein: An diesem Tag wurde zum
ersten Mal eine Walliserin in den Ständerat gewählt. Eine umstrittene Wahl:
Einige hätten es lieber gesehen, wenn der Sozialdemokrat Mathias Reynard
der Vorherrschaft der CVP, wie die Partei damals noch hiess, über die beiden
Ständeratssitze ein Ende gemacht hätte. Wieder andere nahmen Maret übel,
dass sie genau dann Bern erobern wollte, als ihr Mann in Pension ging, und
ihn im heimatlichen Val d'Illiez «allein zurückliess».

Tatsächlich war Marianne Maret lange Hausfrau. Und sie ist stolz darauf. «Der Wert dieses reichen Erfahrungsschatzes wird überhaupt nicht anerkannt. Dabei haben mich diese Erfahrungen zu der Person gemacht, die ich heute bin: mit einem Sinn für Organisation, Prioritäten und auch Stringenz. Wir lebten zu sechst vom Lohn meines Mannes als Förderlehrer. Da muss man präzise rechnen können, das kann ich Ihnen sagen. Manchmal hatten wir am Monatsende gerade noch zwanzig Franken übrig.» Vor der Politik bestand ihr Leben aus der Ehe, den Kindern und dem Haushalt. Eine Seltenheit unter der Kuppel des Bundeshauses, überhaupt keine Seltenheit für eine Frau mit Jahrgang 1958: Sie war nicht einmal sechzehn, als sie ihren zukünftigen Mann kennenlernte. Ein Freund einer Freundin, eine zufällige Begegnung auf der Chilbi, eine Party, schnell noch einen Vorwand finden, um bis 21.30 Uhr wegbleiben zu dürfen, die grosse Liebe … es ging Hals über Kopf. Die junge Frau schliesst ihre kaufmännische Lehre ab, aber ihre Ziele sind nicht beruflicher Natur: «Ich wollte heiraten und Kinder haben!» Möglichst viele Kinder, um die Einsamkeit ihrer eigenen Kindheit zu überwinden. Ihr Vater, ein Zürcher und Mitarbeiter von Brown Boveri, leitete das Kraftwerk Chandoline am Rande von Sion. Sie wuchs dort mit einer deutlich älteren Schwester, ihrer Grossmutter und ihren Eltern auf. Eine Isolation, die überhaupt nicht zu ihr passt: «Ich bin ein sehr geselliger Mensch und ich langweilte mich zu Tode, wenn ich alleine war! Übrigens habe ich sehr früh Velofahren gelernt, so konnte ich in ein Arbeiterquartier fahren, wo es viele Kinder gab.»

Marianne Maret und ihr Mann werden Eltern von vier Kindern. Kamal adoptieren sie aus einem Waisenhaus in Indien. Nach den ersten drei Kindern wünscht sie sich ein weiteres. Zur selben Zeit durchlebt ihr Mann eine Phase tiefer Zweifel – er findet, sie seien übermässig privilegiert, und verspürt das Bedürfnis, auch noch «etwas für andere zu tun». Nach langen Gesprächen und Wochen der Überlegung beschliessen sie, ein Kind mit Behinderung zu adoptieren. Kamal leidet an Kinderlähmung und lebt im Mutter-Theresa-Heim in Kalkutta. «Wir wollten einem Kind ohne grosse Adoptionschancen eine Familie bieten und wir waren sehr glücklich mit diesem kleinen Menschen!» Der kleine Junge muss bald grosse Operationen über sich ergehen lassen, damit er sich aufrecht halten kann. Im Lauf der Monate merkt seine Mutter dann, dass er sich untypisch verhält. Eine Diagnose wie ein Keulenschlag: Ihr Sohn ist hochgradig autistisch, die ganze Familie verspürt grosse Traurigkeit. Von nun an gilt: Die Eltern engagieren sich noch aufmerksamer und umfassender, und das wohl für immer. Heute lebt Kamal unter der Woche in einem Heim, aber jedes Wochenende kommt er nach Hause ins Chalet in Troistorrents. Eine weitere Lebenserfahrung, die Marianne Marets Charakter geprägt hat. Einen starken und kantigen Charakter, geradeheraus, energisch, unkompliziert und schnörkellos.

«Ich wusste genau, dass ich eine Lückenbüsserin war. Aber die Aufgabe hat mich interessiert»

Eine Lebenserfahrung, die auch ihre Hinwendung zur CVP (heute Die Mitte) begründet: «Die Partei passt wirklich zu meinen Werten und zu meinem Leben als Hausfrau mit vier Kindern.» Ihre Mutterrolle hat sie effektiv auch zur Politik gebracht. Zunächst ging es um eine Kindergartenklasse: Damals führte die Gemeinde nur eine Stufe, das war unzureichend. Marianne Maret setzt sich deshalb für die Bildung einer ersten Klasse ein. Sie organisiert eine Unterschriftensammlung für eine Petition. Zusammen mit einer Freundin ruft sie auch den Ferienpass von Troistorrents ins Leben, damit die Kleinen in den Ferien ein Freizeitangebot vorfinden. Sie arbeitet so gut, dass die Partei vorschlägt, sie in die Kommission für Sozialfragen des Dorfes zu berufen. Sie lacht los: «Sie haben bloss vergessen, mich selbst zu fragen! Ich erhielt einen Brief von der Gemeinde, in dem mir mitgeteilt wurde, dass ich in die Kommission berufen worden war, und ich konnte nicht nachvollziehen, aus welcher Ecke das kam.» Egal: Nachdem sich ihre Verwunderung gelegt hat, nimmt sie die Herausforderung an. Mit Haut und Haar. Ein beispielhafter Anfang für ihre gesamte Politkarriere. Marianne Maret versichert, sie habe sich nie selbst für einen Posten ins Spiel gebracht: Sie sei immer angefragt worden. Sie war oft nicht die erste Wahl, aber das spielt für sie keine Rolle: Wenn das Amt sie interessiert, ziert sie sich nicht.

Auch weil das Timing passt. Im Alltag der Walliserin schleicht sich eine Routine ein, die ihr missfällt. «Jahrelang war die Haus- und Familienarbeit mein Ein und Alles. Als aber schliesslich alle Kinder zur Schule gingen, suchte ich nach neuen Herausforderungen.» Kurz danach tritt sie ihre erste 60-Prozent-Stelle als Hilfserzieherin an, in einem Heim für psychisch kranke Menschen, die sie im Alltag begleitet. Vier Jahre lang ist sie hier tätig. Eine – weitere – Lektion für das Leben, an der Seite der schwächsten Mitglieder der Gesellschaft.

Und dann, im Jahr 1997 ... klopft man an ihre Tür. Es ist ihre Partei, verzweifelt auf der Suche nach einer Kandidatin. Die Gemeinderatswahlen rücken näher und die CVP ist fest entschlossen, eine Frau für die Exekutive zu portieren. Der Erzfeind FDP hat eine Kandidatin gefunden. Es geht nicht an, dass die CVP ohne eine Frau antritt. Dies ist leichter gesagt als getan: Mehrere Frauen aus dem Dorf lehnen ab. Der Präsident der lokalen Parteisektion spricht Marianne Maret an einem Samstagabend an ... am Montagmorgen sollten die Listen eingereicht werden! «Ich bin nicht naiv. Ich wusste genau, dass ich eine Lückenbüsserin war. Aber die Aufgabe hat mich interessiert und ich bin ausgesprochen zielorientiert. Also habe ich Ja gesagt.» Einmal auf der Liste, wird sie sogleich gewählt, ohne je Wahlkampf gemacht zu haben. «Zufällig», wie sie sagt, «weil die Leute für einmal den Frauennamen nicht durchgestrichen haben.»

Nun sitzt sie in der Exekutive einer Gemeinde, die damals rund 3200 Einwohnerinnen und Einwohner hat. Sie blickt zurück: Den beiden weiblichen Gemeinderatsmitgliedern werden die Ressorts Kultur, Soziales, Kommunikation oder Sport und Freizeit angeboten. Die traditionell männlichen Bastionen stehen ihnen nicht offen, man(n) ist nach wie vor konservativ. Einmal mehr lässt Marianne Maret sich nicht verdriessen. Im Ressort Soziales gibt sie ihr Bestes, und das Politikvirus erfasst sie, kaum ist sie im Amt. Sie entdeckt eine Leidenschaft für Sachfragen, die sie von nun an begleitet. «Ich liebe es, nachzudenken, mir über etwas den Kopf zu zerbrechen, herauszufinden, wie die Dinge laufen, wie man sie besser machen kann, Aufrufe zu machen, um Lösungen zu finden. Wirklich, ich liebe es, ich kann Stunden damit verbringen!» Einer ihrer ersten Erfolge ist die Einführung einer Weihnachtsfeier für Seniorinnen und Senioren. «Es war toll und hat mir unglaublich viel Popularität eingebracht», verrät sie beiläufig. Gleichzeitig organisiert sich die Familie neu. Die Sitzungen finden abends statt, Marianne Maret muss bis zu vier Mal pro Woche zu Hause fehlen. Ihr Mann Christian springt klaglos für sie ein. Er versteht schnell, dass seine Frau eine weitere Leidenschaft entdeckt hat: die Politik. Er glaubt vorbehaltlos an ihr Talent. Die Kinder sind zwischen acht und fünfzehn Jahre alt, sie müssen nicht mehr ununterbrochen betreut werden. Rasch pendelt sich ein neues Gleichgewicht ein.

Sieben Jahre später: Die Partei klopft erneut an ihre Tür. Jetzt geht es um die Kandidatur als Gemeindepräsidentin. Ohne zu zögern sagt sie zu. Diesmal wird der Wahlkampf «fürchterlich». Grabenkämpfe im eigenen Lager: Ein CVP-Kollege tritt aus der Partei aus ... und gegen sie an. Die Debatten sind brutal. Man zweifelt an ihrer Kompetenz, man greift sie an, weil sie eine Frau ist und ursprünglich nicht aus dem Dorf stammt. «Eine nützliche Lernerfahrung für später», aus der sie zwar erschöpft, aber trotzdem in zweierlei Hinsicht als Siegerin hervorgeht: Troistorrents hat eine Gemeindepräsidentin, das gab es noch nie. Dieses Grossereignis lockt die Chorgues, wie die Einwohnerinnen und Einwohner von Troistorrents genannt werden, in Scharen zur ersten Gemeindeversammlung unter ihrem Vorsitz. Auf dem Weg nach draussen gratuliert ihr ein Bürger: «Ich muss schon sagen, Marianne, für eine Frau hast du dich wirklich gut geschlagen!» Ein paternalistisches Schulterklopfen aus einer anderen Zeit.

Im Lauf der Monate nimmt die Politik immer mehr Raum ein und Christian reduziert sein Arbeitspensum auf 90 Prozent. Den Haushalt haben sie schon immer zusammen erledigt, ohne externe Hilfe. Auch als sich die Mandate vervielfachen. Denn neben der Exekutive gibt es bald auch den Grossen Rat und das Präsidium des Verbandes Walliser Gemeinden. «Alles im Gleichgewicht zu halten, war sportlicher als das, was ich derzeit im Ständerat erlebe. Aber ich

Steckbrief

Geboren
1958

Partei
Die Mitte

Aktuelles politisches Amt
Ständerätin VS

Besonderes
Erste Frau, die im Wallis in den Ständerat gewählt wurde. Sie war fünfzehn Jahre lang Hausfrau, bevor sie in die Politik ging.

Erstes politisches Mandat
1997 als Gemeinderätin (Exekutive) der Gemeinde Troistorrents

Familie
verheiratet, vier Kinder: Aurélie (* 1982), Mathieu (* 1983), Jérémie (* 1986), Kamal (* 1989)

Ausbildung
Kauffrau mit eidgenössischem Fachausweis

Im Ständerat fühlt sich Marianne Maret in ihrem Element, der Verhaltenskodex der Institution kümmert sie nur wenig.

habe mich unglaublich, wirklich unglaublich ausleben können! Vor allem im Verband Walliser Gemeinden. Der Staatsrat hörte uns regelmässig an, bevor er Entwürfe in die Vernehmlassung gab. So konnten wir sie effektiv mitgestalten.» Es geht um viele Themen: die Franz-Weber-Initiative, die Verdichtung, das Tourismusgesetz. Wenn sie nach Hause kommt, lässt sie die Politik allerdings vor der Haustür zurück: Keine Frage, Sorgen und Streitigkeiten gehören nicht an den Familientisch. Auch will sie nicht «Probleme wälzen» oder «die Kinder mit ihrem Ärger belasten».

Ein reiches politisches Leben mit Sitten als Endstation. So jedenfalls war es geplant. Als Volksvertreterin wollte Marianne Maret im Jahr 2021 das Heft aus der Hand geben und mit ihrem Mann den Ruhestand geniessen. Aber die Affäre Yannick Buttet durchkreuzt Ende 2017 ihre Pläne. Mehrere anonyme Zeuginnen beschuldigen den aufsteigenden Walliser Politstar der sexuellen Belästigung. Nach einem beispiellosen Skandal tritt er aus dem

Nationalrat zurück. Niemand hat eine Idee, wer in zwei Jahren den ihm versprochenen Sitz im Ständerat einnehmen könnte. Die Partei steht mit dem Rücken zur Wand. Sie versucht, mögliche Kandidatinnen und Kandidaten aufzuspüren, doch diese bekunden kein Interesse. Da erinnert sich die Partei an Marianne Maret. Und einmal mehr klopft man an ihre Tür. Dieses Mal nimmt sie sich einige Monate Bedenkzeit. Politisch steht viel auf dem Spiel, privat ebenso. Einerseits wackelt der zweite CVP-Sitz im Ständerat so heftig wie nie zuvor. Will sie wirklich das Risiko auf sich nehmen, ihn zu verspielen? Andererseits ist es ihr fester Plan, mit ihrem Mann gemeinsam in Pension zu gehen.

Einmal mehr bestärkt er sie in ihrer Leidenschaft: Er sagt, er wolle nicht im Ruhestand vergreisen, er würde ihr daher nach Bern folgen und mit ihr eine Wohnung in der Hauptstadt beziehen: «Du wirst schon sehen, das wird grossartig.» Er hat mehr Vertrauen in sie als sie selbst. Sie sondiert auch die Haltung einflussreicher Parteimitglieder, um die Glaubwürdigkeit ihrer Kandidatur zu prüfen. Nach dem Sommer fühlt Marianne Maret sich beruhigt und bereit: Auf ins Bundeshaus, auf in die Landespolitik. Renten, Krankenkassen, Gleichstellung von Mann und Frau, so viele grosse Projekte nehmen unter der Bundeshauskuppel Gestalt an ...

«Konkret Möglichkeiten aufzuzeigen, ist genauso wertvoll, wie Vorstösse zur Gleichstellung in Bern einzureichen»

Noch weiss sie nicht, wie unerbittlich die Wahlkampagne ausfallen wird. Die Erinnerung an den begabten Politiker Yannick Buttet liegt wie ein Schatten über ihr, einige trauern ihm immer noch nach. Ihr Gegenkandidat ist der brillante Mathias Reynard, ein SP-Nationalrat, der weit über den linken Flügel hinaus strahlt. Im Wallis ziehen mehrere bekannte Persönlichkeiten aus feministischen Kreisen den feministisch eingestellten Mann der Frau vor. Und sogar der Übervater der Walliser FDP, alt Bundesrat Pascal Couchepin, stellt sich hinter den Nicht-CVP-Kandidaten. Denn sowohl auf der rechten als auch auf der linken Seite träumt man davon, dass die Partei, die das Wallis so lange regiert hat, einen ihrer beiden Sitze verliert, schliesslich repräsentiert sie nur noch 35 Prozent der Wählerschaft. «Im Grunde war der Kampf eher politisch als feministisch», so die Analyse von Marianne Maret. Formell jedoch ist die Frauenfrage allgegenwärtig. Paradoxerweise schadet dies der Politikerin. «Dass man mir vorwirft, mich nicht für die Frauen einzusetzen, finde ich unfair. Ich habe Wege gebahnt: nach zwanzig Jahren ohne weibliche Vertretung in den Gemeinderat von Troistorrents gewählt, erste Gemeindepräsidentin, dann erste Präsidentin des Verbands Walliser Gemeinden ... Also wirklich! Konkret Möglichkeiten aufzuzeigen, ist genauso wertvoll, wie Vorstösse zur Gleichstellung in Bern einzureichen.» Der Verzicht auf den Frauentrumpf war von Beginn an eine Grundhaltung und in diesem lila Jahr vielleicht ungeschickt. Sie seufzt ... Es stimmt, sie hatte unterschätzt, wie wichtig ihre persönliche Haltung in der Frauenfrage im Wahlkampf sein würde, ebenso wie die Bedeutung klarer Ansagen, um sich besser zu vermarkten. «Mir war dies schlicht nicht bewusst.»

Dagegen wusste sie sehr genau, dass sie nun Präsenz zeigen musste. In dem monatelangen Wahlkampf ist sie überall anzutreffen: an Kuhkämpfen, Platzkonzerten ebenso wie an Ausstellungseröffnungen. Drei bis vier Veranstaltungen jeden Samstag, nicht wesentlich weniger am Sonntag und unter der Woche an fast jedem Abend. Ebenso weiss Marianne Maret, wie sie einige Wochen vor den eidgenössischen Wahlen einem regelrechten Angriff im Zusammenhang mit einem grossen Fall zu begegnen hat. Es geht um die Affäre Rossier, benannt nach dem ehemaligen Leiter der Dienststelle für Umwelt des Kantons Wallis. Im Mittelpunkt der Diskussionen: sein Bericht über Fehlfunktionen im Departement, in dem er arbeitet. Joël Rossier lässt ihn ihr zukommen, während sie die Geschäftsprüfungskommission des Walliser Parlaments präsidiert. Ihre Kritiker werfen ihr vor, den Bericht nicht an die Kommissionsmitglieder weitergereicht und die Vorwürfe des Whistleblowers verschwiegen zu haben. Monate später empört sie sich immer noch über den Vorfall. Ihre Faust donnert auf den Esszimmertisch. Nach wie vor gerät sie in Wut, weil sie sich als Opfer einer Fehleinschätzung fühlt. «Es ist einfach über mich hereingebrochen, ich hatte es nicht kommen sehen. Und alle haben angebissen, weil man mich so

Auf dem Podium während der Parlaments-
session in der BernExpo (l.) und im Fokus
der Kameras. Foto rechts: Canal9

ganz leicht niedermachen konnte.» Um den Mut nicht zu verlieren, spricht sie sich immer wieder mit ihrem Mann und ihrem Wahlkampfmanager aus. Beide beruhigen sie, versichern ihr, dass die Kontroverse das Ergebnis der Abstimmung nicht stark beeinflussen werde. «Mein Durchhaltevermögen verdanke ich dem bedauerlichen ‹Training› aus meiner Kandidatur als Gemeindepräsidentin. Daher wusste ich, dass ich es schaffen würde. Wenn so etwas passiert, fühlt man sich wie in einem dunklen Tunnel. Aber man weiss, dass am Ende jedes Tunnels das Licht wartet.»

Am Ende des Tunnels wartet dieses Mal ein strahlendes Licht: Erfolg im zweiten Wahlgang, der CVP-Sitz ist gerettet, und ihr kommt die Ehre zu, die erste Frau zu sein, die den Kanton Wallis im Stöckli repräsentiert. Wenn sie daran zurückdenkt, bekommt sie Gänsehaut. Sie blickt ins Leere. Macht eine Pause – eine Seltenheit bei dieser gewandten Rednerin. «Ob ich die historische Dimension dieser Wahl je begreifen werde? Das glaube ich nicht.»

Wer weiss, vielleicht erkennt sie die nächste Generation. Vielleicht wird eines ihrer fünf Enkelkinder die Tragweite dieses Wahltages am 3. November 2019 anhand eines Staatskundelehrbuchs erkennen können, wenn es auf den Namen seiner Grossmutter stösst und sieht, dass sie in der kantonalen Politik eine Vorreiterrolle gespielt hat.

«Sobald der Aufwand schwerer wiegt als die Freude, muss man sich ausklinken»

Der einzige Wermutstropfen: ihre Äusserung zu den Vorzügen der Hausarbeit. Der Shitstorm nach ihrer Aussage zum «Grossputz» ist für sie der ultimative Anstoss, Facebook den Rücken zu kehren und sich auf die wesentlich ruhigeren Ständeratsdebatten zu konzentrieren. Hier kann sie ihrer Leidenschaft wieder mehr Raum geben. «Sie ist es, die einen immer wieder antreibt, weiterzumachen, selbst wenn man so kaputt ist wie ich heute. Was man mit Leidenschaft tut, kostet selten Kraft, weil die Freude überwiegt, obwohl alles mit sehr viel Arbeit verbunden ist und ein grosses Engagement erfordert. Sobald der Aufwand schwerer wiegt als die Freude, muss man sich ausklinken.» Was sie an diesem Tag freut: die in der Kommission verabschiedete Fassung des Covid-Gesetzes, die unter anderem Hilfsmassnahmen für Kunstschaffende umfasst, für die sie sich seit Wochen hinter den Kulissen einsetzt. Und dann, ganz allgemein, die unbedingte Freude daran, bis zum Hals in Akten zu stecken, sich – wie sie betont – stundenlang den Kopf über einen Gesetzesentwurf zu «zerbrechen», um herauszufinden, was solide ist und was nicht. Mit allem, was dazugehört: Netzwerke aufbauen, wissen, was die anderen bewegt, und herausfinden, wer für welches Argument zugänglich ist. Zum Beispiel, um eine Kollegin aus der SP auf der Suche nach Unterstützung für einen Gesetzesentwurf zur Mutterschaft mit einer Kollegin aus der Mitte-Partei in Kontakt zu bringen, deren Tochter Hebamme ist…

Als Ständerätin ist sie seit Kurzem auch «Gotte» von einer Gruppe von Mitte-Frauen aus dem französischsprachigen Teil des Wallis, damit die Nachfolge in der Partei gesichert ist. Hier gibt es noch viel zu tun: Der Staatsrat ihres Kantons ist rein männlich besetzt, ins Parlament hat das Wallis neun Männer entsandt ... und ausserdem Marianne Maret. «Unter anderem geht es darum, Talente aufzuspüren. Die Frauen zu finden, die mit Leidenschaft dabei sind.» Sie, die in ihrer Jugend alles andere als feministisch war, wird es nun von Tag zu Tag mehr, wie sie selbst zugibt. Damit wir in Zukunft Politikerinnen genau gleich betrachten wie Politiker. Auch wenn sie überzeugt ist, dass sich die Welt seit ihren ersten Schritten in der Politik bereits massiv verändert hat.

In Bern hat sie übrigens nie eine Ungleichbehandlung verspürt. Nach anderthalb Jahren fühlt sich die Walliserin ausgesprochen wohl in ihrem Amt. Sie meldet sich zu Wort, wenn es um pflegende Angehörige, Weinbau oder die Bedingungen für den Velotransport in Zügen geht – der Verhaltenskodex der Institution kümmert sie nur wenig. So träumt sie bereits laut von einer zweiten Amtszeit im Jahr 2023. Mit ihren 63 Jahren ist sie zu jedem Kampf bereit. Marianne Maret, die in 24 Jahren Politik noch keine einzige Wahl verloren hat.

«Wenn man in die Politik geht, muss man ein dickes Fell haben»

Mit Norman Gobbi, Regierungsrat der Lega dei Ticinesi (l.) und ihrem Mann bei der Skaioi-Hütte auf dem Lucomagno (r.) und beim Mittagessen mit lokalen Spezialitäten und einem guten Tessiner Vino rosso (l.).

Claudia Boschetti Straub

Gemeindepräsidentin von Blenio, Tessin

«Frauen sind fähiger, sie können Dinge aus allen Perspektiven betrachten»

V om Fenster aus beobachte ich die Dörfer, die vorüberziehen, den Fluss Brenno, die alte Schokoladenfabrik Cima Norma. Und schliesslich erhasche ich einen Blick auf den Sosto, den Berg, der das Bleniotal, auch bekannt als «Tal der Sonne», überragt. Der Bus der Autolinee Bleniesi bringt mich nach Olivone zu meinem 10.30-Uhr-Termin mit der Gemeindepräsidentin von Blenio, Claudia Boschetti Straub. Ich habe beschlossen, auf das Auto zu verzichten und die öffentlichen Verkehrsmittel zu nutzen, um mich auf das Interview vorbereiten und die Landschaft geniessen zu können. Abfahrt um 9 Uhr ab Lugano, umsteigen in Bellinzona, Bus ab Biasca. Ich steige an der Haltestelle Olivone Casa Comunale aus. Der Fahrer grüsst mich herzlich und wünscht mir einen schönen Tag. Aufrichtige Freundlichkeit. Wie die von Claudia Boschetti Straub, die mich mit ihrem Auto abholt. Sie trägt eine gefütterte, pinke Jacke und wirkt aufgeweckt und entschlossen, als sie vorschlägt, zu ihrem Haus zu fahren, denn «hier ist wegen Corona alles geschlossen». Ich steige ins Auto und sie schlägt sofort vor, dass wir uns duzen. Ein Du, das ungezwungen wirkt.

Claudias Haus steckt voller Überraschungen und Erinnerungen. Über dem Sofa hängen verschiedene Traumfänger, eine Leidenschaft ihres Ehemannes. In einer Ecke steht ein «Pigna», ein für diese Gegend typischer Specksteinofen, der vor allem im 18. und 19. Jahrhundert verwendet und mit getrockneten Kiefernzapfen und Holz befeuert wurde. Und heute wärmt er das Esszimmer von Claudia. Darüber befindet sich ein Wandbild, ein Porträt von Wilhelm Tell, das sie selbst gemalt hat. Weitere ihrer Bilder hängen im Wohnzimmer. Ich entdecke auch alte Familienfotos und Antiquitäten, die vor der Entsorgung gerettet worden sind. Ausserdem eine Küchenuhr, die die Stunden mit Tiergeräuschen ankündigt, und auch die allgegenwärtige Kuckucksuhr. Sogar einen Grenzstein des Lukmanierpasses, der die Kantone Graubünden und Tessin verbindet, eine Art Symbol für die tiefe Verbundenheit der Luganesin, die seit Jahrzehnten im Tal lebt, mit dieser Gegend.

Denn Claudia ist in Molino Nuovo, einem Stadtteil von Lugano, aufgewachsen. Und während wir unseren Kaffee trinken, erzählt sie mir, dass sie jeweils «von Montag bis Freitag» in der Stadt gewesen sei, die Wochenenden sowie alle Schulferien hingegen im Bleniotal bei ihren Grosseltern mütterlicherseits verbracht habe. Dann zeigt sie mir stolz die Hochzeitsfotos ihrer Familie, die an der Wand hängen. Zum Beispiel von den Urgrosseltern mütterlicherseits, deren Foto in Mailand entstanden war, wo der Urgrossvater gearbeitet hatte. «Meine Urgrossmutter war siebzehn, sie heiratete einen viel älteren Mann.» Aber das sei damals so üblich gewesen, erzählt sie mir. Und ergänzt: «In unserer Familie sind alle Lehrer, meine Mutter, mein Vater, meine Grossmutter, meine Schwester.» Claudia besuchte die Scuola Magistrale, die damals noch in Lugano war. Heute ist sie in Locarno. Die Schule lag ganz in der Nähe der Klinik, in der ihre Mutter wegen Krebs behandelt wurde. Sie erkrankte, als Claudia sechzehn war. Und starb zwei Jahre später. Eine schmerzhafte Zeit, die Claudia schnell erwachsen werden liess. «Ich musste mich zu Hause zurechtfinden und die Schule beenden.» Sie lebte nur mit ihrem Vater zusammen. Ihre Schwester und ihr Bruder waren beide älter, hatten bereits geheiratet und lebten nicht mehr bei ihnen. Nach dem Abschluss ihrer Ausbildung fand Claudia eine Stelle an der Primarschule in Olivone und zog ins Tal. Eine Chance, die eigene Unabhängigkeit zu finden. Sie verliess Molino Nuovo und ihren Vater, der wieder heiraten wollte. Es gab keine Diskussionen. Sie verstand seinen Wunsch, «wieder eine Familie zu haben».

Das erste Jahr an der Primarschule begeisterte sie und sie wollte unbedingt weiter unterrichten. Aber ihre Anstellung wurde nicht verlängert. Eine junge Lehrerin aus dem Ort wurde ihr vorgezogen. Für Claudia war es «eine grosse Enttäuschung». Aber sie wollte das Tal nicht verlassen. Es brauchte Zeit, akzeptiert zu werden. «Man muss sehr respektvoll sein.» Am Anfang sei es anstrengend gewesen, aber dann «konnte ich mich gut in das kleine Dorf integrieren».

Sie fand Arbeit als Lehrerin an den Berufsschulen von Biasca, Bellinzona und Locarno. Jahrelang fuhr sie mit dem Auto hin und her, auch für Sitzungen. Bis es ihr zu viel wurde, sie bei der Post zu arbeiten begann und so zur Pöstlerin des Dorfes wurde. «Das Pendeln belastete mich, dann begann mein Mann, nebenbei Alphütten zu bewirtschaften, und auch ich brauchte eine Veränderung.» Eine Zeit lang verbrachte sie ihre Wochenenden auf der Scaletta, der nördlichsten Hütte im Tessin. Sie war für die Versorgung dieser Alphütte auf 2205 Metern über Meer verantwortlich. Von dort ist der Blick auf das Bleniotal atemberaubend.

Berge und Natur sind für Claudia wichtig. Wenn sie den Kopf frei bekommen und ihre Batterien aufladen muss, steigt sie auf ihr Fahrrad und verschwindet für eine Weile. Oder sie macht einen Spaziergang. Erholsame Pausen, die notwendig sind, um sich der anstrengenden Politik zu stellen und durchzuhalten. Ihre politische Karriere begann 2008, als sie in den Einwohnerrat von Blenio gewählt wurde. Nicht als Vertreterin der FDP, der Partei ihrer Familie, sondern der Lega dei Ticinesi, jener Partei, die 1991 vom Luganeser Geschäftsmann Giuliano Bignasca – auch bekannt als «il Nano» – gegründet worden war, die die Tessiner Politik revolutioniert und die historischen, alteingesessenen Parteien in grosse Schwierigkeiten gebracht hatte. «Die Politik musste wieder in ihren natürlichen Zustand zurückgeführt werden, näher zu den Menschen. Es gab zu viele Familien- und Gruppenmechanismen», erzählt Claudia. Sie trat dafür ein, «am Gemeinschaftsgeist festzuhalten», der Bevölkerung zuzuhören und auf ihre Bedürfnisse einzugehen.

«Ich will keine Überholspur, ich will Gleichberechtigung»

Eine Bevölkerung von etwa 1800 Einwohnern, die sie 2016 zur Gemeindepräsidentin wählten. Die erste Gemeindepräsidentin der Lega dei Ticinesi. Eine Nachricht, die sich schnell im Kanton herumsprach. Es erregte Aufmerksamkeit, dass eine Frau der Lega dei Ticinesi – auf Kosten der etablierten Parteien – Gemeindepräsidentin in einem Tal des Sopraceneri wurde. Und Claudia fand sich am Rathaustisch mit den Verlierern der Wahl wieder. Es war kein einfacher Start. Und er wurde durch das Projekt Parc Adula, dem zweiten Nationalpark der Schweiz, der sich über Teile der Kantone Graubünden und Tessin hätte erstrecken sollen, noch erschwert. «Die Mehrheit des Gemeinderats war dafür. Ich war jedoch dagegen, von Anfang an, schon bevor ich Gemeindepräsidentin wurde.» Denn der Parc Adula würde die Aktivitäten der Menschen zu sehr einschränken und den Schwerpunkt nur auf die Natur und die Tiere legen. Aber innerhalb der Exekutive war sie die Einzige, die diese Position vertrat. «Und es war schrecklich, die gemeinsame Vision des Gemeinderats vertreten zu müssen.» Es sei für sie unmöglich, eine Sache zu verteidigen, an die sie nicht glaube. «Ich bin zu freimütig und ehrlich, vielleicht ist das ein Makel. Aber die Leute wissen und schätzen es.» Die Abstimmung, die in den Gemeinden der beiden vom Parkprojekt betroffenen Kantone durchgeführt wurde, gab ihr recht. Das Projekt scheiterte. Und ihre Gemeinde folgte ihr. Die erste Prüfung hatte sie bestanden, auch dank der breiten Schultern, «die man benötigt, wenn man in die Politik geht. Man muss ein dickes Fell haben.»

Claudia ist eine starke Frau. Und die einzige Frau unter so vielen Männern zu sein, habe ihr nie etwas ausgemacht. Es sei nicht mehr wie früher, erzählt sie. Und sie erinnert sich, wie ihr Grossvater vor fünfzig Jahren den ersten Wahlzettel für ihre Grossmutter ausgefüllt und ihn ihr vor dem Stadthaus überreicht hatte. Seit damals hat sich dank des Engagements der Frauen vieles verändert – und verändert sich weiterhin. Der beste Beweis dafür seien die Frauen in den höchsten politischen Ämtern auf internationaler Ebene, so Claudia. Instrumente wie Frauenquoten «schmälern die Frauen» ihrer Meinung nach. «Ich will keine Überholspur, ich will Gleichberechtigung.» Heutzutage sei diese Gleichberechtigung jedoch immer noch ein Kampf. Weil berufstätige Frauen mit Familie «mehr Gewicht auf ihren Schultern tragen». Denn es seien auch heute noch häufig die Frauen, die sich um die Kinder kümmern. Claudia und ihr Mann wollten keine Kinder, also ist Claudia «in dieser Hinsicht entlastet». Weil sie so die Zeit hat, sich der Politik, den Sitzungen, Abendveranstaltungen, Apéros und dem Networking im Allgemeinen zu widmen, was für die Öffentlichkeitsarbeit wichtig ist. Obwohl zurzeit solche Begegnungen wegen des Coronavirus nicht möglich sind.

Die Pandemie. Ein schockierendes Ereignis. Lähmend. Vor allem am Anfang, als der Regierungsrat alle Tessiner Gemeindepräsidenten nach Rivera rief – «mit Maske, Desinfektionsmittel und Ausweis». Eine surreale Szene. «Wir hatten das Gefühl, im Krieg zu sein.» Und die Regierungsräte appellierten an sie: «Ihr seid vor Ort, ihr müsst uns helfen, der Bevölkerung die Situation zu erklären und Panik zu verhindern.» In diesem Moment spürte Claudia das volle Gewicht der Verantwortung ihrer Position. Sobald sie zurück war, veröffentlichte sie eine Sonderausgabe des Gemeindeblattes. Gemeinsam mit ihren Kolleginnen und Kollegen, den drei Lebensmittelläden und den Gemeindearbeitern organisierte sie die Möglichkeit, von zu Hause aus einzukaufen. Ein Service, der auch den Menschen angeboten wurde, die in Zweitwohnungen wohnten. Menschen, die anfangs nicht immer willkommen waren: «Sie bringen das Virus aus den Städten, wo es mehr Fälle gibt, zu uns ins Tal», war die Meinung im Dorf. Reaktionen, die von Angst diktiert wurden, von einer Art Psychose, die sich mit der Zeit wieder legte. Und um alle, aber auch wirklich alle Einwohnerinnen und Einwohner zu beruhigen, liess sich die Gemeindepräsidentin eine Liste mit den Telefonnummern älterer alleinstehender Personen zusammenstellen. Und rief diese alle an.

Nachdem der erste Schock überwunden war, passte sich das Leben dem Ausnahmezustand an. Und für den 1. August 2020 plante Claudia statt der üblichen Feier ein sehr besonderes Ereignis. Sie kontaktierte Gerry Hofstetter, den Künstler, der im April die Tessiner Fahne auf das Matterhorn projiziert hatte – als Zeichen der Solidarität mit dem von der ersten Pandemiewelle am meisten betroffenen Kanton der Schweiz. Sie bat Gerry Hofstetter, die Flagge der Schweiz auf den Sosto zu projizieren, den Berg, der dem Matterhorn so sehr ähnelt, dass er «kleines Matterhorn» genannt wird. Der Künstler sagte zu, auch weil das Projekt eine Art symbolischer Gruss zwischen dem Tessin und dem Matterhorn war. Und alle begannen, darüber zu reden. Eine erfolgreiche Marketingaktion. Das Foto des Sosto mit der auf seine Wände projizierten Schweizer Flagge machte in den sozialen Netzwerken und auf unzähligen Portalen die Runde. Die Gemeinde druckte das Bild sogar auf Stoffbeutel.

Sie hat den Spitznamen «Merkel des Bleniotals», weil sie so entschlossen und pragmatisch ist wie die deutsche Bundeskanzlerin

Aber es stehen auch andere, weniger kurzlebige Projekte an, die bald umgesetzt werden sollen. Zum Beispiel das Polisport-Zentrum in Olivone, das aktuell noch eine Tennishalle ist, die als Mehrzweckanlage dient, jedoch bald eine Campinganlage mit einem 25-Meter-Pool in der Form eines kleinen Sees werden soll. Ein Magnet für Sommertouristen und einheimische Familien. Ein Projekt, an dem die Gemeinde seit sieben Jahren arbeitet und das bereits 2022 realisiert werden könnte. Ein Projekt, an dem Claudia auch als Präsidentin der Firma Polisport S.A. mitgearbeitet hat und das bald komplett an die Gemeinde übergehen soll. Ziel ist es, auf 222 Quadratkilometern, von 700 bis 3000 Metern über Meer, das Leben im Einklang mit der Natur sowie den Reichtum des alpinen Lebensraums zu fördern. Ohne dabei jedoch auf die unabdingbaren Aspekte des heutigen Lebens verzichten zu müssen, ergänzt Claudia. «In den Städten schaffen sie mit begrünten Häusern vertikale Wälder, wir aber haben sie hier vor der Haustür.» Das Vorhaben soll die angeschlagene lokale Wirtschaft beleben und unterstützen.

Beim Zuhören wird mir klar, dass Claudia eine Sache tut und dabei an hundert andere Dinge denkt. Sie steckt voller Tatendrang, um das Tal, das

Claudia Boschetti Straub fährt durch Olivone. Die starke Farbe ihrer Jacke widerspiegelt ihren Charakter (l.).

Tour de Suisse in Olivone 2015: Claudia Boschetti Straub übergibt den Preis an Peter Sagan, Gewinner der dritten Etappe.

zu ihrem Tal geworden ist und in dem sie mit ihrem Mann Peter Straub lebt – «einem der Kinder des Staudamms», wie sie auch heute noch genannt werden –, zu verschönern und zu fördern. Die «Kinder des Staudamms» sind die Kinder derer, die in den 1960er-Jahren zum Bau des Luzzone-Staudamms aus der Deutschschweiz ins Tal gekommen waren. Wie viele andere hat auch Peter Straubs Vater die Liebe im Tal gefunden und ist geblieben. Und Claudia hat dasselbe getan. Sie ist der Liebe wegen im Tal geblieben. Und sie zog mit Peter zusammen, bevor sie heirateten. Das war zu dieser Zeit sehr aussergewöhnlich, vor allem in den Tälern, und sie wurden oft mit Argwohn betrachtet. Aber das war ihnen fünfzehn lange Jahre egal. Dann heirateten sie. Ihres ist das grösste unter den Hochzeitsfotos ihrer Familie. Claudia umarmt Peter, sie trägt ein eng anliegendes, kurzes, pastellgrünes Kleid. Kein weisses Kleid. Und keine Gäste. Bei der Hochzeit waren nur die beiden Trauzeugen anwesend. Eine Entscheidung, die von denen akzeptiert wurde, die sie gut kannten, etwas weniger jedoch von denen, die traditionsgemäss erwartet hatten, eingeladen zu werden. Aber so ist Claudia nun mal. Ein rebellischer Geist. Erst Lehrerin, dann Pöstlerin, dann Posthalterin. Erst Einwohnerrätin, dann Gemeinderätin, dann Gemeindepräsidentin. Am 18. April 2021 kandidierte sie erneut für den Gemeinderat. Wie führte man in Zeiten des Coronavirus eine Kampagne? «Flugblätter genügten.» Und für jemanden mit dem Spitznamen «Merkel des Bleniotals», weil sie so entschlossen und pragmatisch ist wie die deutsche Bundeskanzlerin, war die Wahl am 18. April ein Test, eine Prüfung, die es zu bestehen galt. Es sei Sache des Volkes, zu entscheiden. Und Sache derjenigen, die ihm dienen, das Ergebnis zu akzeptieren. Claudia bestand die Prüfung mit einem brillanten Ergebnis.

Für Claudia ist Politik eine Lebenserfahrung, eine Bereicherung, die sie allen Frauen nahelegt. Auch weil Frauen gut darin seien, weil sie «praktischer veranlagt sind und fähiger, Dinge aus allen Perspektiven zu betrachten, und weil sie empathischer sind». Und Claudia besitzt ausgesprochen viel Einfühlungsvermögen. Sie bietet mir an, zum Mittagessen zu bleiben. Trockenfleisch und Käse aus dem Tal, begleitet von einem guten Rotwein. Sie möchte mir auch noch einen Teller Pasta kochen, aber ich ziehe es vor, die lokalen Spezialitäten zu geniessen. Ab und zu höre ich ein Miauen. Es ist eine von Claudias zwei Katzen. Die kleinere. Sie heisst Bülo, ein Dialektausdruck für «Rüpel». Weil sie sich wie ein kleiner Rüpel verhält. Ganz anders als die andere Katze, die ausgestreckt auf dem Sofa schläft. Sie zeigt keinerlei Interesse an uns und unserem Gespräch. Ihr Name ist Boris. Wie der Sohn von Giuliano «il Nano» Bignasca. Bignasca starb an dem Tag, an dem Claudia Boris' Papa nach Hause gebracht hatte, am 7. März 2013. Dieser Kater konnte also nur einen Namen erhalten: «Nano». Aber auch er weilt leider nicht mehr unter uns.

Claudia bringt mich zurück zur Bushaltestelle vor dem Gemeindehaus, wo nach ein paar Minuten der Bus eintrifft, gefahren von demselben freundlichen Herrn wie vorhin. Und während ich in Richtung Stadt zurückfahre, werfe ich einen letzten Blick aus dem Fenster auf den Sosto, das kleine Matterhorn, das still über das Bleniotal wacht.

Claudia Boschetti Straub begrüsst das
Publikum beim Konzert einer Pink Floyd
Coverband in Olivone 2012 (l.).

Sie hat ihre Katze scherzhaft «Boris»
genannt, nach dem Sohn des Leaders
der Lega dei Ticinesi.

«Dieser Moment, wenn ich weiss,
nun haben wir eine Lösung,
die standhält: Das ist etwas
vom Schönsten!»

Eva Herzog 2005 als Regierungsrätin
mit ihren zwei Söhnen (r.) und heute
als Ständerätin (u.).

Eva Herzog

Ständerätin und ehemalige Basler Finanzdirektorin

«Frauen sollten sich mehr für Finanzen und Wirtschaft interessieren»

Eva Herzog gibt ihr Geld gerne klug aus. Für Handtaschen zum Beispiel. Handtaschen wie jene, die sie an diesem Sommertag 2020 dabei hat, auf der Café-Terrasse des Basler Kulturzentrums Kaserne. Die Tasche wirkt teuer, ein Stück in Dunkelblau und Bordeaux. Herzog hat sie an einer Handtaschenbörse erstanden. Organisiert haben die Börse zwei Serviceclubs für Frauen: Diese Wohltätigkeits- und Netzwerkorganisationen lassen sich gut erhaltene Handtaschen gratis geben und verkaufen sie an der Börse günstig. Der Erlös kommt Frauen- und Mädchenprojekten zugute. «Das ist doch genial!», freut sich SP-Ständerätin Eva Herzog. «Ich habe Freude an Handtaschen und will nicht nur alle fünf Jahre eine neue. So kann ich günstig eine Tasche kaufen, die sonst weggeworfen worden wäre, und mache gleichzeitig etwas Gutes: Ich unterstütze Frauen und die Kreislaufwirtschaft!»

Herzog kann mit Geld umgehen. Nicht nur mit ihrem eigenen. Das hat sie als Finanzdirektorin des Kantons Basel-Stadt vierzehn Jahre lang bewiesen, bis Ende 2019. Eisern hatte sie die Kantonskasse im Griff. Baute Schulden ab und das Sozialsystem aus. Mit Glanzresultaten wurde sie jeweils wiedergewählt. Eva Herzog erlangte aber auch schweizweite Bekanntheit. Als Bundesratskandidatin. Vor allem aber, weil sie auch auf nationaler Ebene wie eine Löwin für die umstrittene Reform der Unternehmensbesteuerung kämpfte, als Vizepräsidentin der kantonalen Finanzdirektoren. Sie schreckte selbst vor einem öffentlichen Showdown gegen die Mächtigsten ihrer eigenen Partei, der SP, nicht zurück.

Kulturzentrum Kaserne Basel: Herzogs erste berufliche Liebe.

Für keine Arbeit hat die 59-Jährige so viel Herzblut vergossen wie für ihre Aufgaben als Finanzdirektorin. Doch das erste Mal Herzblut investiert hat sie vor vielen Jahren hier, im Basler Kulturzentrum Kaserne. Während unseres Gesprächs steuern Mitglieder der heutigen Leitung auf sie zu. Eva Herzogs Augen funkeln interessiert, als die Männer ihr von den neusten Programmplänen und den Schwierigkeiten wegen Corona erzählen. Als junge Frau leitete sie ab 1995 die Kulturwerkstatt mit, organisierte mit Feuereifer Lesungen und Podiumsdiskussionen. Schon damals wollte sie alles ganz genau wissen. Vor einer Diskussion zum Thema Tod und Sterben – in ihrem Bauch das erste Kind – liess sie sich eine Leiche zeigen. «Ich fand, ich könne dieses Thema nicht gut vorbereiten, ohne je einen Menschen gesehen zu haben, der all das nicht mehr kann, was uns wichtig ist: denken, fühlen.»

Dieser Wille, tief einzutauchen in die Themen, zeichnete sie als Basler Finanzdirektorin aus. Mit jedem Budget, mit jeder Rechnung ging sie etwas mehr in die Tiefe, so wie ein Korkenzieher sich mit jeder Umdrehung noch tiefer in den Korken gräbt. Sie fragte und hinterfragte. «Ich rede gerne einfach», sagt sie. «Dafür muss ich verstehen.» Verstehen wollte sie auch immer alle politischen Seiten. Denn nur im Wissen um die verschiedenen Bedürfnisse und Ansprüche konnte sie ihre berühmten Kompromisse finden.

«Ich rede gerne einfach. Dafür muss ich verstehen»

Probleme sind für Eva Herzog wie ein Stück Knet. Sie drückt und formt es mit viel Geduld und Hartnäckigkeit, bis eine Figur entsteht, die allen gefällt. Oder mindestens nicht missfällt. So sanierte sie die städtische Pensionskasse mit zwei Milliarden Franken. So brachte sie Steuersenkungen durch, die von allen Seiten akzeptiert wurden, auch von links. Und so gelang es ihr, alle relevanten Kräfte einzubinden in einen «historischen Kompromiss», wie die Basler Zeitung schrieb. Es ging darum, wie der Kanton die nationale Steuer-AHV-Reform STAF so umsetzen konnte, dass die internationalen Firmen in Basel bleiben und auch die Allgemeinheit profitiert. In geheimen Verhandlungen mit den Partei- und Verbandsspitzen handelte Herzog ein mehrheitsfähiges Paket aus. Grob gesagt: Tiefere Steuern für Unternehmen und Personen – das gefiel rechts. Im Gegenzug höhere Kinder- und Ausbildungszulagen und eine stärkere Dividendenbesteuerung – das gefiel links. «Dieser Moment», sagt Herzog, «wenn ich am Handy die ersehnte letzte Zusage für einen Kompromiss bekomme, dieser Moment, wenn ich weiss, nun haben wir eine Lösung, die standhält: Das ist etwas vom Schönsten!»

Zugetraut hätten Herzog so viel Erfolg die wenigsten, als sie 2004 überraschend in den Regierungsrat gewählt wurde und ausgerechnet das Finanzdepartement übernahm. Eine Linke! Eine Frau! Eine Historikerin! Da konnte es mit dem wichtigen Wirtschaftsstandort Basel, von den grossen Pharma- und Chemieunternehmen genährt, doch eigentlich nur bergab gehen! «Ein

Teil dieser Skepsis hatte sicher damit zu tun, dass ich eine Frau bin», sagt Eva Herzog. «Männliche Historiker an der Spitze anderer Finanzdepartemente wurden nicht infrage gestellt. Aber für mich war das eine gute Ausgangslage. So konnte es nur besser werden als erwartet!»

Sie selbst traut sich in allen Lebensbereichen viel zu. Wie bei jener Klettertour, die sie frisch-fröhlich mitmachte, ohne vorher je geklettert zu sein. Es ging über Gletscher und Kreten. Erst als sie oben war, realisierte sie, was da noch kam: Eine Gratwanderung, bei der ein Absturz alle mitreissen würde. «Ich hatte Panik und weigerte mich, auch nur einen einzigen Schritt weiterzugehen», erinnert sie sich. Doch zurückgehen war auch nicht möglich. Und so liess sie sich überzeugen, Schritt für Schritt vorwärtszugehen. Bis zum Ziel. «Das ist typisch für mich», sagt sie. «Ich bin begeisterungsfähig, und wenn etwas Neues kommt, springe ich einfach mal hinein. Dieses Urvertrauen, dass es schon gut kommt, haben mir wohl meine Eltern mitgegeben. Die Selbstzweifel kommen, wenn ich schon drin bin. Sie motivieren mich dann zusätzlich, mich voll hineinzuknien.»

Auch dank dieser Risikobereitschaft wurde sie Regierungsrätin. Links-Grün wollte gemeinsam die bürgerliche Mehrheit in der Regierung knacken. Das Unterfangen galt als riskant. Die Grünen hatten bereits einen männlichen Kandidaten. Für die SP war deshalb klar, dass sie eine Frau stellen musste. Die bekannteren SP-Frauen sagten ab. Sie wollten sich nicht verheizen lassen. Eva Herzog jedoch, damals Chefin der Parlamentsfraktion, stellte sich zur Verfügung. «Ich hatte nichts zu verlieren», sagt sie. «Zudem fand ich schon damals die Regierungsarbeit spannender als unsere Parlamentsarbeit.» Kaum gab Herzog ihre Kandidatur bekannt, überlegte es sich die kantonale Vizepräsidentin anders und trat doch an. Sie hatte vorher abgesagt mit Hinweis auf ihre Kinder. Herzogs Buben waren auch erst vier und sieben. Die parteiinterne Ausmarchung um die Nomination als Regierungsratskandidatin empfand Herzog als «Horror». «Es war auch für die Parteimitglieder unangenehm, sich zwischen beiden entscheiden zu müssen. Frauen scheuen direkte Konkurrenz immer noch eher als Männer», meint sie. «Und attackieren wir, gelten wir schnell als Zicken, während Männer mit dem gleichen Verhalten als klar wahrgenommen werden.» Die beiden Frauen verzichteten bewusst auf Angriffe, betonten stattdessen ihre persönlichen Stärken. Herzog gewann. Zuerst in der Partei. Dann holte sie für Rot-Grün den begehrten zusätzlichen Sitz. Und damit die linke

Regierungsmehrheit. Jetzt konnte sie tun, wovon sie in ihrer Jugend geträumt hatte – wenn auch vage, ohne es genau benennen zu können.

Mit baumelnden Beinen war sie als Mädchen auf einem Mäuerchen gesessen und hatte sich mit der Schulfreundin danach gesehnt, «etwas Sinnvolles» zu machen. Eva und ihr Bruder waren behütet aufgewachsen. Der Vater war Chemiker, ein bürgerlicher Atomkraftgegner, die Mutter war sprachlich gebildet durch verschiedene Auslandsaufenthalte, hatte aber keinen Beruf lernen dürfen. Sie kümmerte sich wie damals üblich um Familie und Haushalt. «Ich bin aufgewachsen mit dem Gefühl, dass es uns in der Schweiz viel besser geht als anderen. Und dass ich diesen anderen helfen will. Ich wollte mehr als Shopping und Sport.» Es war die Zeit von Jute statt Plastik. Eva interessierte sich für Umwelt, Soziales und Entwicklungsthemen. Unabhängig von politischen Parteien. Sie machte mit in der Kultur- und Teestübli-Gruppe des Jugendhauses, wollte nicht nur konsumieren. Oder wenn, dann auf eine Art, die sie als gerecht empfand: Sie engagierte sich im Drittweltladen. «Schon damals wollte ich konkret sein, lieber den Zwischenhandel ausschalten als Flugblätter verteilen», sagt Eva Herzog.

Wirtschaftsthemen interessierten sie schon bevor sie Finanzdirektorin wurde. Sie mochte Mathematik, studierte neben ihrem Hauptfach Geschichte und dem Nebenfach Spanisch noch Wirtschaftswissenschaften, präsidierte im Verfassungsrat die Kommission Finanzverfassung. «Linke und Frauen sollten sich mehr für Finanzen und Wirtschaft interessieren, Ökonomie studieren. Schliesslich geht es immer um Verteilungsfragen, und damit um Gerechtigkeit!», sagt

Steckbrief

Geboren
1961

Partei
SP

Aktuelles politisches Amt
Ständerätin BS

Besonderes
Als Basler Finanzdirektorin hatte Eva Herzog die Kasse des Stadtkantons vierzehn Jahre lang fest im Griff. National bekannt wurde sie mit ihrem Kampf zugunsten der Unternehmenssteuerreform III, was sie in den Clinch mit der eigenen Parteispitze brachte.

Erstes politisches Mandat
1999 als Mitglied des Verfassungsrates von Basel-Stadt

Familie
Lebenspartner, zwei Söhne (* 1997 und * 2000)

Ausbildung
promovierte Historikerin

Zum ersten Mal als Regierungsrätin im Grossen Rat, zusammen mit Kollege Ralph Lewin.

Als Ständerätin gewählt, mit Tanja Soland.

sie. Mit den Finanzen befasste sie sich im Verfassungsrat nicht zuletzt, weil sich kaum Linke darum rissen. Sie hingegen entflammten Themen wie die Schuldenbremse. Als die SP sie 2000 anfragte, für das Parlament zu kandidieren, sagte sie sofort zu. «Ich war auf den Geschmack gekommen!» Nun trat sie auch offiziell der SP bei.

Versucht hatte sie dies schon 1993, im Jahr der Sonnenbroschen, in dem Frauen so lange demonstrierten, bis eine Frau in den Bundesrat einzog: Ruth Dreifuss. Eva Herzog war mit Tausenden von Frauen auf dem Bundesplatz gestanden, wütend, weil das Parlament statt der offiziellen SP-Kandidatin Christiane Brunner einen Mann in den Bundesrat gewählt hatte, Francis Matthey. Schliesslich verzichtete der Sozialdemokrat auf das Amt, und das Parlament kürte Brunners politische «Zwillingsschwester», die Gewerkschafterin Dreifuss, zur ersten SP-Bundesrätin. Herzog, elektrisiert von der weiblichen politischen Energie dieser Tage, füllte ein Beitrittsformular aus, um SP-Mitglied zu werden. Doch ging es in der SP-Zentrale irgendwie unter. Herzog hakte nicht nach. Es ging ihr damals um die Sache, weniger um die Partei.

Die Sache der Frau treibt sie bis heute um. Für das Thema sensibilisiert wurde sie über ihre Doktorarbeit zum Frauenturnen. Dadurch befasste sie sich erstmals wissenschaftlich mit den Geschlechterrollen. «Heutige typische Frauenberufe waren auch schon mal typische Männerberufe», sagt sie – Primarlehrer zum Beispiel. Respekt und gute Bezahlung gehörten dazu. Sobald jedoch Frauen in einen Beruf vordrangen, sank die Bezahlung im Vergleich zu anderen Berufen. «Dies zu sehen, macht einen zuerst wütend, aber es heisst doch auch: Man kann es auch wieder ändern – es war ja schon mal anders.» Herzog fordert eine bessere Bezahlung von sogenannten Frauenberufen und gleichen Lohn für gleiche Arbeit. Nicht nur in der Verfassung, sondern auch in der Realität. Parallel dazu müsse eine Errungenschaft des 19. Jahrhunderts, die Volksschule, im 21. Jahrhundert erweitert werden. Um Ganztagesstrukturen.

«Ich zweifelte als Regierungsrätin viel seltener, ob ich als Mutter genüge»

Ganz bewusst haben Eva Herzog und ihr Lebenspartner die beiden Söhne anfänglich in die Kindertagesstätte gegeben. Obwohl die Grosseltern gerne bereit gewesen wären, häufiger einzuspringen. «Bei den Grosseltern, in der Kita und bei uns galten nicht genau die gleichen Regeln. Sich in diese verschiedenen Welten einzufügen, ist eine gute Schule fürs Leben», sagt Herzog. «Wo immer die Kinder hinkamen, waren sie zudem willkommen. Das ist doch eine schöne Erfahrung. Kinder müssen vor allem merken, dass man sie gern hat.» Herzogs Partner, damals Inland- und Wissenschaftsjournalist bei der Basler Zeitung, arbeitete immer 80 Prozent. Sie selber reduzierte ihr volles Pensum mit der Familiengründung auf 60 bis 80 Prozent – Weiterbildung und Politik kamen noch dazu. Als 2000 – neben dem Verfassungsrat – überraschenderweise auch die Wahl ins Parlament sofort gelang, wurde es zu viel: Sie war mitten in einer Ausbildung in Kultur-management, das zweite Kind ein Säugling. «Ich musste während der Vor-lesung stehen, weil ich auch noch einen Bandscheibenvorfall hatte, in den Pausen pumpte ich Milch ab fürs Bébé, und dann auch noch Politik», erin-nert sie sich. Sie musste sich zwischen Kulturmanagement und Politik entscheiden. «Zum Glück wählte ich Politik», sagt sie und klingt so erleich-tert, als ob sie den Entscheid eben erst gefällt hätte. «Sonst wäre ich nie Regierungsrätin geworden!»

Kita und Grosseltern: Mit Herzogs Amt als Regierungsrätin stiess die-ses Betreuungsmodell an seine Grenzen. «Die Kita-Zeiten konnten nicht alles abdecken, was nötig gewesen wäre», sagt Herzog. «Zudem wollte ich die Zeit, die mir neben der Arbeit blieb, mit den Kindern verbringen – nicht mit Haushaltsarbeiten.» So stellte das Paar eine Kinderfrau ein. Vier Tage pro Woche kümmerte sich diese tagsüber um Kinder und Haushalt. Am fünften Tag war Herzogs Partner zuständig, er kochte zudem am Wochen-ende, unterstützte auch sonst ihre Politkarriere. Herzog machte die Kinder morgens jeweils für Kindergarten und Schule bereit – «das war mir wich-tiger, als um sieben im Büro zu sein». Unter der Woche arbeitete sie über Mittag, versuchte aber, mindestens zweimal mit der Familie abendzuessen. Sobald die Kinder im Bett waren, arbeitete sie weiter. Auch am Samstag ging sie ins Büro, stehend Akten lesen – «stehend liest man schneller». An-schliessend ins Fitnesszentrum. Am Sonntag unternahm sie etwas mit den Kindern. «Ich kann dieses Modell für Vollzeit-Kaderstellen nur empfeh-len», sagt sie. «Das war viel entspannter als vorher, als ich nach der Arbeit noch schnell einkaufen und dann zur Kita hetzen musste. Ich zweifelte als Regierungsrätin viel seltener, ob ich als Mutter genüge.» Erreichbar war sie für die Kinder am Handy immer. Wenn nötig auch während Regierungs- oder Kantonsratssitzungen. Und in den Ferien, da «tankte» sie jeweils Familie. Jedes Jahr fuhren sie zu viert im Camper für zwei bis drei Wochen weg. «Da habe ich die Buben richtig ‹inezoge›», sagt sie, mit einem schlür-fenden Geräusch, und lacht. Heute sind die Buben erwachsene Männer. Mit eigenen Plänen.

Vermisst habe sie in dieser Zeit nichts, sagt Herzog. «Ich bin kein Hobby-mensch. Es gibt nichts Schöneres, als Engagement und Beruf verbinden zu können», sagt sie. «Man kann sich einsetzen für das, was einem wichtig ist, hat einen geregelten Lohn und ein Team, das unterstützt.»

Dieses Team dient nun einer anderen. Herzogs Parteikollegin Tanja Soland ist Herrin über die Basler Kantonsfinanzen. An diesem Morgen besucht Herzog ihre Nachfolgerin zum ersten Mal in deren Büro – das so lange Herzogs war. Viel hat sich nicht verändert im grossen, hellen Raum. Ein Hund liegt jetzt auf dem Sofa, an der Wand hängt eine Zeichnung von Soland mit Hund. Hinter dem schwarzen Arbeitstisch stehen immer noch schwarze USM-Gestelle, im Vordergrund lädt ein grosser runder Holztisch zum Gespräch. Hinter geschlossenen Türen tauschen sich die zwei Frauen lange aus. Es geht um Führungsfragen.

«Konflikten gehe ich nicht aus dem Weg»

D as Team war Eva Herzog als Regierungsrätin wichtig. Doch die Chemie musste stimmen. Wenn es ihr nötig erschien, trennte sie sich von Kadermitarbeitenden. «Konflikten gehe ich nicht aus dem Weg», sagt Herzog. Das erfuhr auch ihre Partei. Mit viel Herzblut hatte Herzog mitgeholfen, auf nationaler Ebene die später abgelehnte Unternehmenssteuerreform III zu zimmern. Eine Reform, welche auf internationalen Druck hin Steuerprivilegien für internationale Firmen abgeschafft hätte, gleichzeitig aber neue Vergünstigungen bringen sollte, damit diese Firmen in der Schweiz bleiben. Für den Standort Basel mit Firmen wie Roche und Novartis existenziell wichtig. Doch Herzogs eigene Partei, die SP, geisselte die Reform als «Bschiss» und sprach von Milliarden-Geschenken für Grosskonzerne. Herzog hielt dem damaligen SP-Präsidenten öffentlich entgegen. «Levrat hats nicht verstanden», zitierte der Blick sie. Der SP-Mediensprecher nannte sie darauf ebenso öffentlich «Mediensprecherin von Roche und Novartis». «Das war sehr schwierig», sagt Herzog. «Der SP ging es auch darum, die bürgerliche Vormacht zu brechen. Ich ging die Frage sachlich, nicht parteipolitisch an. Ich fühlte mich angegriffen, weil ich für die Reform mitverantwortlich war.» Herzog wurde gewarnt. Lehne sie sich zu weit zum Fenster hinaus, könnte das ihre Ständeratskandidatur gefährden. «Das wäre mir egal gewesen, dafür war die Sache zu wichtig. Geld muss zuerst verdient werden», sagt sie. Sie kämpfte weiter, verlor. Erst die Nachfolgereform STAF fand schliesslich Gnade vor dem Volk.

Herzogs Niederlage lockte bei der Ständeratskandidatur jenen SP-Mann auf den Plan, mit dem sie sich vorher in der Steuerreform-Frage öffentlich am heftigsten gestritten hatte – so sehr, dass ein gemeinsames Zeitungsinterview gar nicht als solches erschien, weil beide dauernd noch korrigieren wollten: Beat Jans. Plötzlich liebäugelte der Nationalrat vorübergehend ebenfalls mit einer Kandidatur. Eva Herzog schlug in den Medien ein rauerer Wind entgegen. Als Eiskönigin wurde sie bezeichnet. Sie schreie am Telefon Leute an, kolportierten andere. Wer sachlich nichts finde, gehe auf die persönliche Ebene, konterte sie. Und kaufte sich ein neues Velo. Der Name seiner Farbe hatte es ihr in seiner Ironie angetan: Iceblue.

Herzogs Haltung gegenüber den Medien ist zwiespältig. Ein rotes Tuch ist für sie jener Lokaljournalist, der einst ein Pamphlet über sie verfasste und dabei seinen Fantasien über sexuelle Praktiken samt Drogenkonsum freien Lauf liess. Es war seine Reaktion auf ihre Weigerung, sich von ihm für ein Porträt interviewen zu lassen. «Am meisten ärgerte mich, dass er dafür sogar um das Haus meines Vaters geschlichen war», erzählt sie. «Ansonsten disqualifizierte er sich selber. In einem solchen Fall rate ich zur Gelassenheit: Das Publikum schätzt solche Stillosigkeiten nicht. Ich bekam so viel Zuspruch und Blumen wie sonst nur nach einer Wahl.» Meistens bringen ihr die Medien aber Respekt entgegen. Sie hält die Medien für wichtig. Einordnung und Fakten würden immer bedeutender in einer komplexer werdenden Welt, sagt sie, beklagt aber, dass Medienleute zunehmend zu wenig Zeit hätten für Recherche. Herzog korrigiert Artikel beim Gegenlesen aber nicht nur bei Fakten- und Kommafehlern. Sie erlaubt sich auch, Gesagtes zurückzunehmen und bei Zusammenfassungen Elemente auszutauschen, wenn sie der Meinung ist, die Journalistin oder der Journalist habe das Falsche weggelassen. Das verschafft ihr nicht gerade Sympathien. Sie weiss es. «Ich habe gelernt», sagt sie, und ihre Augen blitzen dabei, als ob sie von einem Schulmädchenstreich berichten würde. «Anfangs nahm ich die Medienanfragen noch persönlich entgegen und sagte spontan auch, wenn mich die Fragen ärgerten. Später schaltete ich den Generalsekretär dazwischen. Erst wenn ich den Dampf schon abgelassen hatte, rief ich zurück.» So spricht keine Eiskönigin. So tönt schon eher ein brodelnder Vulkan.

Sie, eine Eiskönigin? Auf diese Kritik hin kaufte sich Eva Herzog ein neues Velo. Farbe: Iceblue!

Herzogs Besprechung mit ihrer Nachfolgerin ist zu Ende. Sie plaudert noch mit ihren ehemaligen Mitarbeiterinnen. 30 Prozent Frauen hat sie auf die oberste Kaderstufe hieven können. Bei gleicher Qualifikation hatten Männer das Nachsehen. Männern bewilligte sie Teilzeitarbeit, sofern diese das wollten. Herzog spricht mit einer Juristin, das Gespräch dreht sich um die Coronakrise. «Das hätte ich gerne hier erlebt», sagt Herzog und tönt etwas wehmütig. Action, am Puls sein, entscheiden: Das liegt ihr mehr als stundenlanges Sitzen im Parlament und in Kommissionen, die sie nicht selber leitet.

Das Stück Knet, das sie als Ständerätin formen will, sucht sie in diesem Sommer 2020 noch. Sie hat ihre Rolle noch nicht gefunden. Dabei weiss sie genau: Die Erwartungen an sie als erfahrene Kompromissfinderin sind hoch. Im Ständerat knüpft sie ein Frauennetzwerk: Auf ihre Initiative hin treffen sich die zwölf Ständerätinnen einmal pro Session zu einem Abendessen. Ein Anfang.

«Freier und leichter» fühlt sich Herzog in Basel als Ständerätin und schwärmt doch vom Regieren.

Schon bald werden ihr erste kleinere Erfolge Auftrieb geben. So wird sie sich im Herbst 2020 erfolgreich dafür einsetzen, dass alle wichtigen Statistiken des Bundes nach Geschlechtern aufgeschlüsselt und bei Studien auch die Folgen für die Geschlechter untersucht werden müssen. Der Bundesrat wird sich wehren, Herzog lobbyieren, der Ständerat ihr folgen. «Yes!» wird sie der Autorin in einem Mail danach schreiben. Ihre Argumentation – zuerst Fakten und Daten, dann Politik – habe funktioniert. «Ich muss meine Freude darüber teilen!»

Eines aber weiss sie auch im Sommer schon mit Bestimmtheit: Es war richtig, sich auch als Ständerätin besonders intensiv mit Finanzthemen zu befassen. So bekam sie als Mitglied der parlamentarischen Finanzdelegation aus erster Hand mit, wie der Bundesrat die milliardenschweren Corona-Rettungspakete schnürte. «Ich fand faszinierend», sagt Herzog mit Respekt, «wie der Bundesrat und die Verwaltung in no time ein Gesamtkonzept auf den Tisch legten.»

Für den Bundesrat kandidierte Eva Herzog selber. Sie schaffte es 2010 nicht aufs offizielle Ticket der Partei. Das Parlament wählte Simonetta Sommaruga. «Im Nachhinein bin ich froh darum», sagt Herzog. «Bei dieser Aufgabe wäre ich tatsächlich nicht sicher gewesen, ob sie mit den Kindern vereinbar gewesen wäre. Aber ich kandidierte Basel zuliebe.» Unterdessen sind die Kinder erwachsen. Was wäre, wenn sich nochmals eine Gelegenheit ergeben würde?

Ständerätin Eva Herzog ist zu klug, um jetzt über solche Eventualitäten zu reden. Bundesrätin zu werden, kann man nicht planen. Zu viele Faktoren spielen eine Rolle. Wer kann schon wissen, welcher Landesteil, welches Alter, welches Geschlecht gefragt sein wird, wenn einst ein SP-Bundesratssitz frei wird?

Herzog betont lieber die neuen Freiheiten, die sie geniesst, seit sie nicht mehr in der Regierungsverantwortung steht. «Ich gehe durch die Stadt und fühle mich viel freier und leichter», sagt sie. «Weil ich nicht mehr überall mitverantwortlich bin.»

Wer sie vom Regieren schwärmen gehört hat, würde sich jedoch wundern, sollte es sie nicht reizen, einmal mehr einfach hineinzuspringen, wenn sich ihr eines Tages plötzlich eine Chance eröffnen sollte.

«Es braucht gesunden
Menschenverstand und den Willen,
Abläufe und neue Themen
kennenzulernen»

Claudia Bernet-Bättig arbeitet als
Gemeindepräsidentin, Bäuerin –
und ist Mutter von vier Kindern.

Claudia Bernet-Bättig

Gemeindepräsidentin von Ufhusen, Luzern

«Gemeindepräsidentin ist eine ideale Stelle für eine Mutter»

Homöopathische Kügelchen helfen nicht nur, wenn eines der vier Kinder fiebert oder ein Kälblein auf dem Biobauernhof schlecht trinkt. Homöopathische Kügelchen helfen auch, wenn Claudia Bernet-Bättig vor einer Gemeindeversammlung nervös ist. Auch heute hat sie sicherheitshalber noch schnell ein paar Globuli geschluckt, obwohl sie diesmal eine ruhige Versammlung erwartet und gelassener ist als sonst. Die Gemeindepräsidentin wird mit ihren vier Gemeinderatskollegen und -kolleginnen eine positive Jahresrechnung 2019 präsentieren. Aus der Versammlung können aber auch jederzeit spontane Fragen kommen. Wird jemand vielleicht kritisieren, dass das Projekt für die geschlossene «Eintracht», das letzte Restaurant der Luzerner 900-Seelen-Gemeinde Ufhusen, ins Stocken geraten ist? Die Investoren haben sich in der Coronakrise zurückgezogen. Claudia Bernet berät sich halblaut mit ihren Ratskollegen, legt ihre Papiere auf den hölzernen Leseständer auf dem Tisch ganz vorne in der Halle, verstellt die Höhe des Leseständers, wirft nochmals einen Blick auf ihre Präsentation. Dann stellt sie sich an den Eingang der Turnhalle, die vorübergehend als Gemeindesaal dient, und begrüsst die Ankommenden.

«Als ich früher Gemeindeversammlungen besuchte, dachte ich immer: Da vorne möchte ich nie stehen!» Claudia Bernet lacht. Auch heute noch hat die 54-jährige CVP-Frau vor fast jeder Gemeindeversammlung eine schlaflose Nacht oder unruhige Träume. Und grossen Respekt davor, da vorne vor allen schnell reagieren zu müssen auf etwas, was sie nicht so vertieft vorbereiten konnte, wie sie es gerne tut. Doch während ihrer sechs Jahre im Gemeinderat,

Claudia Bernet hält ihre Reden manchmal der Familie, um sicherzugehen, dass sie verständlich sind.

davon vier Jahre als Präsidentin, hat sie gelernt: Notfalls kann sie eine Frage auch einfach entgegennehmen, sie sauber abklären und das nächste Mal beantworten. Sie hat ihre eigene Stimme aufgenommen und sie sich vorgespielt, um damit vertraut zu werden und sich so anzunehmen. Noch immer geht sie ihr Manuskript vor öffentlichen Auftritten viele Male durch, präsentiert ihre Rede manchmal Mann und Kindern, um sicher zu sein, dass ihre Worte auch jene erreichen, die sich zum ersten Mal mit dem Thema befassen. Doch ausserhalb von Gemeindeversammlungen, zum Beispiel bei Dankesreden bei einem der rund dreissig Ortsvereine, lässt sie ihre Unterlagen unterdessen häufig in der Tasche. «Auftreten ist heute noch nicht meine Lieblingsbeschäftigung», sagt sie, «aber ich bin hineingewachsen. Wenn ich in meiner Kraft bin, geht es heute ringer.»

Mit Menschen umgehen, ihnen zuhören, die eigene Meinung einbringen, widersprechen, entscheiden: Das hingegen fiel Claudia Bernet-Bättig von Beginn weg leicht. Das war sie aus ihrer Zeit als selbständige Coiffeuse gewohnt. Sie führte in Luthern und Zell zwei kleine Salons mit zwei Angestellten und mehreren Aushilfen. «Ich war gewohnt, zu sagen, wie ich es gerne haben möchte», erzählt sie. «Ich vertrat meine Meinung, auch wenn Kundinnen anders dachten. Sie kamen trotzdem wieder.»

Einen der Salons führte sie auch weiter, als sie ihren heutigen Mann Hansueli Bernet kennenlernte und mit ihm im Jahr 2000 die Pacht des «Möhrenhofs» in Ufhusen übernahm. Daneben besuchte sie Kurse der Bäuerinnenschule in Gartenbau, Produktverwertung und Kräuterkunde. Sie übernahm die Buchhaltung des Pachthofes, pflegte den grossen Garten und baute mit ihrem Mann eine eigene Glaceproduktion auf – das «Möhrenhofglace». Als 2002 die erste Tochter zur Welt kam, reduzierte sie ihr Pensum als Coiffeuse. Als sich dann sehr schnell, schon 2003, ein zweites Kind ankündigte, verkaufte sie ihr Geschäft an eine Angestellte.

Als Saloninhaberin war ihr bewusst geworden, wie wichtig Politik ist. «Eine Politik, die dem Gewerbe Sorge trägt und mithilft, die Wertschöpfung im Ort zu behalten.» Weniger Gesetze, weniger Formulare, mehr Raum für pragmatische Lösungen: Das wünschte sie sich schon als Kleinunternehmerin. Doch selber Politik zu machen, wäre ihr damals nicht in den Sinn gekommen. Ihre Eltern, ein Bauarbeiter und eine Hausfrau, hatten mit ihren vier Kindern am Mittagstisch zwar über Politik diskutiert. Auch war klar, zu welchem politischen Lager die Familie gehörte: zur CVP. Eine klare Positionierung war wichtig in Willisau. In der Gemeinde gab es zwei Jodelclubs und zwei Musikvereine. In welchem man mitmusizierte, hing davon ab, ob man der CVP oder der FDP nahestand. Ein politisches Amt übte in der Familie aber niemand aus.

«In einer Gemeinschaft sind Geben und Nehmen wichtig»

Claudia Bernet rutschte über die Schulpflege in die Politik. Die CVP hatte 2006 zuerst ihren Mann als Schulpräsidenten angefragt. Doch dieser war bereits stark engagiert im Vorstand des Turnvereins und als Ringertrainer. «Wir hatten schon früher abgemacht, dass wir uns für die

Da vorne wollte Bernet eigentlich nie stehen. Nun leitet sie die Gemeindeversammlung. Foto: Cornelia Schmid

Gesellschaft engagieren, wenn wir angefragt werden», erinnert sich Claudia Bernet. So zögerte sie nicht, als die CVP sich schliesslich an sie wandte. Das dritte Kind war damals zweijährig. «In einer Gemeinschaft sind Geben und Nehmen wichtig. Ich setzte mich gerne für eine attraktive Schule vor Ort ein. Lehrkräfte und Kinder sollen ein möglichst gutes Umfeld haben.»

Acht Jahre später fand sie, sie habe ihren Dienst an der Gemeinde nun geleistet, und wollte aufhören. Doch da trat die Gemeinderätin, die mit der Schule betraut war, zurück. Niemand wollte ihre Nachfolge übernehmen. Claudia Bernet konnte die Schule, die sie mit so viel Herzblut unterstützt hatte, nicht im Stich lassen. Und so sass die Frau, die bei der Gemeindeversammlung nie vorne stehen wollte, statt in der Schulpflege plötzlich im Gemeinderat.

Die Gemeindeversammlung beginnt. 37 Stimmberechtigte sind gekommen. Ein Foto des sonnenverwöhnten Dorfes prangt auf einer Leinwand. Es folgen Zahlen und Stichworte. Präsidentin Bernet führt ruhig und zügig durch die Präsentation des Jahresberichtes und der Rechnung. Einstimmig folgt die Versammlung allen Anträgen des Gemeinderates. Die Bevölkerung steht hinter ihrer Exekutive. Im Moment.

Ufhusen kann auch anders. 2008 wählten die Stimmberechtigten auf einen Schlag drei von fünf Gemeinderäten ab. Die FDP war raus, dafür zogen drei Mitglieder der neuen überparteilichen Gruppierung «IG Zukunft Ufhusen» in die Gemeindeexekutive ein. Das war vor Claudia Bernets Zeit im Gemeinderat. Doch die Wunden, welche die abrupten Abwahlen hinterliessen, waren im Gemeindeleben noch lange spürbar. Auch 2016, als der langjährige Gemeindepräsident aufhörte und sich in Ufhusen das Problem stellte, das so viele Gemeinden kennen: Wieder riss sich niemand um das Amt. Auch Claudia Bernet nicht. Doch sie wollte verhindern, dass – wie kürzlich vorgekommen – eine Person gegen ihren Willen in den Gemeinderat gewählt wird. Schliesslich hatte sich die politische Atmosphäre in der Gemeinde unterdessen verbessert. Das wollte Claudia Bernet nicht aufs Spiel setzen. Sie stellte sich als Präsidentin zur Verfügung. Doch selbst in der eigenen Partei gab es Bedenken, sie zu nominieren. Weil ihr Mann Hansueli in der aufmüpfigen «IG Zukunft Ufhusen» engagiert war. Und weil der Biobauernhof, den das Ehepaar bewirtschaftet, der Gemeinde gehört. Würde es da nicht einen Interessenkonflikt geben?

Steckbrief

Geboren
1966

Partei
Die Mitte (im Kanton Luzern noch CVP)

Aktuelles politisches Amt
Gemeindepräsidentin von Ufhusen LU

Besonderes
Politik ist wichtig, aber andere sollen sie machen, fand Claudia Bernet früher, als sie noch einen Coiffeursalon führte. Heute gehört sie zu den schweizweit nur 16 Prozent Gemeindepräsidentinnen.

Erstes politisches Mandat
2006 als Schulpflegepräsidentin

Familie
verheiratet, vier Kinder:
Lea (* 2002), Rahel (* 2003),
Manuel (* 2004), Chiara (* 2008)

Ausbildung/Beruf
Coiffeuse, heute Biobäuerin

«Klappt es einmal nicht so, wie ich mir das vorgestellt habe, weiss ich: Es hilft mir, im Leben weiterzukommen»

Claudia Bernet wurde trotzdem aufgestellt und gewählt, doch mit deutlich weniger Stimmen als bei den Gemeinderatswahlen. Kurz darauf musste sie bereits in den Ausstand. Ein Ehepaar hatte den Antrag gestellt, den Pachtzins des «Möhrenhofes» von unabhängiger Stelle neu schätzen zu lassen. Und einen Verkauf des Hofes zu prüfen. Eine schwierige Zeit für die Familie. In anonymen Briefen wurde gemäkelt, warum der Hof ausgerechnet «denen» verpachtet werde.

Biologischer Landbau, Homöopathie, Bachblüten, Räuchern und einiges mehr: «Was in der Stadt kaum jemand besonders findet, schätzen in einem konservativen Dorf halt nicht alle», sagt Claudia Bernet. Sie malt auch. Abstrakt, den Lebensweg ihrer Grossmutter, ihrer Mutter und ihren eigenen. Über die Generationen hinweg verändern sich Formen und Linien, wirken weniger eingegrenzt, freier. Die Gemeindepräsidentin versucht, das Leben auch in der Politik gesamtheitlich zu betrachten. «Man muss die einzelnen Bedürfnisse zusammenbringen, die Voraussetzungen und Stärken kennen, die Finanzen berücksichtigen und Weitsicht zeigen», sagt sie. «Und klappt es einmal nicht so, wie ich mir das vorgestellt habe, weiss ich: Es hilft mir, im Leben weiterzukommen.»

Mit dem Möhrenhof klappte es wie erhofft. Der Pachtzins stellte sich als «gesetzlich maximal zulässig» heraus, der Vertrag wurde verlängert, ein Verkauf als nicht nachhaltig verworfen. Die Arbeit geht also weiter. Es ist viel Arbeit, zusammen mit dem Gemeindepräsidium. Das Amt entspricht offiziell einem 20-Prozent-Pensum und ist mit jährlich 23000 Franken vergleichsweise gut bezahlt. Doch als Claudia Bernet im ersten Jahr für sich aufschrieb, wie viel sie arbeitete, stellte sie fest: Im August hatte sie die Stunden eines 20-Prozent-Pensums bereits geleistet. «Theoretisch arbeiten wir im Gemeinderat strategisch», sagt sie. «Doch im Alltag weise ich natürlich keine Bürgerinnen und Bürger ab, die mit ihren Sorgen zu mir kommen.» Sie schafft Abhilfe, wenn sich jemand beklagt, die Schneeräumung blase jeweils den Schnee in die Auffahrt. Ruft während der strengsten Coronaphase Alleinstehende an, um zu klären, ob es ihnen gut geht. Harrt nachts neben der Feuerwehr aus, wenn der

Als Pächterin des gemeindeeigenen Hofes wurde die Gemeindepräsidentin auch anonym kritisiert.

Keller der dorfeigenen Alterssiedlung überflutet ist, bis sich eine spezialisierte Firma um die Kanalisation kümmern kann. Mindestens einen Tag pro Woche tauscht sie sich auf der Gemeindekanzlei mit der Gemeindeschreiberin und den Kanzleiangestellten aus, ist zwei bis drei Abende pro Woche unterwegs, leitet alle zwei Wochen die Gemeinderatssitzung und kümmert sich täglich von zu Hause aus neben den Familienaufgaben um Gemeindeangelegenheiten. «Gemeindepräsidentin ist eine ideale Stelle für eine Mutter», findet Claudia Bernet, «weil Flexibilität möglich ist. Und es macht die Kinder selbständiger.» Ist sie abwesend, ist Hansueli für die Kinder da. Das war besonders wichtig, als sie noch kleiner waren. Heute unterstützen sie einander gegenseitig bei den Hausaufgaben und kochen wenn nötig selber.

Ende 2019 war das für ein paar Wochen durchgehend so. Denn Claudia Bernet konnte nicht mehr. Sie war total erschöpft. Sie schlief nur noch wenig, ertrug kaum, die Kinder sprechen zu hören. Sie suchte einen Coach auf, nahm sich eine kurze Auszeit in einem Wellnesshotel im Schwarzwald.

«Eine starke Verwaltung ist unglaublich wichtig»

Unterdessen läuft es wieder gut», sagt sie. Sie sagt eher mal Nein, bäckt nicht mehr, hat die Glaceproduktion heruntergefahren, schaut die Gemeindemails nur noch dreimal täglich an. Und sie hat mit einer neuen Gemeindeschreiberin eine sehr effektive Unterstützung gefunden. Diese bündelt die Anliegen für die Gemeindepräsidentin, ist präsenter auf der Gemeindeverwaltung. «Eine starke Verwaltung ist unglaublich wichtig», sagt Claudia Bernet. «Denn es gibt keine Gemeindepräsidentinnen-Ausbildung. Es braucht gesunden Menschenverstand, den Willen, Abläufe und neue Themen kennenzulernen. Und eben die Unterstützung einer kompetenten Verwaltung. Wenn es harmoniert, so wie bei uns, fägt es richtig.»

Vier Frauen sind es nun auf der Gemeindeverwaltung, Claudia Bernet und die Lehrtochter eingerechnet. Angestrebt hatte sie dieses reine Frauenteam nicht. «Ich finde es wichtig, dass Frauen- und Männersichten einfliessen», sagt sie. Darum sei sie auch froh um die zwei Männer im Gemeinderat. «Während wir Frauen uns manchmal sehr ums Detail kümmern, gehen Männer die Dinge ab und zu etwas unkomplizierter an. Wir tun einander gegenseitig gut.»

Als Claudia Bernet vier Monate zuvor durch Ufhusen führt, strahlt sie Freude aus. Freude über ihr Dorf und alles, was sie zusammen mit dem Gemeinderat erreicht hat. Da, gleich neben der Schule und der Mehrzweckhalle, der neue Spielplatz! So gebaut, dass auch Kinder im Rollstuhl mitspielen könnten. Ein paar Fussminuten weiter: Die umgebaute Alterssiedlung, die zum Generationenhaus geworden ist! Ältere und Jüngere unterstützen einander hier gegenseitig, zum Beispiel beim Einkaufen oder bei der Kinderbetreuung. Noch ein paar Minuten weiter, ein Projekt der Zukunft: Der Dorfkern um das geschlossene Restaurant Eintracht. Den will die Gemeindepräsidentin weiterentwickeln. Er soll allen dienen. Dem Gewerbe, den Bürgerinnen und Bürgern. Zu diesem Zeitpunkt spricht sie noch von interessierten Investoren und einem regionalen Tourismusschwerpunkt Mammutland. «Wenn ich all das sehe», sagt sie und strahlt, «dann denke ich, hey, hier kannst du für die Gemeinschaft wirklich etwas bewirken. Und man lernt so viel bei dieser Aufgabe!» Ihren Wirkungskreis ausweiten, zum Bei-

Diesen Spielplatz gestaltete Bernet mit (l.).
Wichtigste Hilfe der Gemeindepräsidentin
ist die Gemeindeschreiberin (r.).

spiel als Kantonsrätin, möchte sie aus heutiger Sicht nicht. Bei den nächsten Wahlen wäre sie schon 57, gibt sie zu bedenken, zudem seien die Wahlchancen für Kandidierende aus so kleinen Gemeinden sehr gering. «Ich versuche lieber, meine Arbeit in unserer Gemeinde gut zu machen.»

Eine kurze Gemeindeversammlung geht zu Ende. Niemand hat sich kritisch nach der «Eintracht» erkundigt, die Erklärungen des Gemeinderates dazu haben genügt. Stattdessen bedankt sich der dienstälteste Gemeinderat öffentlich bei Claudia Bernet für ihre Arbeit als Gemeindepräsidentin. Die Versammlung applaudiert. Kurz nach dem Dorfrundgang mit der Autorin hat sie ihre Wiederwahl geschafft, diesmal mit einem sehr guten Resultat.

Der Apéro nach der Gemeindeversammlung entfällt wegen Corona. Claudia Bernet wäre gerne noch etwas geblieben, um mit den Gemeindemitgliedern anzustossen. Ihr Wort hat unterdessen Gewicht. «Das habe ich mir erarbeitet», sagt sie. «Es ist schön, gehört zu werden.»

«In der Politik geht es um den Alltag, um das Leben»

Andrea Geissbühler

Nationalrätin Bern

«Mir hilft meine Erfahrung als ehemalige Polizistin»

Ein Tandem steht am Anfang ihrer politischen Karriere. Ein Tandem, das eigentlich Andrea Geissbühlers Mutter in den Nationalrat hätte bringen sollen. Doch es kam anders. Statt Mutter Sabina Geissbühler-Strupler, die bereits im Berner Kantonsparlament für die SVP politisierte, wurde 2007 ihre Tochter, ein Politneuling, in den Nationalrat gewählt.

Andrea Geissbühler war zwar seit acht Jahren Mitglied der Jungen SVP und hatte oft mit ihrer Mutter – eine Sportlehrerin, wie auch der Vater – über Politik diskutiert. Dabei hatte sie aber auch beobachtet, wie viel Zeit diese in ihr Amt investierte. «Ich war so ausgelastet und zufrieden, ich dachte, ich beginne erst gar nicht mit Politik.» Doch dann stellte die Berner SVP erstmals eine Frauenliste auf, mit Zugpferd Ursula Haller an der Spitze, und Mutter Geissbühler kandidierte ebenfalls. Sie fragte ihre Tochter, ob sie sich als Listenfüllerin zur Verfügung stellen würde. Um der Mutter zu helfen, sagte Andrea Geissbühler zu, und sie begleitete sie per Tandem auch auf ihrer Wahlkampftournee.

Die aktuelle Themenlage kam der SVP entgegen: Die Ausschaffungsinitiative und gewalttätige Ausschreitungen prägten die Diskussionen national und kantonal. Andrea Geissbühler war als Berner Polizistin mittendrin. Doch eine Wahl hielt sie für so unmöglich, dass sie sich am Wahlsonntag schlafen legte, noch bevor die letzten Resultate verkündet waren. Eine halbe Stunde vor Mitternacht riss das Klingeln des Telefons sie aus dem Schlaf: Ihre Polizeikollegen wollten ihr zur Wahl gratulieren. Nicht Mutter Sabina, sondern ihre 31-jährige Tochter Andrea Geissbühler hatte für die SVP-Frauen einen zweiten Sitz im Nationalrat erobert! Andrea erschien dies so unmöglich, dass sie die Gratulationen der Kollegen zuerst zurückwies. Als diese sie schliesslich überzeugen konnten, fuhr sie sofort aufs Revier. Feiern. Am nächsten Tag posierte sie in der Polizeiwache strahlend für die Fotografen.

Die Uniform hat sie unterdessen an den Nagel gehängt. Der Grund dafür ist im November 2019 beim Besuch im Reihenhaus am Waldrand von Bäriswil gerade in der Schule: Tochter Zoe. Die jüngste Tochter, Lea, hält Mittagsschlaf, und der mittlere, Joel, sitzt neben seiner Mutter am Esszimmertisch. Andrea Geissbühler wünschte sich schon immer möglichst viele Kinder und wollte sich auch selbst um sie kümmern. «Die Reaktionen auf meinen Entscheid, den Polizeiberuf aufzugeben, sagen viel über unsere Gesellschaft aus. Ihr wurde jahrelang eingebläut, die Aufgabe als Mutter sei nichts wert», sagt sie empört. «Der Kommentar vieler war: ‹Aha, dann arbeiten Sie also nicht mehr.› Dabei wäre die Arbeit für Familie und Kinder bereits ein 24-Stunden-Beruf. Geschweige denn, wenn man daneben noch ein Nationalratsmandat hat!» Oft wurde sie auch gefragt, warum sie statt des Berufs nicht die Politik aufgebe – so wie die frühere St. Galler SVP-Nationalrätin Jasmin Hutter. Doch die unregelmässigen Arbeitszeiten im Aussendienst der Polizei hielt Geissbühler für weniger familienverträglich als die planbaren Einsätze einer Nationalrätin.

«Ich mache das aber nur so, weil ich als Bernerin recht nahe beim Bundeshaus wohne», sagt Geissbühler. Während der Session fährt sie abends immer heim, und auch die Wochenenden gehören dann der Familie – mit Ausnahme der Wahlkampfzeit. Nach der Geburt der drei Kinder kam sie jeweils eine Session lang – «man sollte den Mutterschaftsurlaub auch als Parlamentarierin nutzen» – nur für die Schlussabstimmungen ins Parlament. Danach ging sie fürs Stillen über Mittag oft heim oder pumpte im Damen-WC Milch ab. «Es war mir zwar etwas peinlich, die Toilette so lange zu besetzen.» Das offizielle Stillzimmer für Parlamentarierinnen gab es damals noch nicht.

Andrea Geissbühler ist durchorganisiert. Ihre Agenda hat heute die halbe Familie im Griff. Auf drei Monate hinaus erstellt Geissbühler einen Plan mit ihren Einsätzen. Fragt zuerst ihre Eltern um Unterstützung, und wenn diese nicht können, springt ihr Mann, ein selbständiger Maler, ein. Er plant seine Baustellen um Kommissionssitzungen und Sessionen herum. Auch ihren Nachnamen hat er angenommen. «Einige finden das erstaunlich fort-

Geringschätzung der Arbeit als Mutter ärgert sie: Nationalrätin Geissbühler mit ihren Kindern.

schrittlich für eine SVP-Familie», kommentiert Geissbühler ungefragt. «Aber das ist doch nicht parteiabhängig. Jede Familie soll selbst entscheiden, wie sie sich organisieren will. Aber dann bitte auch nicht zum Staat rennen und Unterstützung erwarten!» Sie ärgert sich über jene, die einen langen Elternurlaub fordern, die Kinder danach aber möglichst schnell in eine Kindertagesstätte geben wollen. «Diese Frauenrechtlerinnen schiessen jenen Frauen in den Rücken, die einen guten Job haben, sich dann aber eine Zeit lang der Familie widmen und erst später wieder in den Beruf einsteigen wollen.» Dabei gehe oft auch das Wohl der Kinder vergessen, findet Geissbühler. Für diese sei es am besten, mindestens während der ersten Jahre von ihren Eltern betreut zu werden, sofern diese dazu imstande seien. Darum erwartet Geissbühler, wenn schon, steuerliche Vorteile für Familien, die ihre Kinder selbst betreuen – so wie sie es mit ihrer Partei auch mit einer Volksinitiative vergeblich forderte.

Joel wird unruhig. Er will der Besucherin die Kaninchen zeigen, die in einem Stall neben dem Wintergarten hausen und bei schönem Wetter auf einem schmalen, langen Wiesenstreifen Auslauf haben. Andrea Geissbühler folgt ihrem Sohn durch die Stube, wo ihr Laptop zugeklappt an einer Kommode lehnt. Jederzeit griffbereit, falls sich die Kinder mal selbst beschäftigen und Andrea Geissbühler dadurch schnell etwas recherchieren oder schreiben kann. Im noch unbenutzten Schwedenofen stapeln sich die Unterlagen für die nächste Session. Ihre Geschäfte und Voten bereitet sie genau und schriftlich vor. Meistens am Wochenende oder abends, wenn ihr Mann zu Hause ist. «Zum Glück war ich schon immer effizient», sagt Geissbühler. «Ich hatte ja auch fast immer mehrere Jobs gleichzeitig.»

Bäuerliche Haushaltungsschule, Pferdepflegerin, Jugend-und-Sport-Leiterin, heilpädagogische Reitlehrerin, Kindergärtnerin, Spitex-Aushilfe, Wasserspringtrainerin und schliesslich Polizistin: Geissbühler ist nicht nur breit interessiert, sondern suchte auch immer neue Wege, wenn einer versperrt war. Wie nach der Ausbildung zur Kindergärtnerin, als sie trotz mehr als hundert Bewerbungen mehrere Jahre keine feste Stelle fand. Sie war sich nicht zu schade, bei der Spitex auszuhelfen oder zu einem nicht kostendeckenden Preis mit ihren drei Pferden heilpädagogisches Therapiereiten anzubieten. «Mein beruflicher Rucksack und meine vielfältigen Erfahrungen helfen mir in der Politik sehr», sagt Andrea Geissbühler. «Schliesslich geht es in der Politik um den Alltag, um das Leben.»

Aus ihrer persönlichen Erfahrung leitet sie ziemlich direkt auch einen grossen Teil ihrer Politik ab: Sie erwartet auch von anderen, notfalls mit wenig Geld auszukommen und Stellen unter dem eigenen Ausbildungsniveau zu akzeptieren. Gegenüber kriminellen Ausländern, über die sie sich als Polizistin oft ärgerte, fordert sie eine harte Gangart. Und wie schon ihre Mutter als Präsidentin der Schweizerischen Vereinigung Eltern ohne Drogen verfolgt auch sie eine restriktive Drogenpolitik. Ihr grösster politischer Triumph war, als sie, frisch in den Nationalrat gewählt, als Präsidentin des Dachverbandes Drogenabstinenz Schweiz angefragt wurde. Und dann gleich erfolgreich die Volksinitiative für eine Legalisierung des Cannabiskonsums bekämpfte. Auch ihre Praxiserfahrung als Polizistin hatte sie im Abstimmungskampf in den Medien zur gefragten Person werden lassen.

> «Frauen können alles erreichen, wenn sie wollen. Aber wollen müssen sie schon selber»

N ach ihrer überraschenden Wahl hätte sie von einem so schnellen Erfolg kaum zu träumen gewagt. «Ich hatte etwas Respekt davor, als junge Frau unter so vielen älteren SVP-Männern zu politisieren. Und war dann erstaunt, dass ich schon in der ersten Session ans Rednerpult durfte und niemand vorher wissen wollte, was ich dort sagen werde.» Sie fühlte sich schnell gut aufgenommen. Die direkte Art der Männer, sagt sie, liege ihr – vielleicht weil sie mit drei Brüdern aufgewachsen sei und auch in der Polizei von Männern umgeben war.

Dennoch wünscht sie sich, mehr Frauen würden ihre Erfahrungen in die Politik einbringen. Sind die Kinder noch klein, hält sie ein politisches Amt nur für ratsam, wenn die Wege – wie bei ihr selber – nicht allzu lang sind. Ansonsten sollten Mütter in die Politik einsteigen, wenn die Kinder schon ein bisschen selbständiger seien, findet Geissbühler. Sie würde gern mit mehr «mütterlichen Frauen» politisieren. Nicht nur mit «Alphatieren, die in der Politik bei Männern und Frauen verbreitet sind». Denn Vielfalt findet die Bernerin grundsätzlich erstrebenswert: punkto Alter, Berufshintergrund und Geschlecht. «Frauen bringen eher soziale Aspekte ein», findet sie. Als sozial empfindet sie dabei auch eigene Forderungen wie jene, Ausländerinnen und Ausländern, besonders aus dem Flüchtlings- und Asylbereich, weniger

Geboren
1976

Partei
SVP

Aktuelles politisches Amt
Nationalrätin BE

Besonderes
Wurde ohne Politerfahrung überraschend in den Nationalrat gewählt. Bekam im Amt drei Kinder, gab den Beruf mit der Mutterschaft auf.

Erstes politisches Mandat
2007 als Nationalrätin

Familie
verheiratet, drei Kinder: Zoe (* 2012), Joel (* 2015), Lea (* 2017)

Ausbildung
Kindergärtnerin, Polizistin

Sie zeigt sich der Wählerschaft auch privat: Andrea Geissbühler daheim (l.) und mit den Kindern im Wald.

Sozialhilfe auszurichten als Schweizerinnen und Schweizern. «Unseren Sozialwerken droht der Kollaps. Dagegen nichts zu machen, das wäre unsozial gegenüber künftigen Generationen! Es geht mir bei politischen Entscheiden vor allem um die Zukunft unserer Kinder.»

Eine Frauenquote oder sonstige Förderungsmassnahmen lehnt Geissbühler ab. Sie setzt auf einen natürlichen Prozess. Selbst in der SVP, welche traditionell den kleinsten Frauenanteil aufweist, wächst die Zahl der Politikerinnen. «Frauen können alles erreichen, wenn sie wollen. Aber wollen müssen sie schon selber. Dann werden sie auch gewählt.» Darum unterstützte Andrea Geissbühler 2015 als einzige SVP-Nationalrätin die Aktion «Frauen wählen Frauen» – weil «wir Frauen es selber in der Hand haben, Frauen zu wählen – schliesslich sind wir in der Mehrheit».

Ein paar Wochen später im Bundeshaus, im ehrwürdigen Restaurant «Galerie des Alpes». Andrea Geissbühler sitzt vor einem Glas Mineralwasser und hat gut eine Stunde Zeit zum ungestörten Reden. Danach will sie ins Vorzimmer des Nationalrates wechseln. Um ja keine Abstimmung zu verpassen. Sie nimmt ihre Aufgabe sehr ernst. Und stört sich daran, wenn andere dies in ihren Augen zu wenig tun. Oder zu viel dafür kassieren wollen.

Mit einem politischen Vorstoss wollte sie darum zum Beispiel die 180 Franken Übernachtungsentschädigung für Parlamentsmitglieder streichen, wenn diese gar nicht auswärts übernachtet haben. Oder die Essenspauschale von 115 Franken pro Tag auf 60 kürzen, wenn die Sitzung nur einen halben Tag dauert. Doch da bekam sie den Zorn ihrer Kollegen zu spüren – auch in den eigenen Reihen. Einige Vertreter ihrer Partei, welche die sogenannte Classe politique samt ihren Privilegien sonst so gerne kritisieren, beschieden der jungen Kollegin, sie solle gefälligst ruhig sein. Es gehe schliesslich nicht um grosse Summen. «Das löschte mir ab, stürzte mich in eine politische Sinnkrise», erzählt Geissbühler. Besonders zynisch kam ihr dabei das Verhalten einzelner Kollegen vor, die sie zuerst kritisierten, dann aber, als eine Annahme ihres Vorstosses ausser Reichweite war, ihn doch noch unterstützten. Für die Galerie sozusagen. «Ich fragte mich, ob ich da noch am richtigen Ort bin, unter so vielen abgehobenen, eingebildeten Politikern. Es ging mir nicht ums Sparen, sondern um Gerechtigkeit! Wir dürfen doch das Vertrauen unserer Wählerinnen und Wähler nicht verspielen.»

«Ich sage, was ich denke, egal wer zuhört»

Diese Art von Kritik aus den eigenen Reihen macht Geissbühler deutlich mehr zu schaffen als andere Formen von Kritik oder Aggression. Sie scheut sich nicht, ihre Meinung im Klartext kundzutun, auch wenn sie damit rechnen muss, einen Sturm der Entrüstung auszulösen – auch unter Frauen. So wie 2017, als sie öffentlich sagte, es gebe Frauen, die sich mit naivem Verhalten mitschuldig machten an Vergewaltigungen. In Mails wurde ihr gewünscht, sie oder ihre Kinder sollten vergewaltigt werden, dann würde sie anders reden. «Das Wort Mitschuld war ein Fehler», sagt Geissbühler heute. «Meine Botschaft wäre gewesen, dass Frauen eher vorsichtig sein sollten, bevor sie mit Unbekannten mitgehen. Ein Nein muss aber ein Mann auf jeden Fall akzeptieren, sonst gehört er unbedingt verurteilt.» Viele hätten diese Botschaft durchaus verstanden und ihr dazu gratuliert. Sie ist zufrieden damit, eine Diskussion ausgelöst zu haben. «Ich sage, was ich denke, egal wer zuhört. Da muss ich auch die Reaktion darauf aushalten.» Bekommt sie Briefe oder Mails mit Kritik oder Lob, antwortet sie immer. Jedenfalls ein erstes Mal.

Wie viele Politikerinnen ist aber auch sie mit Aggressionen konfrontiert, die nichts mit ihren politischen Äusserungen zu tun haben. So bekam sie Penis-Fotos per Post und Nacktaufnahmen per Mail. «Das passiert Frauen in der Politik wohl schon häufiger als Männern.» Sie schaltete die Polizei ein. Zwei schriftliche Morddrohungen beunruhigten vor allem ihren Mann. Sie erklärte ihm dann, wenn einer schreibe, er werde sie finden, könne er nicht so intelligent sein – ihre Adresse finde man ja mit wenigen Klicks im Internet heraus. «Da hilft mir wohl meine Erfahrung als ehemalige Polizistin.» Während ihr Mann die mediale Öffentlichkeit meist scheut, will sie den Rat ihrer ehemaligen SVP-Nationalratskollegin und heutigen Zürcher Gesundheitsdirektorin Natalie Rickli nicht befolgen, auf private Bilder oder Posts ihrer Kinder gänzlich zu verzichten. «Wenn das nicht mehr möglich ist, leben wir in einer kalten Welt. Die Leute haben ein Anrecht darauf, zu wissen, wen sie wählen.» Sehr aktiv ist Geissbühler auf Social Media aber nicht. Ein bisschen Facebook, viel mehr macht sie nicht. Sie bevorzugt den direkten Kontakt. «Ich nehme praktisch alle Anfragen für Vorträge und Auftritte an», sagt sie. «Dafür setze ich nur wenig Geld ein für klassischen Wahlkampf.» Am liebsten sind ihr die Begegnungen nach ihren Auftritten. «Da fühle ich mich wie ein Fisch im Wasser.»

Für diese Leute, mit denen sie so gern redet, hinstehen und sich für ihre Sicht der Welt einsetzen, das gefällt Andrea Geissbühler so sehr, dass sie trotz Sinnkrise 2019 ein viertes Mal kandidierte. Hinter den Kulissen fährt sie zwar immer noch im Tandem mit ihrer Mutter: Diese hatte die Enttäuschung über ihre eigene Nichtwahl schnell überwunden und sich für die Tochter gefreut, seither brüten die beiden regelmässig gemeinsam über politischen Ideen. Was kantonal ist, bringt die Mutter ein, was national, die Tochter. Gewählt wird Andrea Geissbühler aber längst ohne Hilfe der Mutter. Ihre Anhängerschaft spürt, dass sie unterdessen mit Leidenschaft Politik machen will. «Als Politikerin hat man die Chance, dort zu sein, wo man etwas verändern und Probleme lösen kann», sagt sie. «Ich will meinen Kindern eine Schweiz hinterlassen, die lebenswert und schön ist. In der Politik kann man aber nicht nur Veränderungen anstossen, sondern sich auch dafür einsetzen, dass Werte und Traditionen, die unser Land stark gemacht haben, erhalten bleiben. Das ist manchmal genauso wichtig.»

Trotz Sinnkrise liess sich Geissbühler ein viertes Mal wählen (l.). Auch ihren Kindern zuliebe.

«Ich mag Menschen. Aus dem
sozialen Leben schöpfe ich Kraft»

Johanna Gapany als kleines Mädchen
auf dem Bauernhof der Familie (l.).
Am Tag ihrer Hochzeit (r.).
Beim Wandern in den Bergen.

Johanna Gapany

Ständerätin Freiburg

«Eine Mutter, die sich in der Politik engagiert, ist noch lange keine Rabenmutter»

Die kleine Johanna Gapany träumte nicht von einer Hochzeit. Sie wollte sich nicht abhängig von einem Mann fühlen, in den eigenen Entscheidungen frei bleiben, innerhalb und ausserhalb des Hauses. Ihre Kindheit auf dem Bauernhof der Familie war glücklich. Ganze Nachmittage, an denen sie mit ihren Geschwistern auf den Wiesen ihrer Heimat, dem Greyerzerland, stundenlang zwischen den Kühen spielte. Eine Kindheit an der frischen Luft, mit Tieren und ohne Fernsehen. «Es ist ein grosses Glück, wenn man so aufwachsen darf. Meine Eltern bewirtschafteten den Bauernhof, sie waren also immer zu Hause. Für sie gab es keine Wochenenden, fast keine Ferien, aber als Kind war mir das nicht bewusst. Ich war immer bei meiner Familie, es war fantastisch.» In den guten Jahren stiegen alle in den dunkelroten Familienkombi und fuhren für eine Woche in die Ferien, ans Mittelmeer. Richtung Aigues-Mortes: Wellen, Glace, warmer Sand. In ihren Augen spiegelt sich die Nostalgie: «Das sind meine schönsten Kindheitserinnerungen.» Von ihren Wurzeln erzählt sie auf einem Spaziergang im Wald von Bouleyres, ganz in der Nähe des Bauernhofs, den ihr Vater aufgeben musste, als sie sechzehn Jahre alt war. Eine komplizierte Erbschaftsgeschichte, wie sie in bäuerlichen Familien häufig ist.

An diesem Tag bläst die Bise aus einem grau verhangenen Himmel, aber Johanna Gapanys Lächeln und ihre Augen funkeln – wie immer. Der beige Mantel, die karierte Bluse und die kleinen Perlenohrringe weisen deutlich auf ihre Partei hin: Johanna Gapany, seit 2019 die jüngste Ständerätin im

Bei der Vereidigung der neuen Ständeratsmitglieder. Johanna Gapany ist die jüngste gewählte Ständerätin.

Amt, vertritt die FDP. Nicht die FDP der Zürcher Bahnhofstrasse, nein, eine ländliche FDP, wie sie im Greyerzerland seit Jahrzehnten an der Macht ist. Ihr Grossvater sass für die FDP im Gemeinderat, genau wie ihr Vater. Ihre Herkunft aus bescheidenen Verhältnissen und die politische Tradition ihrer Familie haben die junge Frau geprägt: «Ich weiss, dass jede Art von Arbeit ihren Wert hat, und ich schätze die Einfachheit des Lebens.» Das Schlüsselwort liegt nahe: Einfachheit. Denn Johanna Gapany ist in erster Linie eine einfache junge Frau – und das ist nicht etwa negativ gemeint. In der Politik ist diese Eigenschaft so selten, dass sie schon fast beunruhigend wirkt: keine grossen Theorien, wenig Zweifel und eine äusserst pragmatische Herangehensweise an Themen. «Ich bin nicht sehr akademisch veranlagt, aber dafür sehr praxisorientiert», sagt sie lachend. Ihr Studium als Betriebsökonomin absolvierte sie in Abendkursen an der

Fachhochschule in Freiburg, während sie als kaufmännische Angestellte in einem KMU in der Baubranche arbeitete – und damals schon politisch aktiv war.

Bereits als Teenager trat sie den Freiburger Jungfreisinnigen bei. Die Freude am Engagement liegt in der Familie: «Meine Mutter war Mitglied im Pfarrgemeinderat, mein Vater war Gemeinderatsmitglied und sehr aktiv in den örtlichen Vereinen» – soziale Kontakte sind ihr ein Bedürfnis. «Ich mag Menschen. Aus dem sozialen Leben schöpfe ich Kraft.» Schon bald steht sie auf dem Wahlzettel für die Legislative der Gemeinde Bulle. Als Nachrückerin sitzt sie mit 24 Jahren im Generalrat, da eine Parteikollegin zurücktritt. Dann geht alles sehr schnell: Mit 27 wird sie vom Volk in den Grossen Rat des Kantons Freiburg gewählt und ausserdem in die Exekutive der 24 000 Einwohner zählenden Stadt Bulle. Mit der Wahl in die Exekutive hat sie selbst nicht gerechnet. Als Leiterin des Bereichs Sport und Raumplanung zeigt sie bei den lokalen Projekten des Gemeinderats, was sie kann: bei der Renovation des Schwimmbads oder der Entwicklung der Pärke im Stadtzentrum. Gleichzeitig macht sie in der FDP Karriere: Vizepräsidentin der Freiburger Sektion, Wahlkampfleiterin für die eidgenössischen Wahlen 2015. Zweifellos ist Johanna Gapany eines der vielversprechendsten Mitglieder ihrer Partei.

Aber dass sie es schon 2019 in den Ständerat schaffen würde, daran glaubt niemand. Die Medien schenken ihrer Kandidatur wenig Beachtung und sprechen von «hauchdünnen Chancen» oder gleich von einer «Mission impossible». Objektiv betrachtet scheint der Kampf von vornherein verloren: Sie steht zwei Amtsinhabern gegenüber, dem damaligen SP-Präsidenten Christian Levrat und dem Kandidaten der CVP (heute Die Mitte) Beat Vonlanthen, der ebenfalls lange der Kantonsregierung angehört hat. Zwei Schwergewichte der Freiburger Politik, Vertreter von Parteien, die im Kanton eine wesentlich wichtigere Rolle spielen und die gemeinsam in den Wahlkampf ziehen. Aber … eine Johanna Gapany gibt sich nicht von vornherein geschlagen. «Meine Wahlkämpfe betreibe ich immer mit 200 Prozent Einsatz. Es war nicht mein Ziel, gewählt zu werden, ich wollte den dritten Platz, um meine Glaubwürdigkeit für weitere Wahlen zu erhöhen.» Da sie die Medien als Leichtgewicht behandeln, setzt sie auf die sozialen Netzwerke, auf Wildplakate, und zudem ist sie überall vor Ort präsent.

«Meine Gegner versuchten mich so darzustellen, als würde ich mich nicht für Frauen einsetzen, nur weil ich die klassischen Frauenförderungsmassnahmen der Linken nicht mittrage»

ie erste Herausforderung besteht darin, den Wählerinnen und Wählern verständlich zu machen, dass sie für das Stöckli kandidiert. «Der Ständerat – in den Augen der Leute sind das etablierte Persönlichkeiten wie Christian Levrat und Beat Vonlanthen. Freiburg hatte noch nie eine Frau ins Stöckli geschickt. Am Anfang haben die Leute einfach nicht verstanden, wofür ich kandidiere!» Um ihre Glaubwürdigkeit zu unterstreichen, arbeitet sie ein Wahlprogramm aus: Sie will die Kaufkraft sichern, die Gesundheitskosten stabilisieren, für Qualität bei den Verkehrs- und Energieinfrastrukturen sorgen. In jeder Frage zieht sie Fachleute bei, um ihre Argumente auf den Punkt zu bringen, und sie arbeitet hart an ihren Deutschkenntnissen, um auch die deutschsprachigen Freiburgerinnen und Freiburger für sich einzunehmen. Ironischerweise kommt ihr in diesem Jahr des Frauenstreiks die Geschlechterfrage immer wieder in die Quere: «Meine Gegner versuchten mich so darzustellen, als würde ich mich nicht für Frauen einsetzen, nur weil ich die klassischen Frauenförderungsmassnahmen der Linken nicht mittrage. Geschlechterquoten, zum Beispiel, benachteiligen immer eines der Geschlechter. Das kann ich nicht unterstützen. Ich musste die Leute daran erinnern, dass Frauen auch das Recht haben, rechte Politik zu betreiben. Ausserdem ist die Nähe zur Wirtschaft ein Vorteil, um bei den Arbeitgebern die Gleichstellung zu fördern. Glücklicherweise wollten mich die Wählerinnen und Wähler nicht auf diese Frage festnageln, wie ich glaube. Manchmal haben die Leute wesentlich konkretere und weniger ideologische Sorgen, etwa, wie viele Züge pro Stunde an ihrem Haus vorbeifahren sollen. Ich habe versucht, ihre Fragen zu beantworten.»

Die ehrwürdige Schweizerische Depeschenagentur hatte eine Wahl ohne grosse «Spannungsmomente» vorausgesagt. Doch es kommt anders: Am Sonntag, dem 10. November 2019, herrscht im Café de la Promenade in

Bulle eine so angespannte Stimmung wie in einem Hitchcock-Film ... Christian Levrat führt das Rennen an, Johanna Gapany liegt Kopf an Kopf mit Beat Vonlanthen. Die ersten Ergebnisse lassen auf sich warten: Die Pannen häufen sich in der Staatskanzlei, konkrete Zahlen gibt es nicht. Für die Niederlage hat sie die Rede bereits griffbereit in der Tasche, nicht aber für den Sieg.

Und dann, um 21.30 Uhr, steht das Ergebnis fest: gewählt, mit einem Vorsprung von 138 Stimmen. «Es war eindrücklich und zugleich bizarr. Bis zum Schluss habe ich mir verboten, an einen solchen Ausgang zu glauben.» Ihre Parteigänger strömen aus dem ganzen Kanton herbei, um ihr zu gratulieren. Das Lieblingskind des Greyerzerlandes hat das Unglaubliche vollbracht und die Geschichte Freiburgs um ein Kapitel bereichert. Mit 31 Jahren zieht Johanna Gapany als erste Frau für den Kanton in den Ständerat ein und verdrängt die CVP aus der kleinen Kammer, ein absolutes Novum. Das Einzige, was die allgemeine Hochstimmung an diesem Tag trübt: Ihr Vater kann ihren Erfolg nicht miterleben. Er ist zwei Jahre zuvor im Alter von 56 Jahren verstorben. «Wenn jemand so plötzlich nicht mehr da ist, verändert sich dein Leben. Auch am Wahltag denkst du an ihn. Du fragst dich, wie es wohl gewesen wäre, wenn er hätte dabei sein können.»

Aber Johanna Gapany liegt das Lachen näher als das Weinen. Daher wird sich die Schweiz an ihr strahlendes Lächeln vom 10. November 2019 erinnern. Sie verkörpert ganz und gar die lila Welle, die 2019 das Parlament erfasst – zum Missfallen aller, die sich in Frauenanliegen von ihr schlecht unterstützt sahen. Für andere hat sie ihren Erfolg lediglich dem Sog dieser Welle

Steckbrief

Geboren
1988

Partei
FDP

Aktuelles politisches Amt
Ständerätin FR

Besonderes
Wurde als erste Frau aus dem Kanton Freiburg in den Ständerat gewählt.

Erstes politisches Mandat
2012 als Generalrätin (Legislative) der Stadt Bulle

Familie
verheiratet, eine Tochter

Ausbildung
Betriebsökonomin FH

zu verdanken. «Ein Journalist hat mich gefragt, ob ich wegen meines hübschen Aussehens gewählt worden sei. Voll daneben, Männern stellt man solche Fragen nicht. Der Kinderwunsch wird auch immer wieder thematisiert. Dabei schwingt immer die Frage mit, wieso ich mich auf ein solches Amt einlasse, wenn ich doch eines Tages Kinder haben und mich um sie kümmern könnte.» Für sie kamen diese Fragen völlig überraschend: In ihrer ganzen Einfachheit hätte sie nie gedacht, dass Frausein ein Hindernis sein könnte. Im Gegenteil: Sie hat den Ehrgeiz, alles unter einen Hut zu bringen: Arbeit, Politik, Familienleben.

Olivier, der Mann an ihrer Seite, unterstützt sie während der gesamten Kampagne. Ohne ihn hätte sie sich mit Sicherheit nicht auf den Wahlkampf eingelassen. «Im Leben einer Politikerin ist es ein bisschen ähnlich wie im Leben eines Bauern: Es braucht ein Gegenüber, das alles mitträgt, was eine solche Aufgabe mit sich bringt.» Um Zeit mit ihr zu verbringen, begleitet Olivier sie zu Apéros und anderen Veranstaltungen, wie sie bei Volksvertreterinnen dazugehören. Damit werden diese Verpflichtungen zum Vergnügen: «Ich habe ein Riesenglück: Er ist auch gerne unter Leuten, er unterhält sich gerne mit ihnen, er ist sehr offen. Wenn ich alleine auf eine politische Abendveranstaltung gehe, ist das wie eine Arbeitssitzung. Wenn ich mit ihm hingehe, ist das Vergnügen viel grösser, wir verbringen Zeit miteinander. Es verhindert auch Spannungen in unserer Partnerschaft, weil er so die Leute kennenlernt, mit denen ich zusammen bin.» Sie sorgt dafür, dass ihr Privatleben und ihr Leben in der Öffentlichkeit nahtlos aneinander anschliessen. So hat sie es von ihrem Vater gelernt: Als Politiker nahm er sie mit zu seinen Besuchen an den Dorffesten, im Turn- oder im Musikverein.

In der Paarbeziehung dürften sich die Gleichgewichtsverhältnisse jedoch bald verschieben: Als dieser Text entsteht, ist Johanna Gapany mit ihrem ersten Kind schwanger. Für die Medien ein gefundenes Fressen: Ihre Wahl ist noch kein Jahr her ... Im überwiegend männlich besetzten Ständerat mit seinem Durchschnittsalter von 55 Jahren sind Schwangerschaften natürlich auch nicht an der Tagesordnung. Einmal mehr wundert sich Johanna Gapany über das Interesse der Öffentlichkeit: «Zuerst dachte ich, dies sei nicht wirklich nachrichtenwürdig. Ich habe nicht den Eindruck, dass ich mehr leiste als andere Frauen, die Beruf und Mutterschaft vereinbaren.» Manche ihrer Ansätze und Lösungen decken sich mit denen anderer werdender Familien: Suche nach einem Krippenplatz, Neugestaltung des Lebensrhythmus («Er und ich bleiben beide je einen Tag pro Woche zu Hause und kümmern uns um das Baby»), Geburtsplanung.

Andere unterscheiden sich erheblich: Wenn das Baby termingerecht Ende Dezember zur Welt kommt, wird Johanna Gapany nur ganze zwei Monate Mutterschaftsurlaub nehmen. Anschliessend bezieht der Vater des Babys sein gesamtes Ferienguthaben, um sie zu entlasten, sodass sie an der Frühjahrssession teilnehmen und ihrem Amt gerecht werden kann. «Heute wollen sich die Eltern die Fürsorge und Erziehung ihrer Kinder teilen. Mit dem Mutterschaftsurlaub ist ein sehr traditionelles Familienbild festgeschrieben worden. Es geht nicht an, dass der Staat dieses Modell noch länger fördert. Der Weg muss in Richtung Elternzeit gehen.» Es geht darum, eine bestimmte Auffassung des Frauseins hinter sich zu lassen, welche die Frauen zur unzumutbaren Wahl zwischen Kind und Karriere zwingt: «Worte und Sonntagsreden bringen nichts. Es gilt, mit gutem Beispiel voranzugehen und zu zeigen, dass arbeitende oder politisch aktive Mütter keine Rabenmütter sind. Wenn frau es den Leuten vorlebt, sehen sie, dass es möglich ist.»

«In den gewichtigen Kommissionen kann ich Fortschritte bewirken»

Im Privatleben geht somit alles seinen Weg. Aber auch noch die berufliche Karriere mit dem Privatleben und der Politik zu vereinbaren, ist alles andere als einfach. Kaum ins Stöckli gewählt, gibt Johanna Gapany ihre 60-Prozent-Stelle als Projektleiterin und Verantwortliche für die Kommunikation im Brustzentrum eines Freiburger Spitals auf, um sich auf ihre Aufgaben im Ständerat zu konzentrieren. Gewählt zu sein, ist schön und gut, aber Johanna Gapany will die Zeit und die Mittel haben, um sich politisch Gehör zu verschaffen. «Alle Neugewählten stellen sich die gleiche Frage: ‹Für welches Thema will ich mich einsetzen?› Bei so vielen laufenden Projekten ist fast alles schon besetzt. Es ist gar nicht so einfach, wenn man nicht bereits erfolgte Schritte wiederholen und stattdessen Fortschritte erzielen will. Ich persönlich sehe die Individualbesteuerung als wichtigen Grundsatz für die Gleichstellung an, aber die Diskussionen zu diesem Thema drehen sich seit Jahren im Kreis.»

Hinter den Kulissen setzt sie also zu einer neuen Schlacht an, obwohl sie diese theoretisch nicht gewinnen kann. Die Arbeit des Parlaments besteht darin, dass die Politikerinnen und Politiker sich in kleinen Gruppen in einer Kommission mit bestimmten Themen befassen: Kommissionen für Wirtschaft und Abgaben, Kommissionen für soziale Sicherheit und Gesundheit, sicherheitspolitische Kommissionen usw. Die Parteien haben Anspruch auf eine begrenzte Anzahl von Sitzen in den einzelnen Kommissionen und gestalten in diesen kleinen Einflusskreisen die von der Bundesversammlung zu verabschiedenden Gesetze. Zwangsläufig konkurrieren die Volksvertreterinnen und Volksvertreter um den Einsitz in denjenigen Kommissionen, die sich mit den gewichtigsten Themen befassen. Alteingesessene kommen in der Regel zuerst zum Zug, während die Neugewählten sich zumeist mit geringfügigeren Kommissionen begnügen müssen. Für Johanna Gapany wird durch dieses Vorgehen «der Parteinachwuchs nicht gefördert».

Zwei der Kommissionen, in die sie nachgerückt ist, bieten ihr nur wenig Einflussmöglichkeiten. Um dies zu ändern, verhandelt sie mit Rückendeckung des FDP-Fraktionspräsidenten über potenzielle Rochaden. Ihr gegenüber: Parteimitglieder, die bereits für Posten von höherer strategischer Bedeutung bestimmt sind. Sie verhandelt mit Erfolg: Sie wird Vizepräsidentin der Finanzkommission und erhält Einsitz in der Kommission für soziale Sicherheit und Gesundheit. Einmal mehr hat sie sich nicht von vornherein geschlagen gegeben. «Meine Kolleginnen und Kollegen zu überzeugen, war nicht ganz einfach, aber es stand etwas Grundlegendes auf dem Spiel: In den gewichtigen Kommissionen kann ich Fortschritte bewirken.» Jetzt ist sie gut aufgestellt, um sich in Bern Gehör zu verschaffen. Schliesslich lautet die Grundregel der Politik: Wer sich durchsetzen will, muss das Wort führen. Im Wahlkampf, aber auch unter der Kuppel des Bundeshauses und in den Sitzungszimmern der Kommissionen. Reden heisst überzeugen, reden heisst gewinnen.

Nach dem Waldspaziergang gibt es ein Rivella im Restaurant des Tennisclubs von Bulle. Bereits sind einige Stunden vergangen, Johanna Gapany hat wiederum viel geredet, um ihre Zuhörerschaft von ihrem Talent und ihren

Ambitionen zu überzeugen. Kein Zweifel: Johanna Gapany will Entscheidungen mitgestalten, «auch wenn jede und jeder Einzelne nur ein kleines Sandkorn ist». Ein vierjähriges Mandat ist kaum lang genug, um die grossen Ideen durchzusetzen, die ihr am Herzen liegen: die Aufwertung der Berufslehre, die Elternzeit, die Individualbesteuerung von Ehepaaren. Apropos Heiraten: Johanna Gapany hat am 16. Mai 2020 nun doch «Ja» gesagt. Eine Ehe, ein Baby … und keinerlei Befürchtung mehr, ein Leben ausschliesslich als Hausfrau führen zu müssen. Ihre Ängste aus der Kindheit sind verflogen – als Powerfrau hebelt sie Ungleichheiten aus.